LANDHAUSGLÜCK

mit @pomponetti

Christel Harnisch

LANDHAUSGLÜCK

mit @pomponetti

Blumen, DIY, Tischdeko,
vegane Rezepte

CV

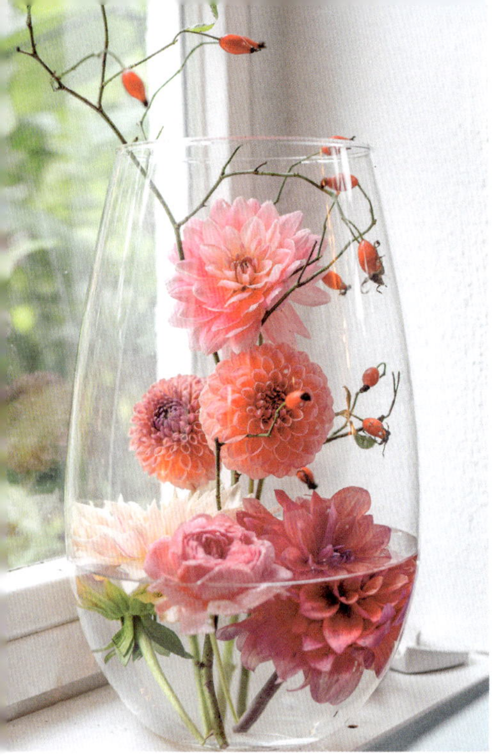

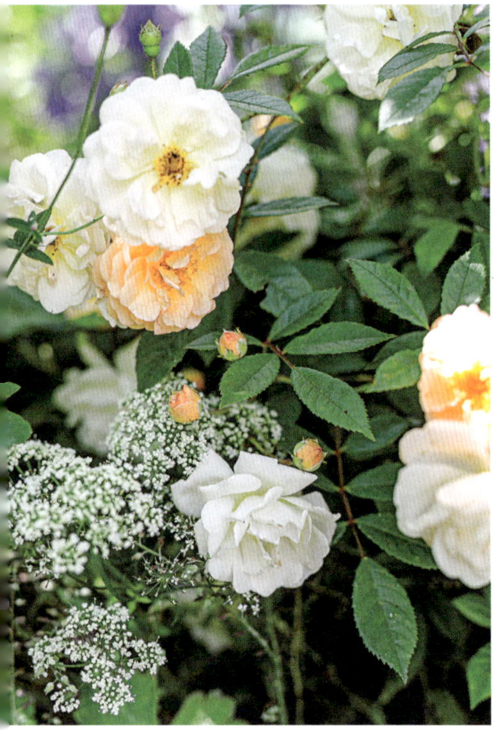

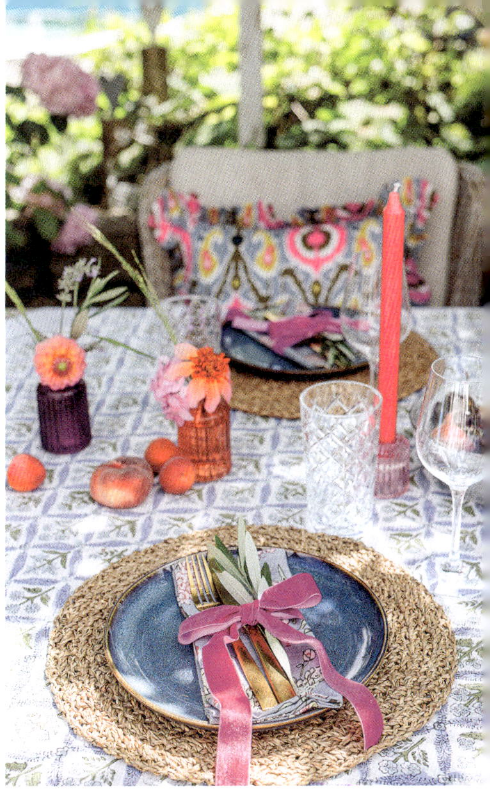

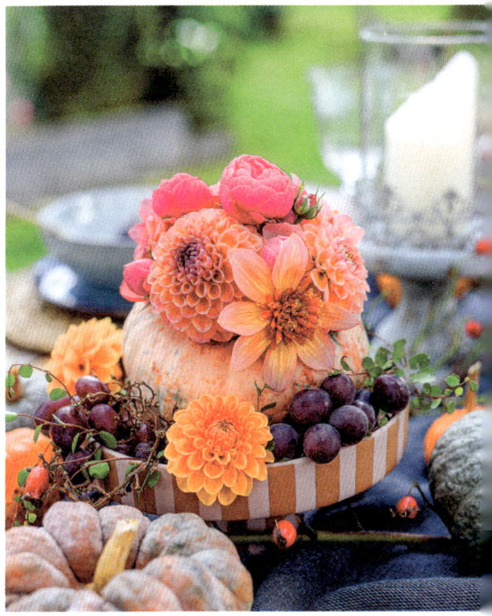

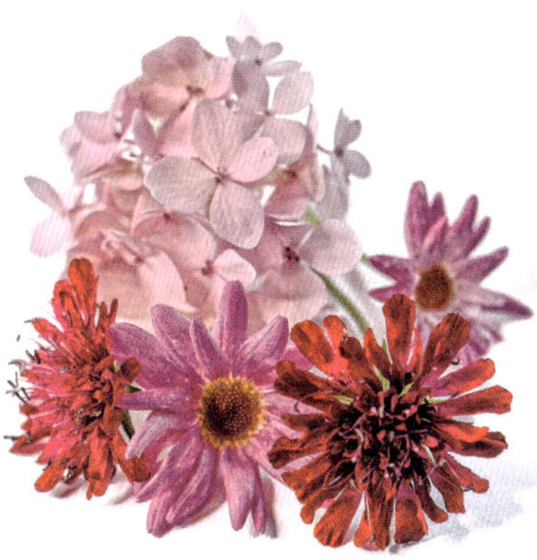

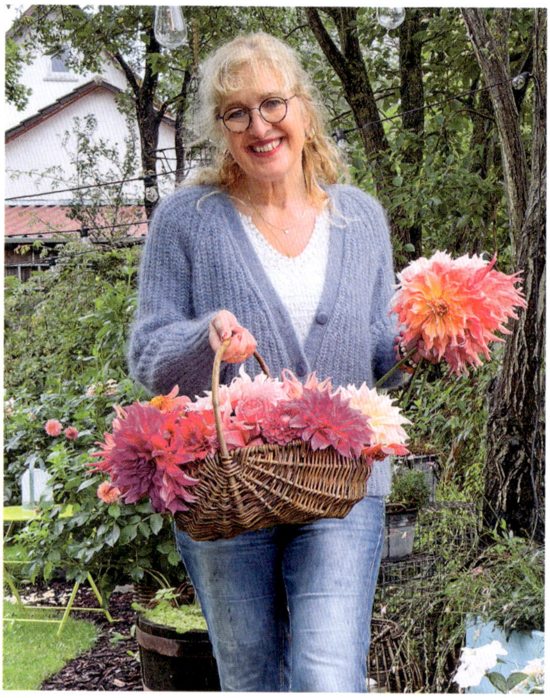

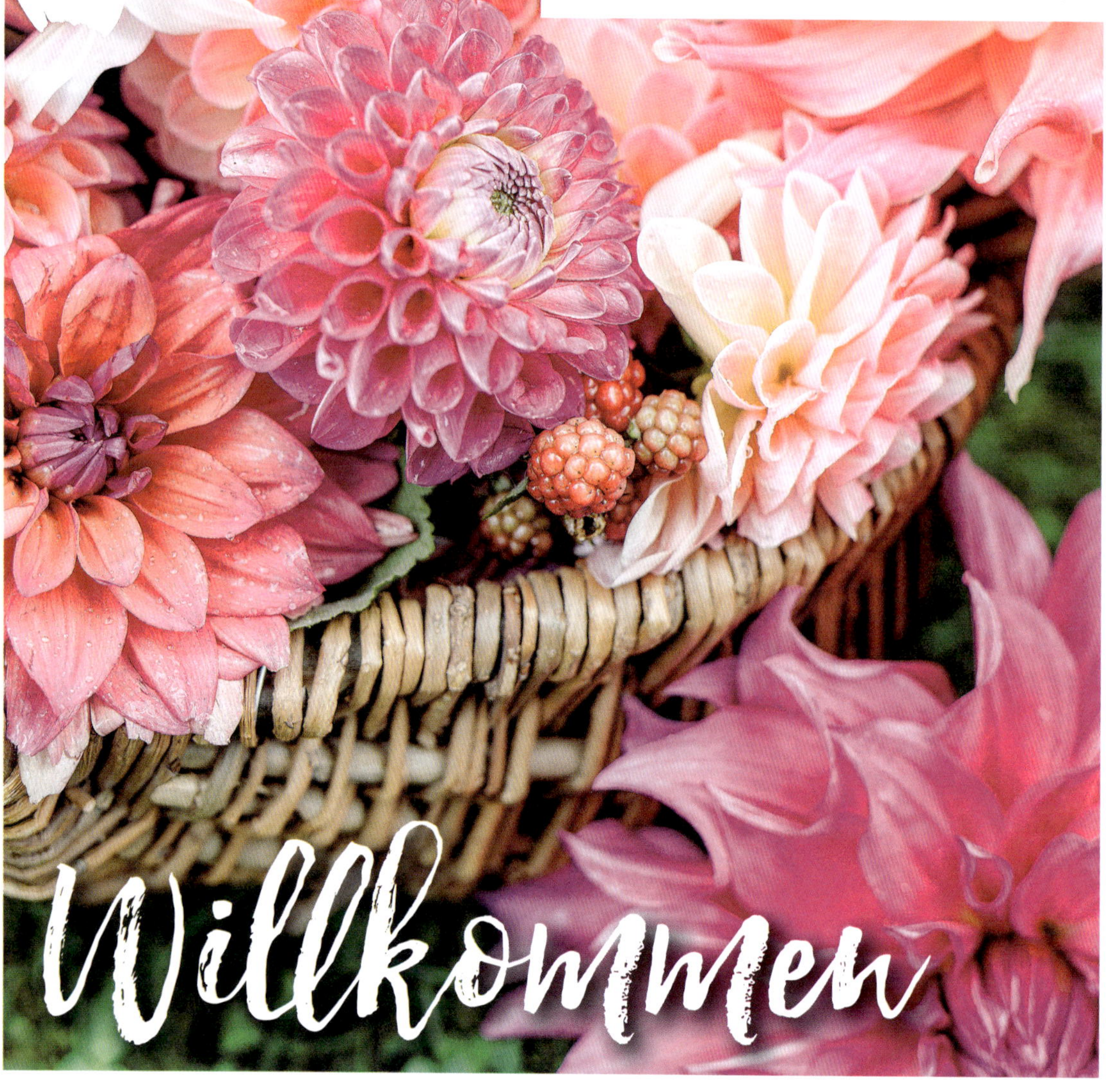

Willkommen

Willkommen, ich bin Christel, und ich freue mich sehr, dass du mein Buch in den Händen hältst.

Vielleicht kennst du mich ja schon, wenn nicht, möchte ich mich dir hier vorstellen: Ich habe das Glück, mit meiner Jugendliebe, meinem »Herzensmann«, verheiratet zu sein. Außerdem bin ich die Mutter von Anja, Robin, Lena und Niklas und die Omi von Anton. Doch das ist nicht alles: Dazu bin ich Bloggerin und Fotografin, Cappuccino-Tante, Katzenmama und Gärtnerin. Ich bin gerne kreativ und backe sehr gerne.

Meine ganz große Leidenschaft gilt unserem Zuhause. Die Bereiche Interior-Design, Dekorieren und unser Cottage-Garten mit seinen farbenfrohen Blumen sind meine absoluten Herzensthemen und die Eckpfeiler, die dieses Zuhause ausmachen. Mit diesen Themen inspiriere ich bei Instagram seit 2013 unter @pomponetti täglich viele treue Follower*innen. Nicht zu vergessen mein Blog pomponetti.com, den es seit 2011 gibt. Pomponetti steht dabei für ein buntes und abwechslungsreiches Leben, wie bunte Pompons eben, denn die Schönheiten des Lebens zu zeigen, ist mir ein großes Anliegen.

In diesem Buch dreht sich alles um Blumenarrangements, vegane Rezepte und Tischdekorationen! Denn unser Umfeld hat einen großen Einfluss darauf, wie wir uns fühlen, und ist daher essenziell für unser Wohlbefinden. Zum Wohlfühlen in den eigenen Wänden gehört für mich neben einer stimmigen Einrichtung vor allem das Arrangieren frischer Blumen zu Sträußen, Gestecken, Kränzen und Girlanden. Bei mir geht damit auch immer das große Thema Gastlichkeit einher, denn ich liebe es, Gäste zu haben. Neben dem mit schöner Tischwäsche und hübschem Geschirr liebevoll gedeckten Tisch sind mir die dazu passenden Blumenarrangements besonders wichtig. Schön dekorierte Tische sind daher auch ein Sonderkapitel in diesem Buch. Die Rezepte in diesem Buch sind alle vegan, sie können jedoch je nach Wunsch und eigenen Vorlieben leicht abgewandelt werden. Seid kreativ – auch in der Küche, es lohnt sich! Für mich selbst ist es immer eine besondere Freude, neue Rezepte auszuprobieren, sie auch mal abzuändern oder mit dem »Herzensmann« gemeinsam zu kochen.

Daher wünsche ich dir nun viel Freude mit diesem Buch!

Christel ♡

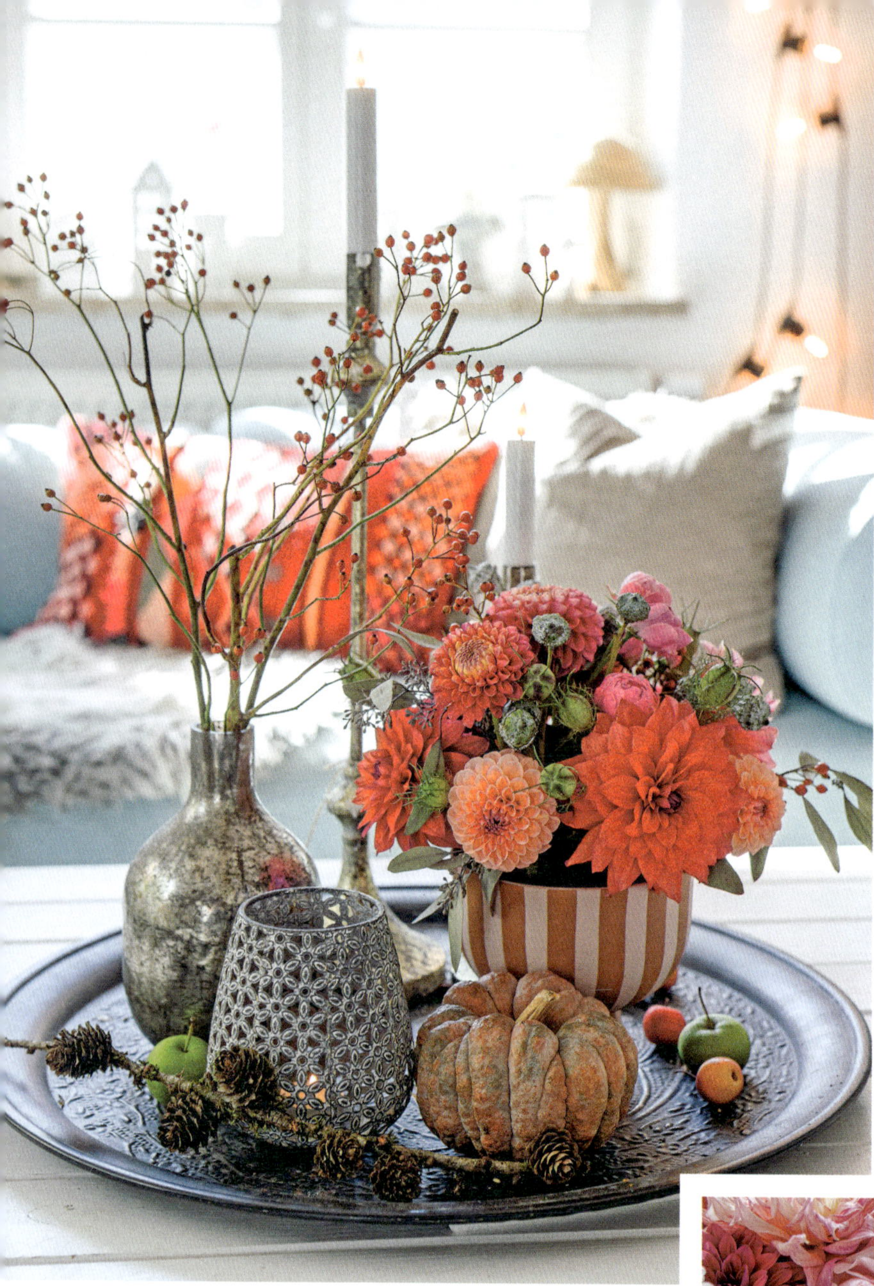

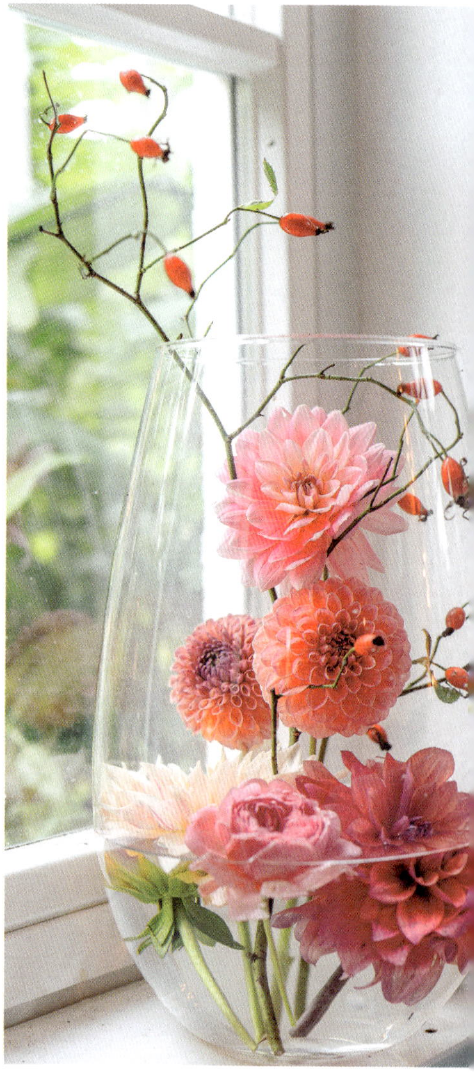

Am liebsten bediene ich mich für meine vielen, wöchentlich wechselnden Blumenkreationen aus unserem Garten. Mit meinen vielen Rosen, Hortensien, Dahlien und sonstigen Blütenstauden bin ich vor allem im Sommer fast autark und muss keine Blumen zusätzlich einkaufen.

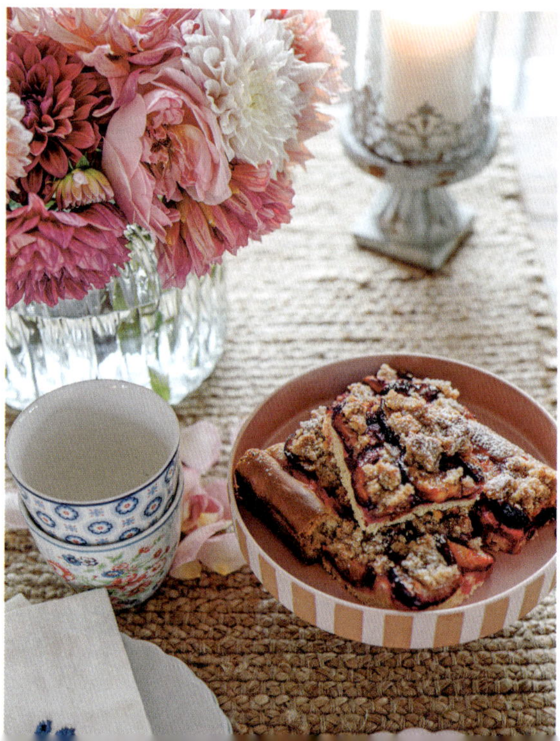

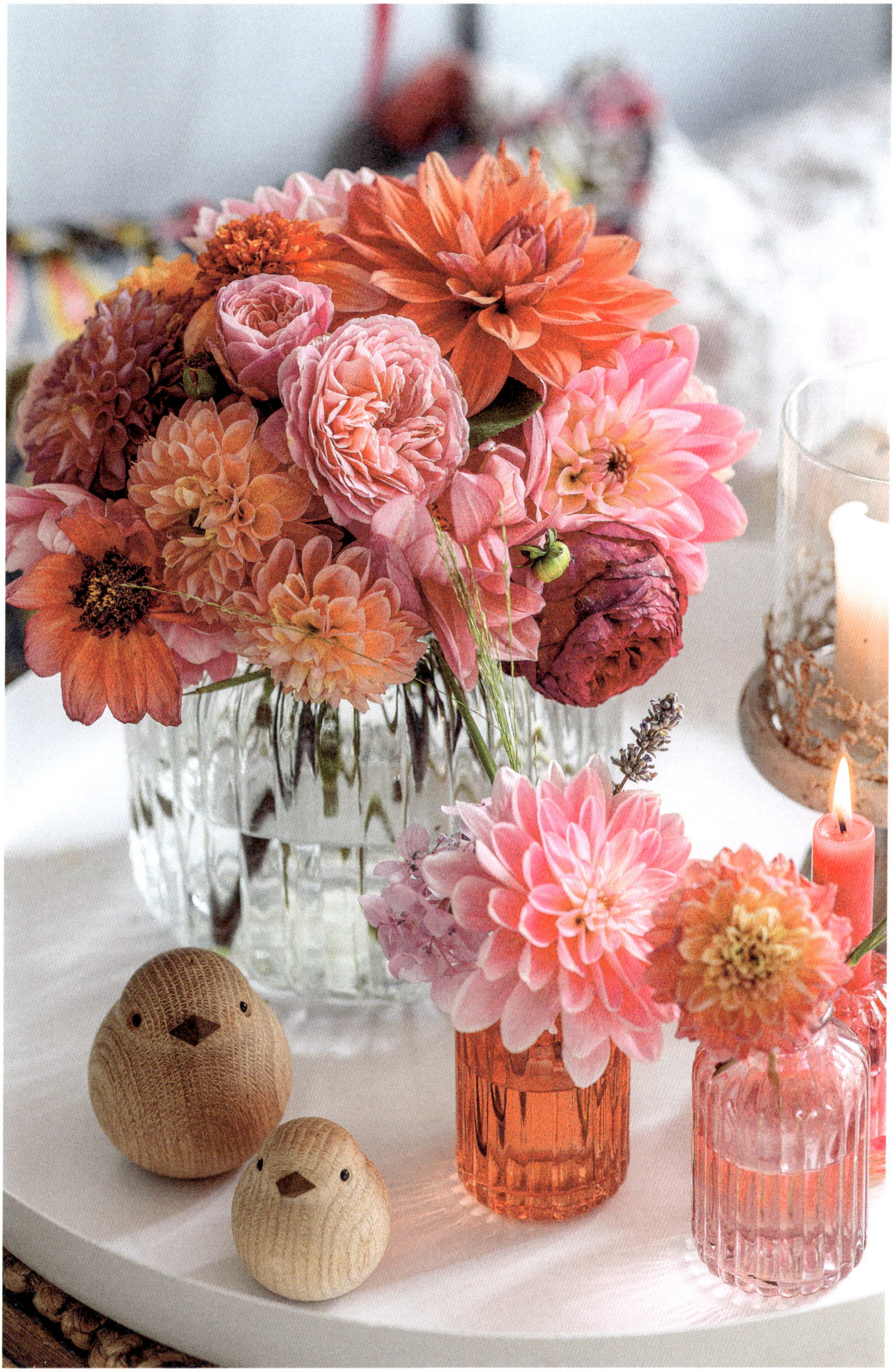

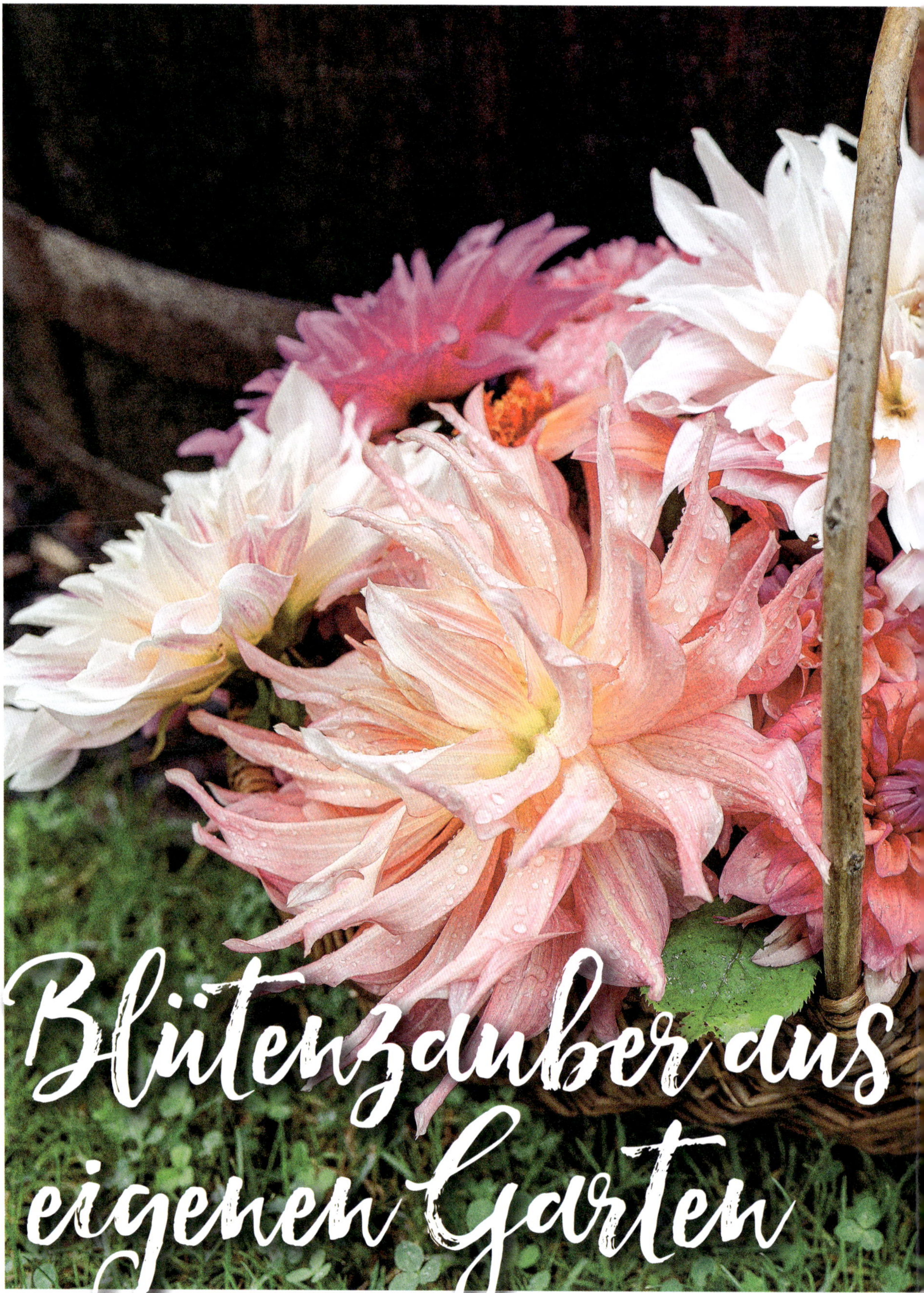

Blütenzauber aus eigenen Garten

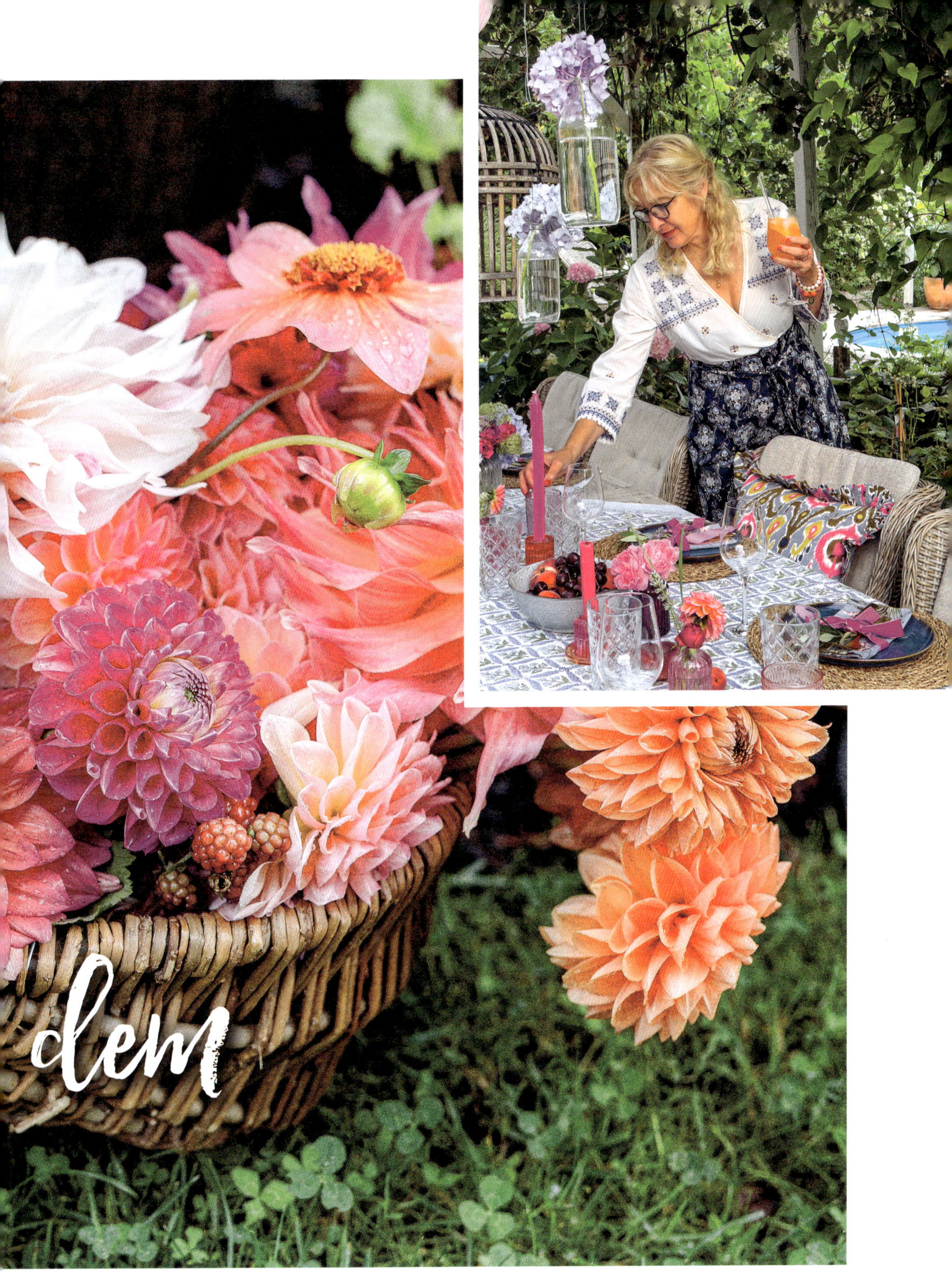

dem

BLUMEN, DEKO UND GASTLICHKEIT

Schon immer liebe ich Blumen, deshalb habe ich in meinem Garten auch alle Stauden angepflanzt, deren Blüten ich in Blumenarrangements besonders schön finde. Eine besondere Schwäche habe ich dabei für Dahlien. Nachdem ich bei der Amerikanerin Erin Benzakain die Daisy Duke als Schnittblume für einen Strauß gesehen hatte, war es um mich geschehen, und ich wusste: Die Pflanze muss ich auch in meinem Garten haben! Mit den Jahren wurden es dann immer mehr Dahlien.

Englische Rosen waren ohnehin schon immer meine Favoriten, deshalb sind beim Umzug in unser jetziges Haus auch meine 40 Rosenstöcke mit uns umgezogen. Ich habe sie sorgfältig aus dem alten Garten ausgegraben und ihnen im neuen Garten die passenden Standorte gesucht.

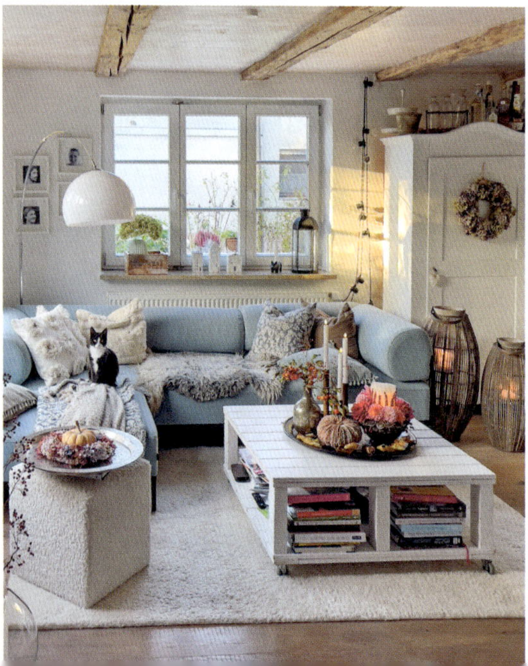

Nicht zu vergessen meine geliebten Hortensien, von denen verschiedene Arten in meinem Garten wachsen. Mit ihnen entstehen wunderbare Arrangements, vor allem im Herbst, wenn sie sich gut trocknen lassen und so stimmungsvolle morbide Töne entwickeln. Ich bin ein sehr naturverbundener Mensch, der den Jahreszeiten auch gerne im eigenen Zuhause nachspüren möchte.

Das Thema Nachhaltigkeit ist mir nicht nur bei meinen Blumenarrangements wichtig. Auch beim Dekorieren lege ich großen Wert darauf. Deko-Artikel und Gefäße verwende ich ganz bewusst immer wieder, dekoriere sie einfach um und kaufe nicht ständig alles neu. Ebenso finde ich Upcycling spannend – es gehört zu unserem Wohnen ebenfalls dazu. Ich finde, dass Vintage-Stücke dem Zuhause auf natürliche Art einen ganz besonderen Charme verleihen und einen individuellen Stil erst ausmachen!

Seit ein paar Jahren spielt auch gesunde Ernährung eine große Rolle in unserer Küche, und wir versuchen, möglichst alles frisch zuzubereiten. Natürlich koche ich dabei viel mit Gemüse, aber nicht nur und ausschließlich. Da wir gerne Gäste haben und ich es liebe, den Tisch schön und passend zum jeweiligen Anlass einzudecken, kochen wir häufig für eine größere Anzahl. Überhaupt lieben wir die Geselligkeit, was eine Großfamilie, wie wir sie haben, vielleicht einfach mit sich bringt. Gerade nach der Coronazeit mit den Lockdowns weiß man das Zusammensein wieder sehr zu schätzen.

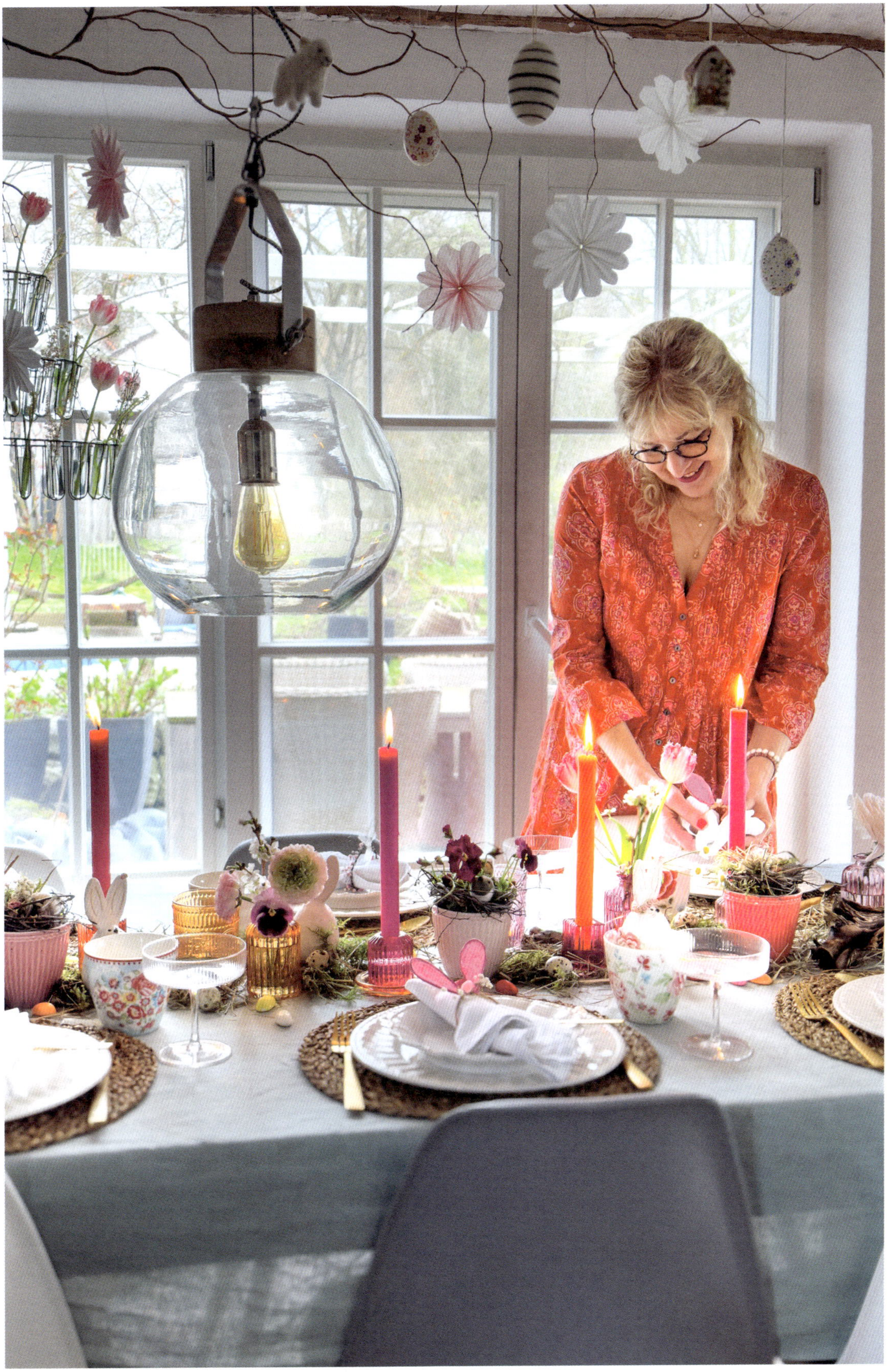

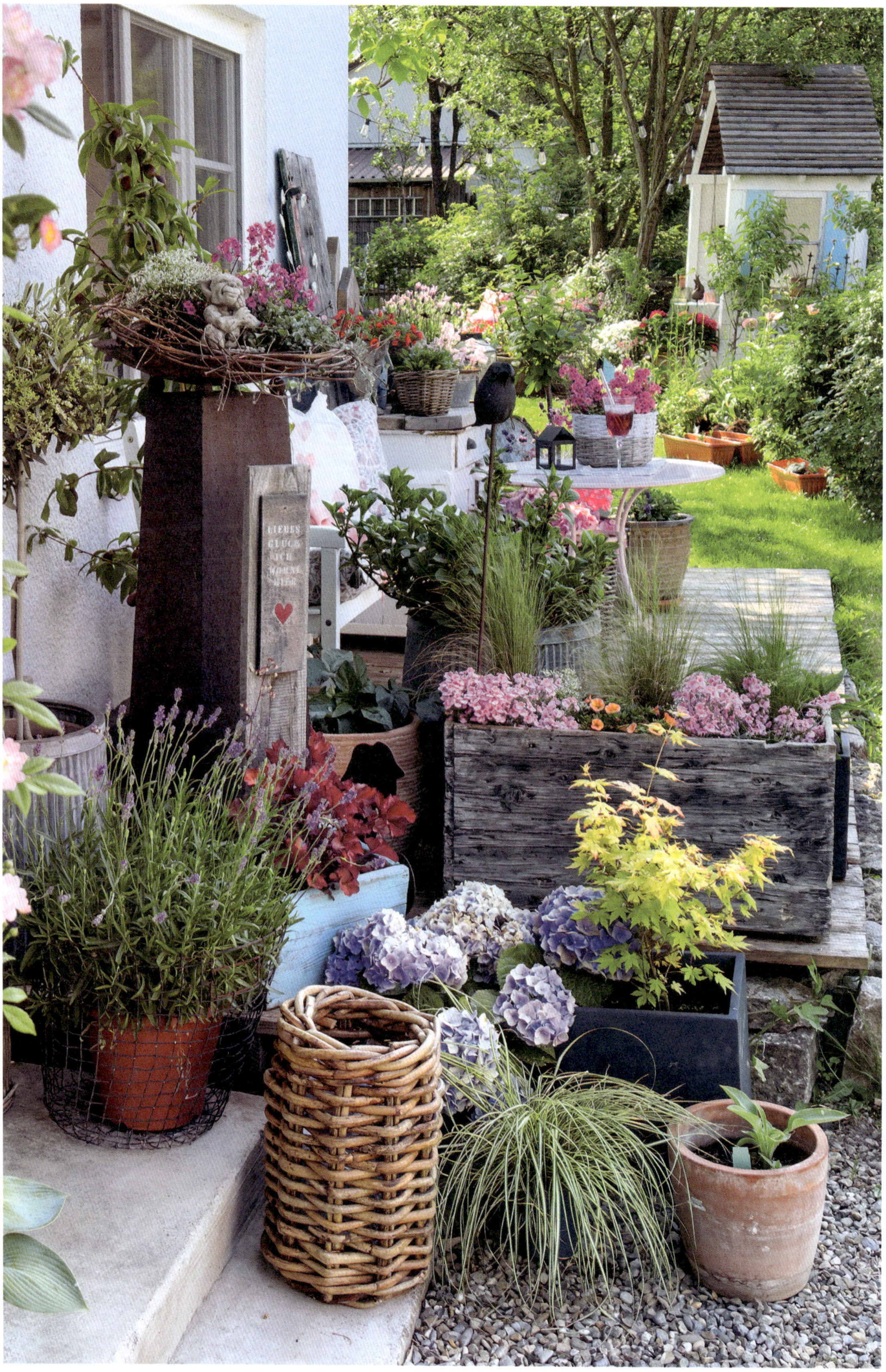

ALLES ZU SEINER ZEIT – SLOW FLOWER AUS DEM EIGENEN GARTEN UND DER REGION

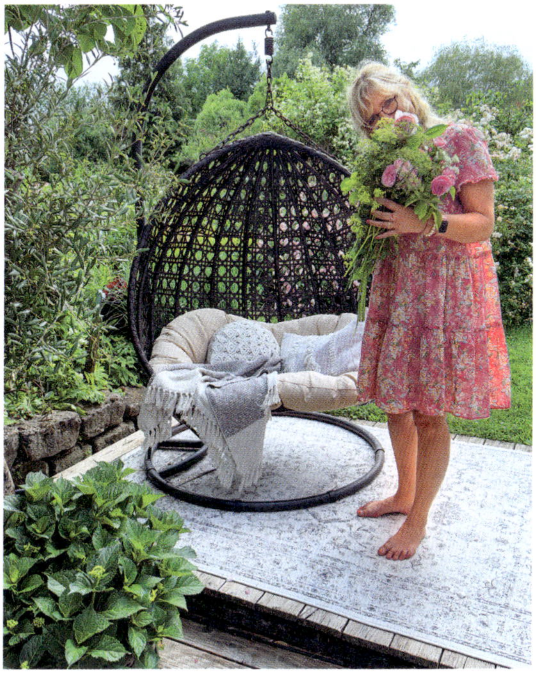

Wer es vielleicht noch nie gehört hat: Die Slow-Flower-Bewegung möchte die zahlreichen Problematiken des konventionellen Schnittblumen-Anbaus aufzeigen und zu mehr Nachhaltigkeit und saisonalem, zeitgemäßem Schnittblumenkauf aufrufen.

Das ist ein sehr schöner Gedanke, doch leider bin ich selbst noch meilenweit von Slow Flower entfernt … Mein Problem ist es, dass ich keine Trockenblumen mag und in meiner Nähe kein Slow-Flower-Blumenhändler zu finden ist. Aber ich kaufe keine Rosen im Winter und auch nicht im Supermarkt, da diese oft aus Ostafrika bezogen werden. Meine Blumen beziehe ich, wenn sie nicht aus dem eigenen Garten kommen, auf dem Wochenmarkt von einem regionalen Blumenhändler, der auch selbst anbaut, vom örtlichen Blumenladen oder von »Tausendschön«, dem Shop meiner Freundin Birgit, die auch viele besondere Blumen von regionalen Gärtnereien bezieht. Und wenn ich zu meinen eigenen Englischen Rosen einmal Rosen zukaufe, lege ich Wert darauf, dass es regional angebaute Freilandrosen sind.

Ich bin also bei Weitem nicht perfekt … Aber darum geht es auch nicht, sondern darum, ein Bewusstsein dafür zu bekommen, was die Unmenge von importierten Schnittblumen vor allem in den Billiglohnländern anrichten kann: schlechte Arbeitsbedingungen, Pestizide, immenser Wasserverbrauch und natürlich viel Plastikmüll.

Deshalb habe ich mir viele meiner Lieblingsblumen für den Schnitt in den Garten geholt. Beim wöchentlichen Blumenwechsel achte ich ebenfalls auf Nachhaltigkeit und verwende Blumen oder Blattwerk, das noch nicht verwelkt ist, in meinen neuen Kreationen weiter.

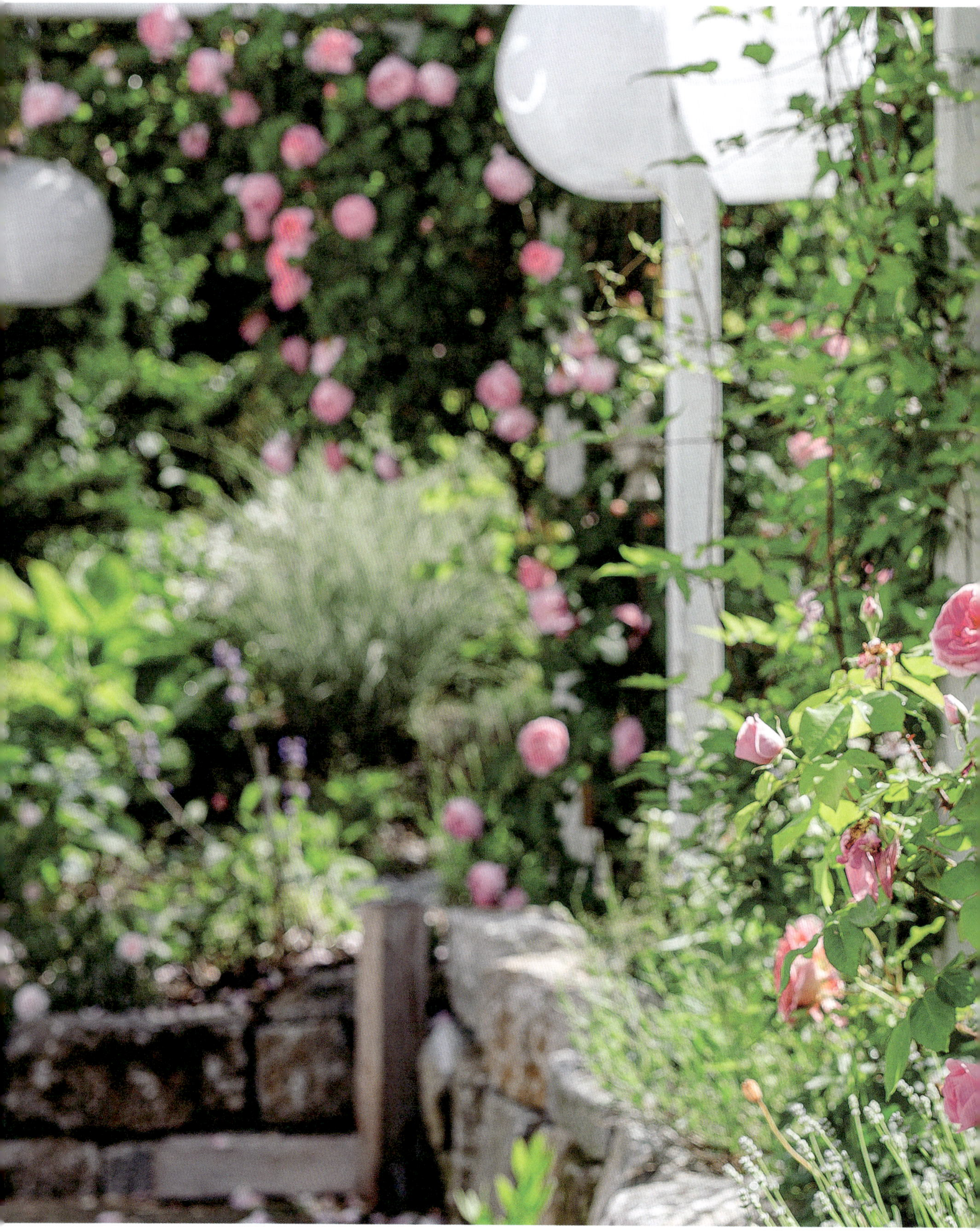

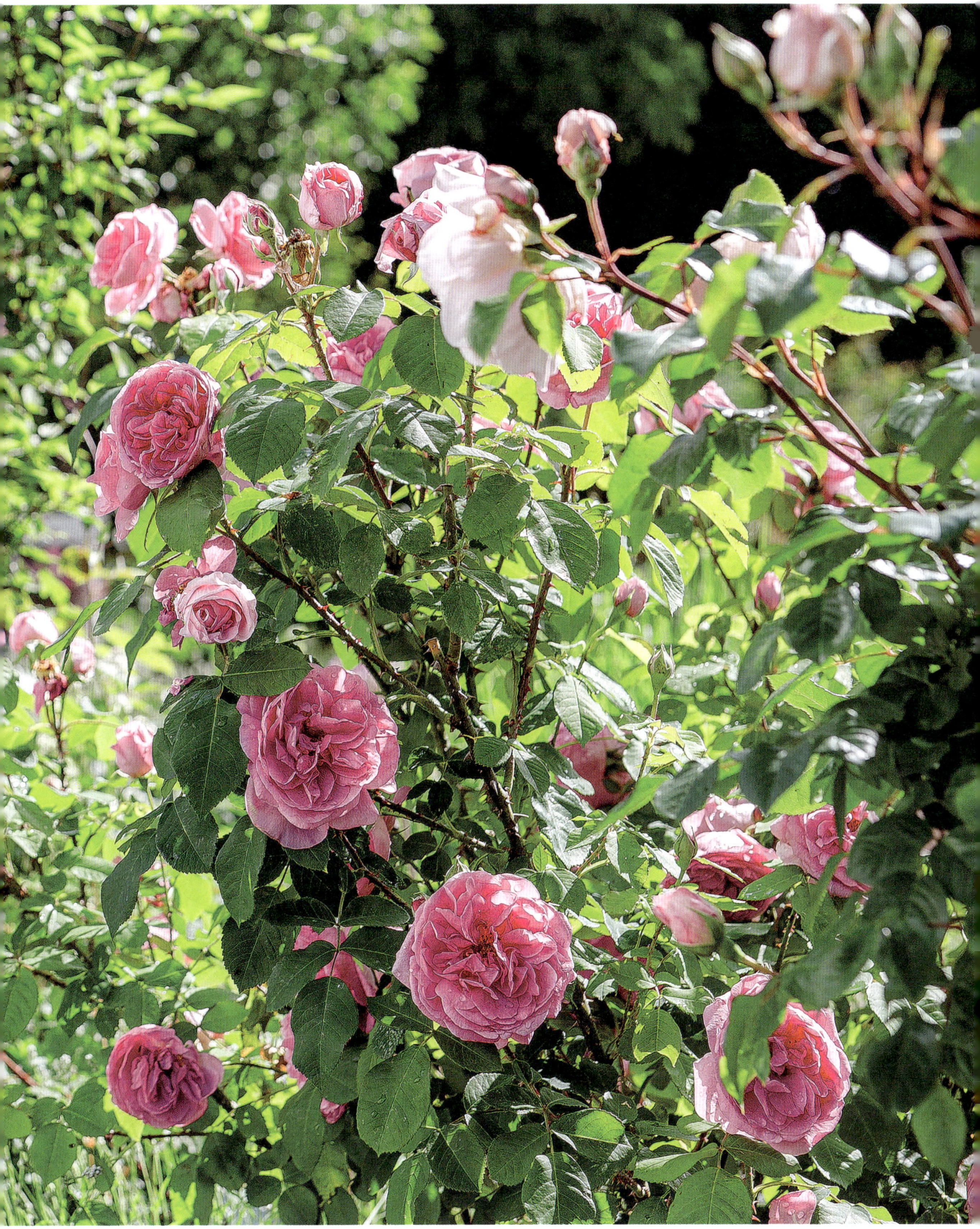

BLÜTENPRACHT IM POMPONETTI-GARTEN

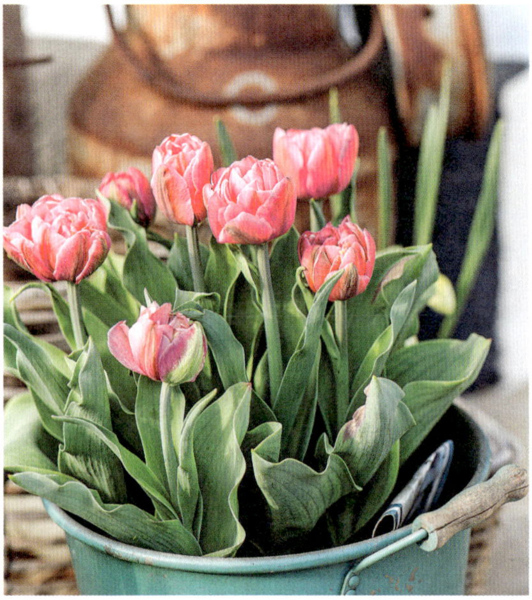

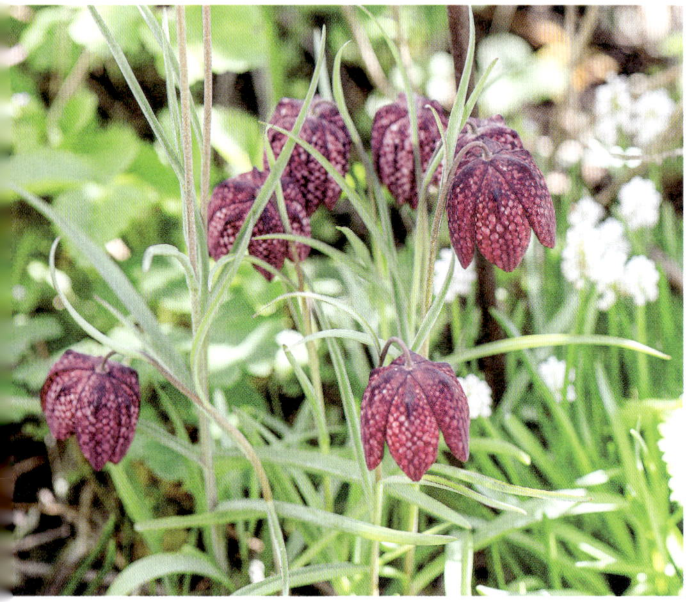

FRÜHLING

Je nach Jahreszeit liefert mir mein Garten unterschiedliche Blumen für meine wöchentlich wechselnden Arrangements.

Im Frühling sind es vor allem Tulpen und Narzissen, die ich verwenden kann. Dabei liebe ich die besonderen Sorten in seltener Farbgebung. Die meisten Tulpen habe ich ohnehin in Töpfe gesetzt, im Beet sitzen nur wenige. Für meine Arrangements macht das keinen Unterschied.

Im Frühling ist eine meiner Lieblingsblumen, die sich auch wunderbar für Sträuße eignet, die Schachbrettblume. Es gibt sie in Weiß oder in Lila, mit einem Muster, das an ein Schachbrett erinnert. Dazu gesellen sich dann Lenzrosen und Scilla, Schlüsselblumen, Traubenhyazinthen und Vergissmeinnicht. Sie passen wunderbar zu dem pastelligen Farbschema, das ich in unserem Zuhause bevorzuge.

Außerdem hole ich mir im Frühjahr sehr gerne frische Zweige ins Zimmer, die dann als Boten des Frühlings ihre Blüten öffnen. Bei der Magnolie sorgt bereits ein einzelner Ast mit seinen wunderschönen Blüten für ein absolutes Highlight. Dasselbe gilt für Quittenzweige. Meine Nektarinen- und Pfirsichbäumchen sind noch klein, aber später werden auch sie für Nachschub sorgen. Dafür liefern unsere beiden großen Apfelbäume genug Material für die Vase. Und bereits zum Frühsommer hin haben meine Pfingstrosen dann ihren Auftritt.

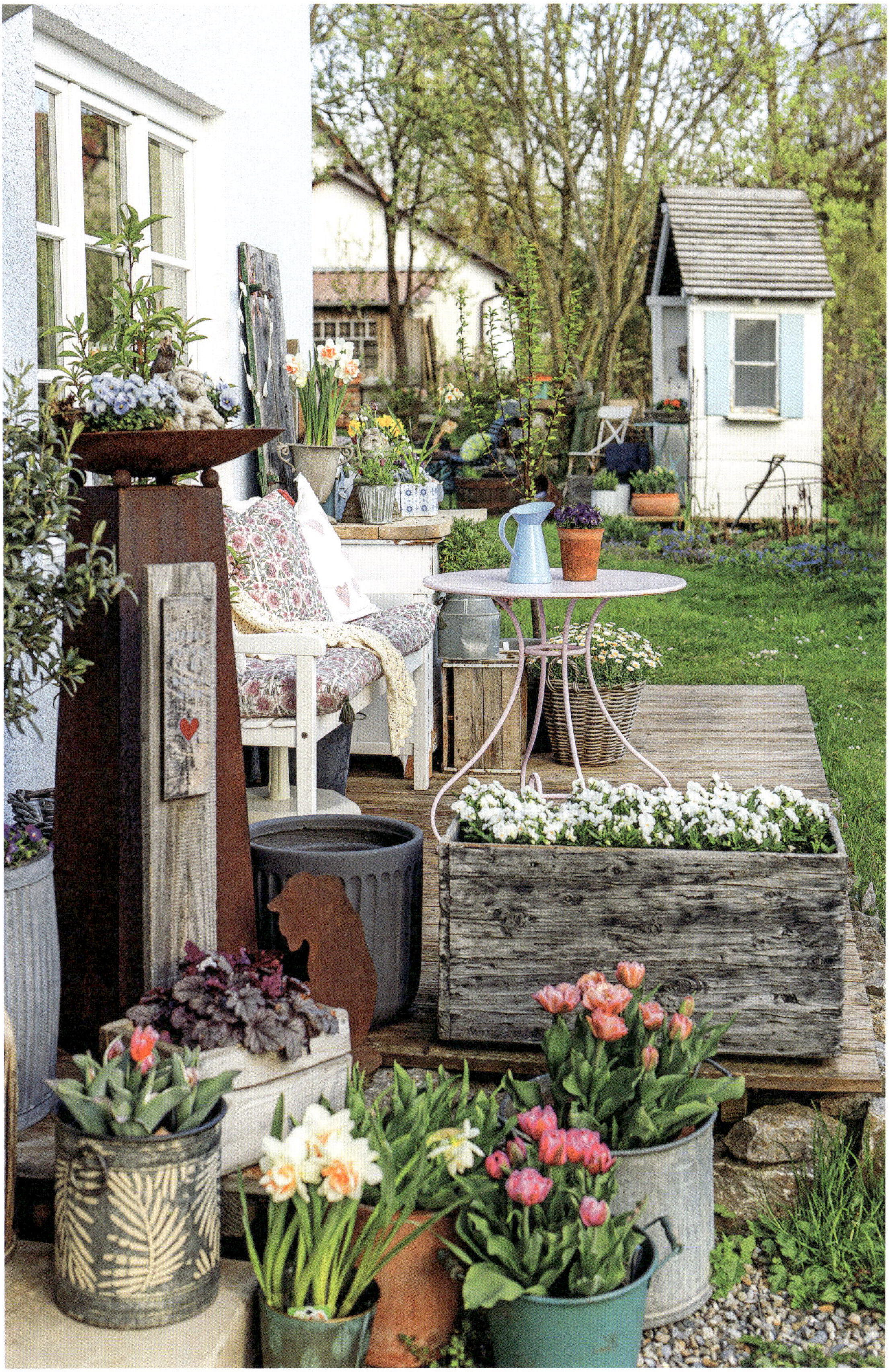

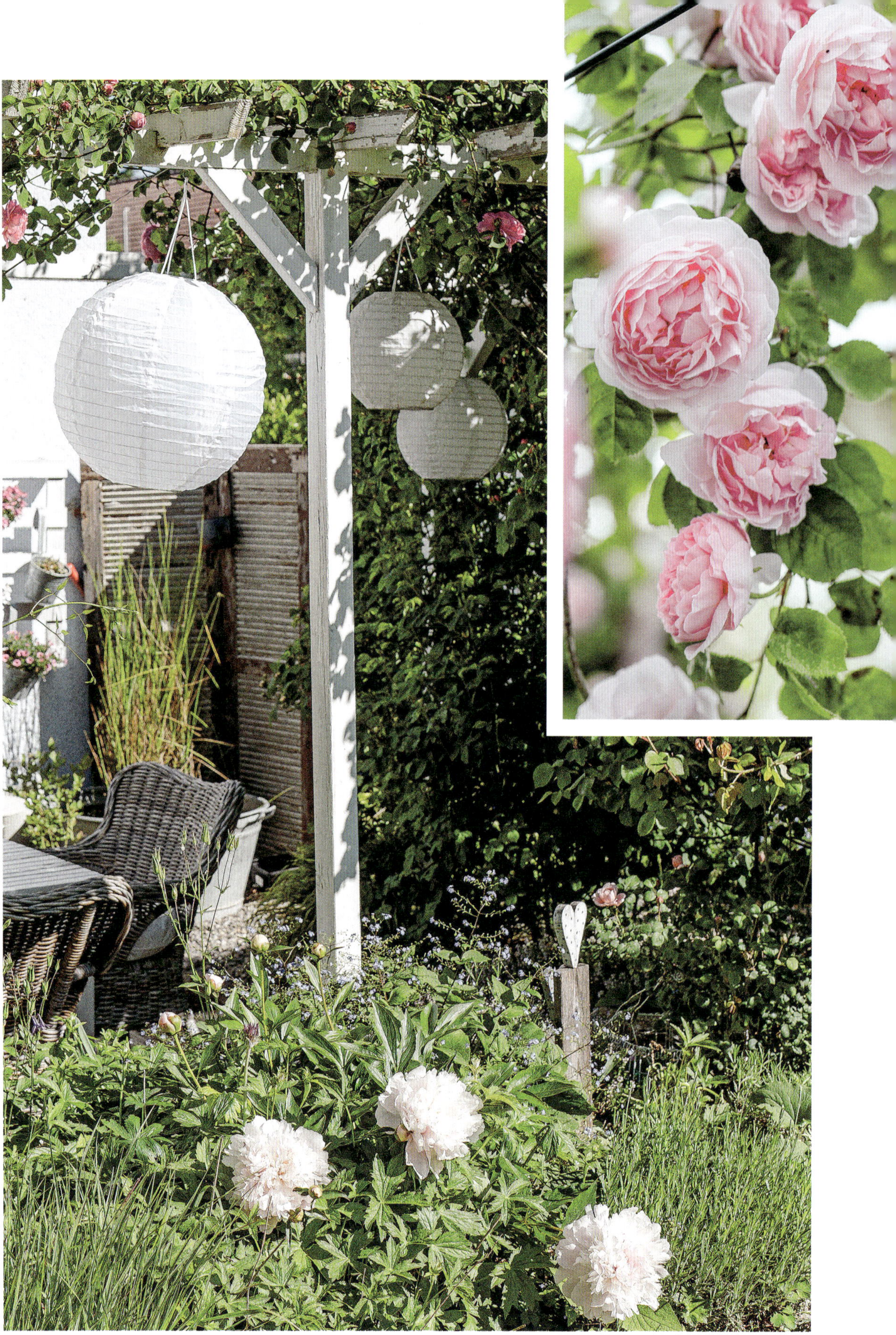

SOMMER

Der Sommer ist meine allerliebste Jahreszeit, nicht nur was die Gartenfülle angeht. Im Sommer kann ich mich für Blumensträuße, Kränze oder Gestecke fast ausschließlich im Garten bedienen. Ein tolles Gefühl!

Ab Juni blühen hier die über 40 Englischen Rosen. Ich verwende sie in Sträußen, in Gestecken, in Kränzen und Girlanden.

Hortensien, vor allem die 'Endless Summer'-Sorten, die man bedenkenlos schneiden kann, und die 'Annabelle', sind absolute Hingucker und verleihen Arrangements eine üppige Fülle.

Frauenmantel ist eigentlich fast Beiwerk, aber ich mag ihn sehr in Sträußen, Kränzen und Girlanden. Andere Stauden wie Sterndolden, Witwenblume, Sonnenhut, Wiesenknopf, Lupinen, Rittersporn und Fingerhut sind gleichfalls unentbehrlich. Dasselbe gilt für Lavendel und Giersch, den viele als Unkraut betrachten, aber die Blüten und Samenstände sind sehr dekorativ.

Was ich unbedingt noch im Garten ansiedeln möchte, sind Zinnien, Kosmeen, oder auch Schmuckkörbchen genannt, und die Wilde Möhre.

Ende Juli, Anfang August beginnt dann bei mir im Garten die Dahlienzeit. Sie geht nahtlos in den Herbst über und sorgt für ein wahres Feuerwerk im Garten und im Haus.

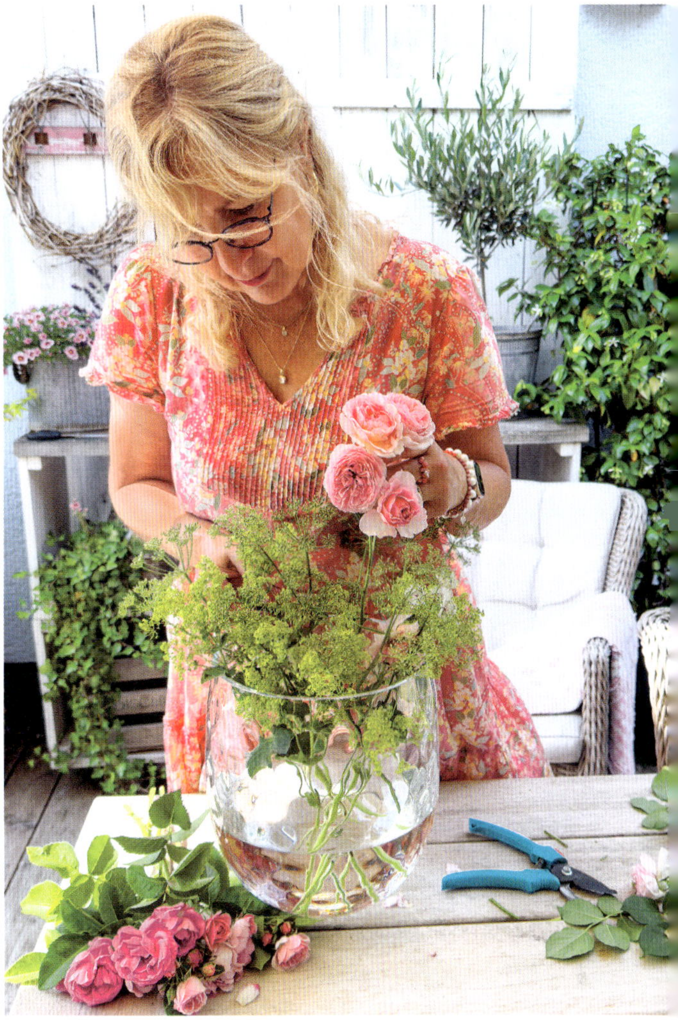

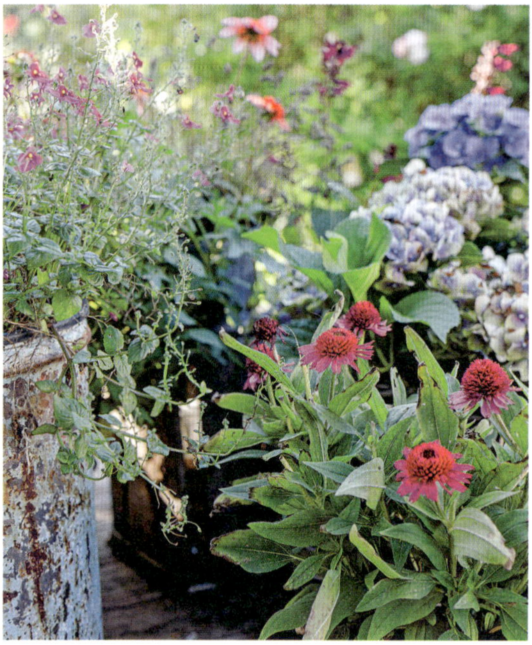

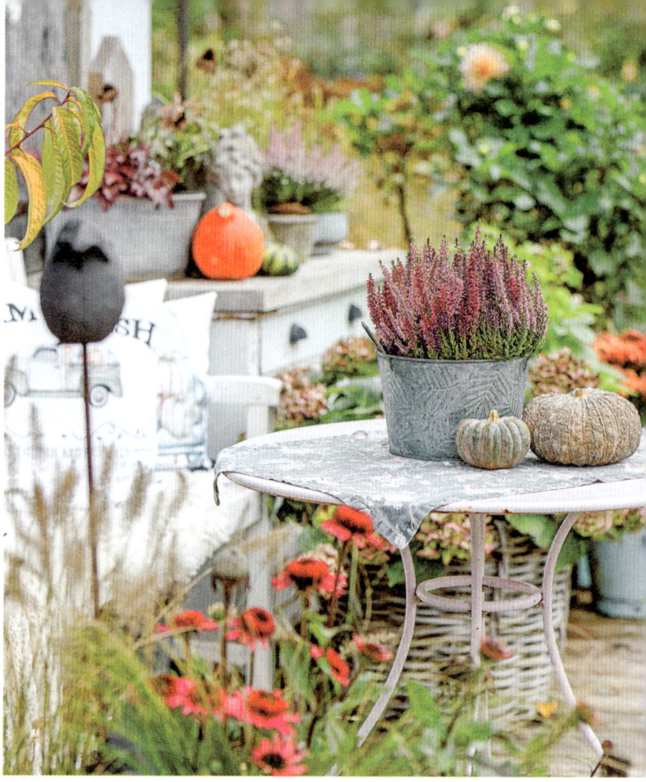

HERBST

Im Herbst sind die Dahlien, die etwa bis November blühen, meine absoluten Lieblingsblumen im Garten. Mit ihrer duftigen Fülle und den intensiven, aber auch pastelligen Farbtönen sind sie ein Garant für wunderbare Sträuße und Gestecke. Ihre Blütezeit bis in den späten Herbst hinein richtet sich nach den Temperaturen. Denn beim ersten Frost sind sie hinüber, und dann müssen auch die Knollen aus der Erde geholt und trocken und dunkel eingelagert werden.

Im Garten habe ich über 40 verschiedene Dahlien stehen: Pompondahlien, große Dahlien, Seerosendahlien und auch einfachblühende Dahlien in der ganzen Farbpalette von Rosa über Pink, Lachs und Apricot bis hin zu Café au Lait und Creme-Rosa. In der Vase ergeben sie zusammen mit Hagebuttenzweigen wunderschöne Farbspiele und opulente Sträuße.

Meine Rosen blühen im Herbst übrigens in wesentlich satteren Farben als im Sommer und teilweise ebenfalls bis zum Frost. Daher liefern sie mir ebenso wie die Hortensien das Blühmaterial,

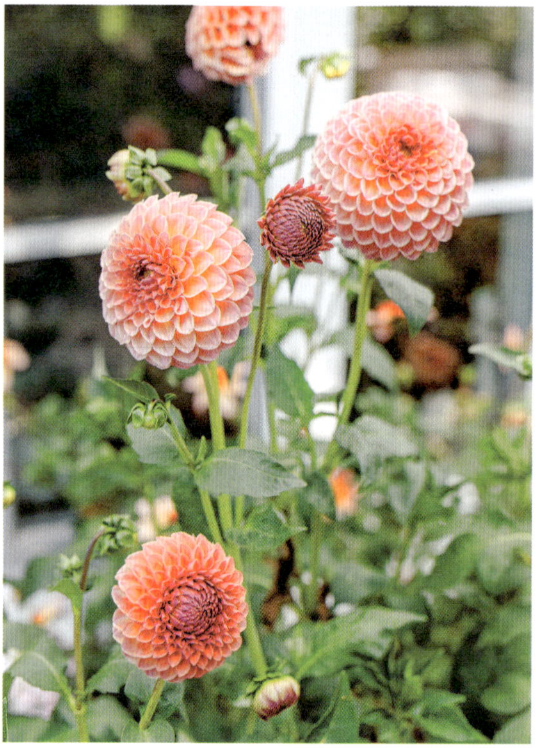

um mir den farbenfrohen Herbst mit seinen leicht morbiden Anklängen in unser Zuhause zu holen. Die Hortensien weisen jetzt eine wunderschöne Herbstfärbung auf. Deshalb ist jetzt die beste Zeit für Hortensienkränze!

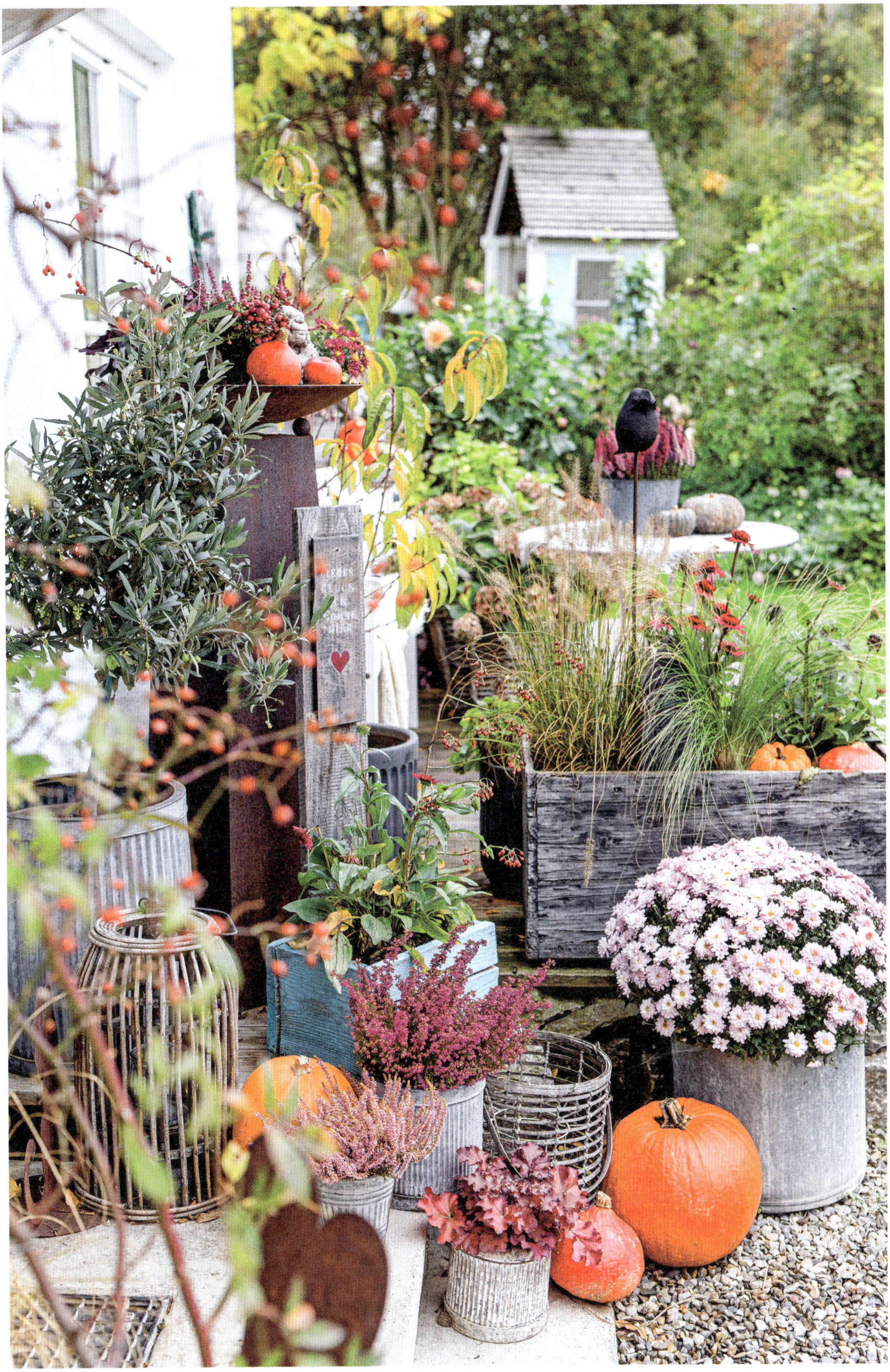

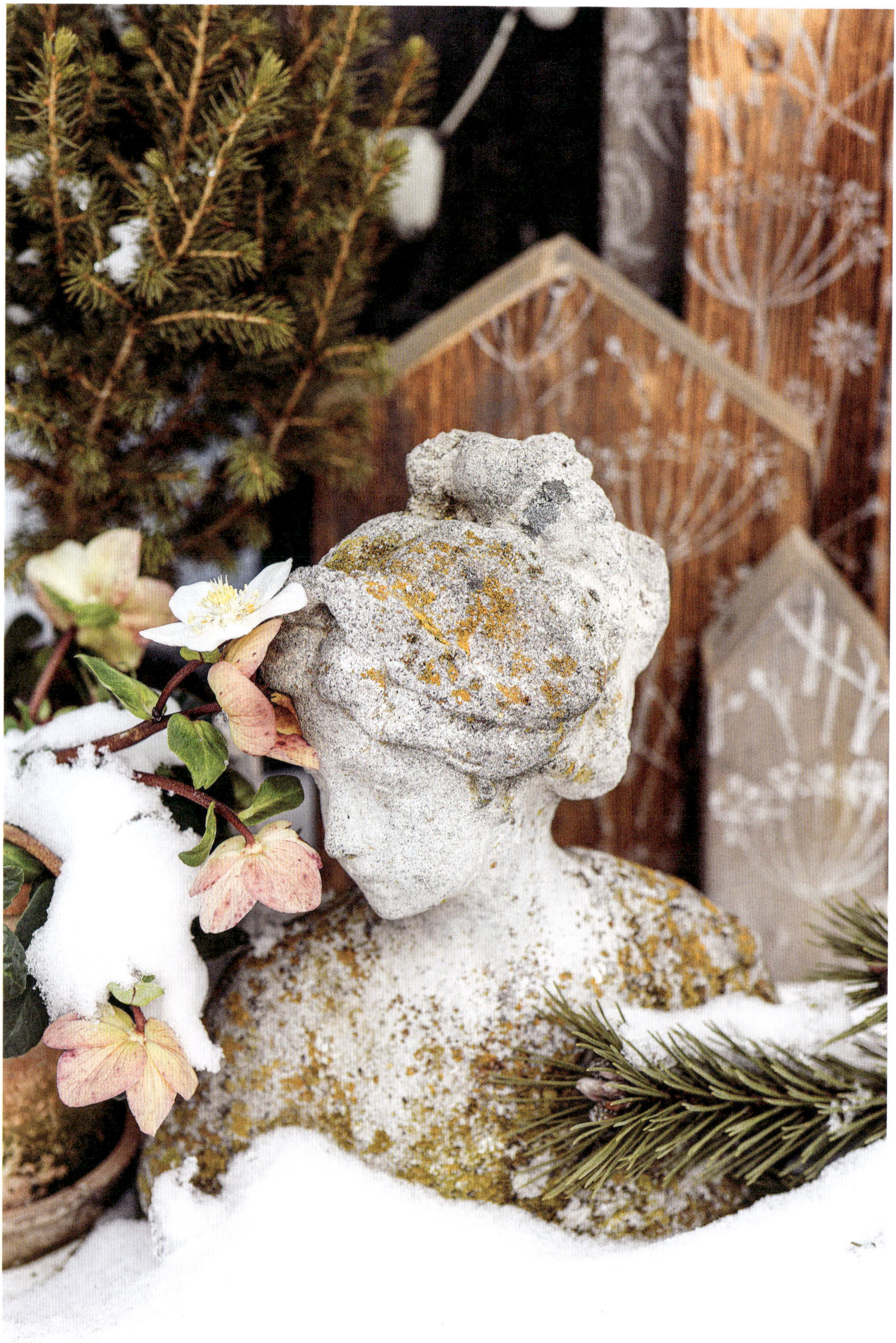

WINTER

Im Winter selbst blüht im Garten nicht viel, und ich bediene mich hauptsächlich am Wintergrün für meine Sträuße, Kränze oder Gestecke. Unsere große Eibe vorne an der Straße liefert allerhand für Kränze, und die Zweige unserer Zwergkiefer verwende ich gern als Beiwerk für meine Sträuße.

Wenn der Winterschneeball blüht, hole ich mir hiervon ebenfalls gern einen Zweig ins Haus.

Wenn ich Glück habe, blühen schon zu Weihnachten die Christrosen im Garten. Zur Tischdekoration kaufe ich aber häufig auch Christrosen in Töpfen, die ich nach ihrer Blüte in den Garten auspflanze. Etwas später blühen die Schnee- und Lenzrosen, die höher wachsen als die Christrosen.

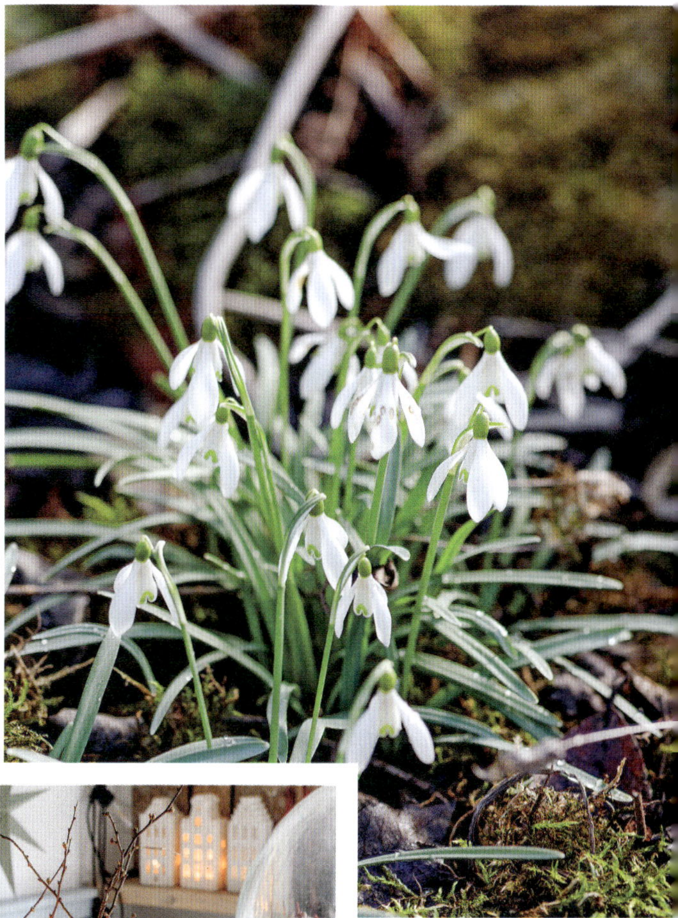

Im neuen Jahr sprießen dann die Schneeglöckchen hervor, oftmals sogar, wenn der Schnee noch alles bedeckt. Krokusse folgen schnell hinterher und ebenso die Märzenbecher.

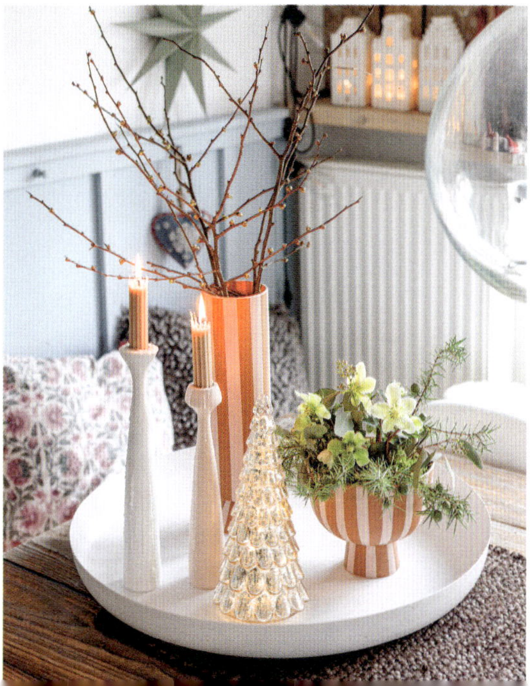

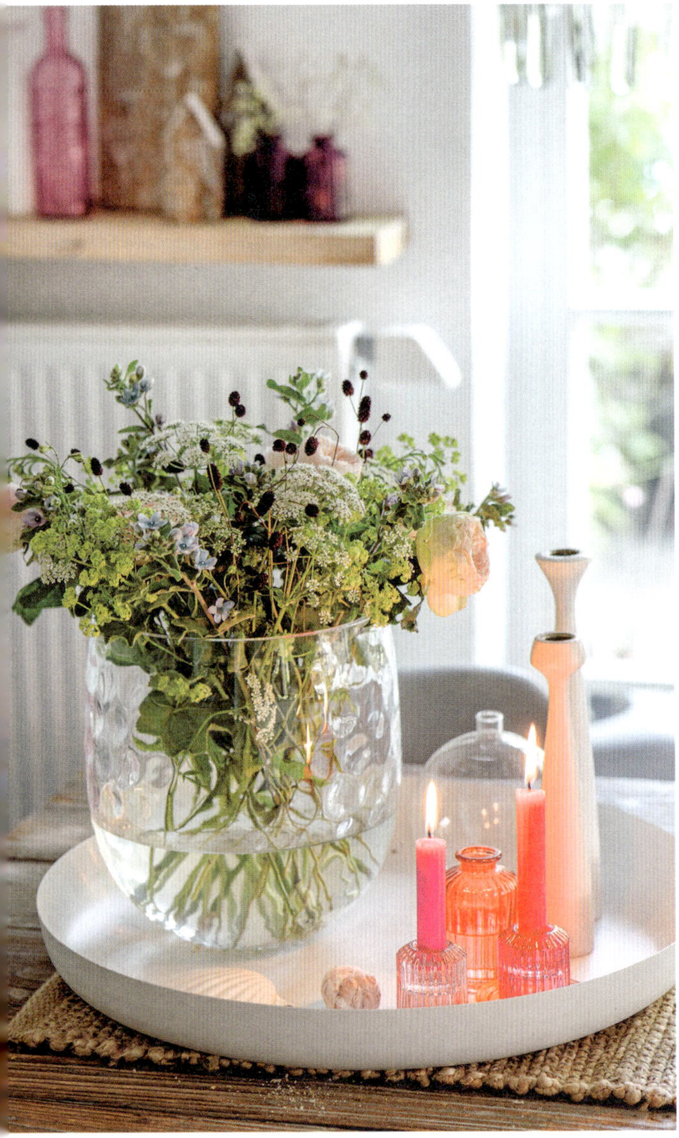

DIE MISCHUNG MACHT'S

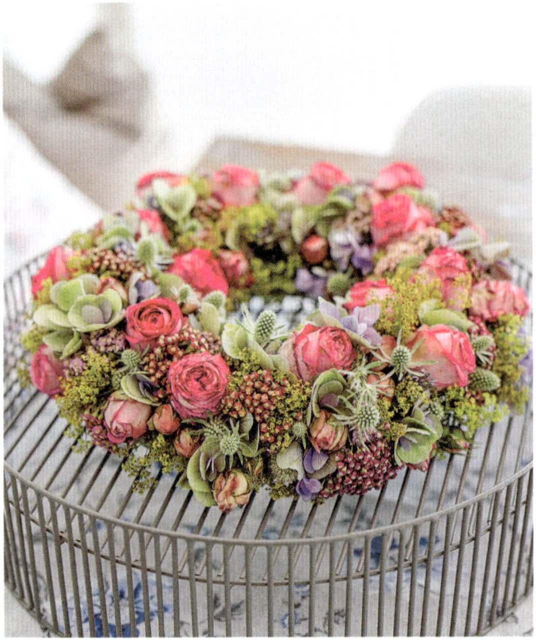

Vor allem im Winter und zeitigen Frühjahr, wenn hierzulande bislang nicht viel Blühendes für Sträuße oder Blumenarrangements im Garten wächst, kombiniere ich gerne Grün aus dem Garten mit Blumen aus dem Handel. Dabei greife ich am liebsten auf Blumen zurück, die ich bei meinem Gärtner auf dem Wochenmarkt, im Blumenladen oder in Birgits Onlineshop »Tausendschön« kaufe bzw. bestelle.

So kombiniere ich Äste meiner Zwergkiefer gerne mit Amaryllis oder ich schneide schon auch mal etwas von meinem Olivenbaum ab. Ende Januar beginne ich mit den Tulpen und arrangiere hier sehr gerne Spieren- oder Heidelbeerzweige, die in der Vase dann teilweise grün austreiben.

Aber auch im Sommer und Herbst liebe ich es, in meinen Sträußen Grün mit Blumen zu kombinieren. Ein gutes Beispiel hierfür sind Gräser – sie bringen Leichtigkeit und Bewegung in die Blumenarrangements.

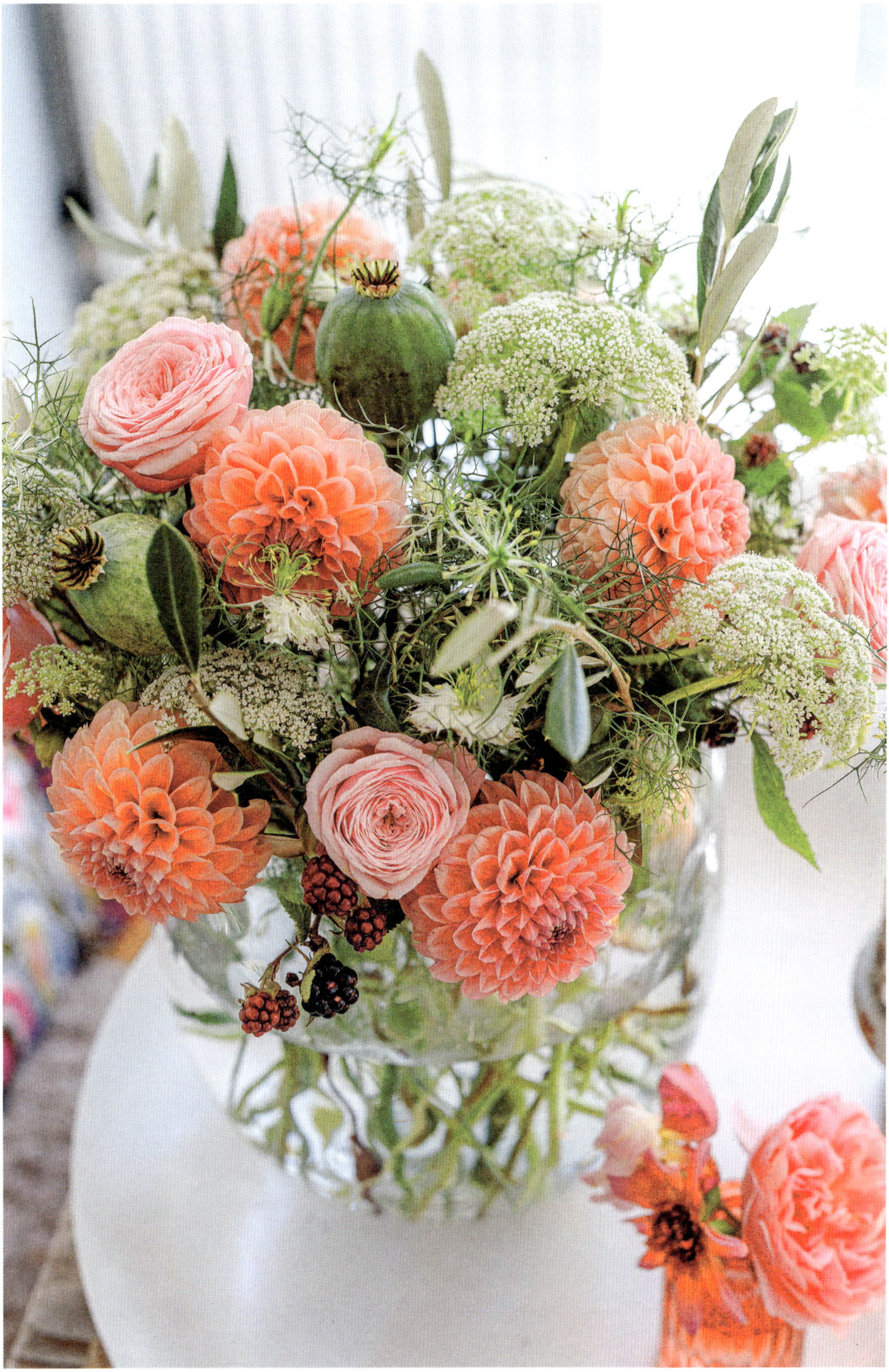

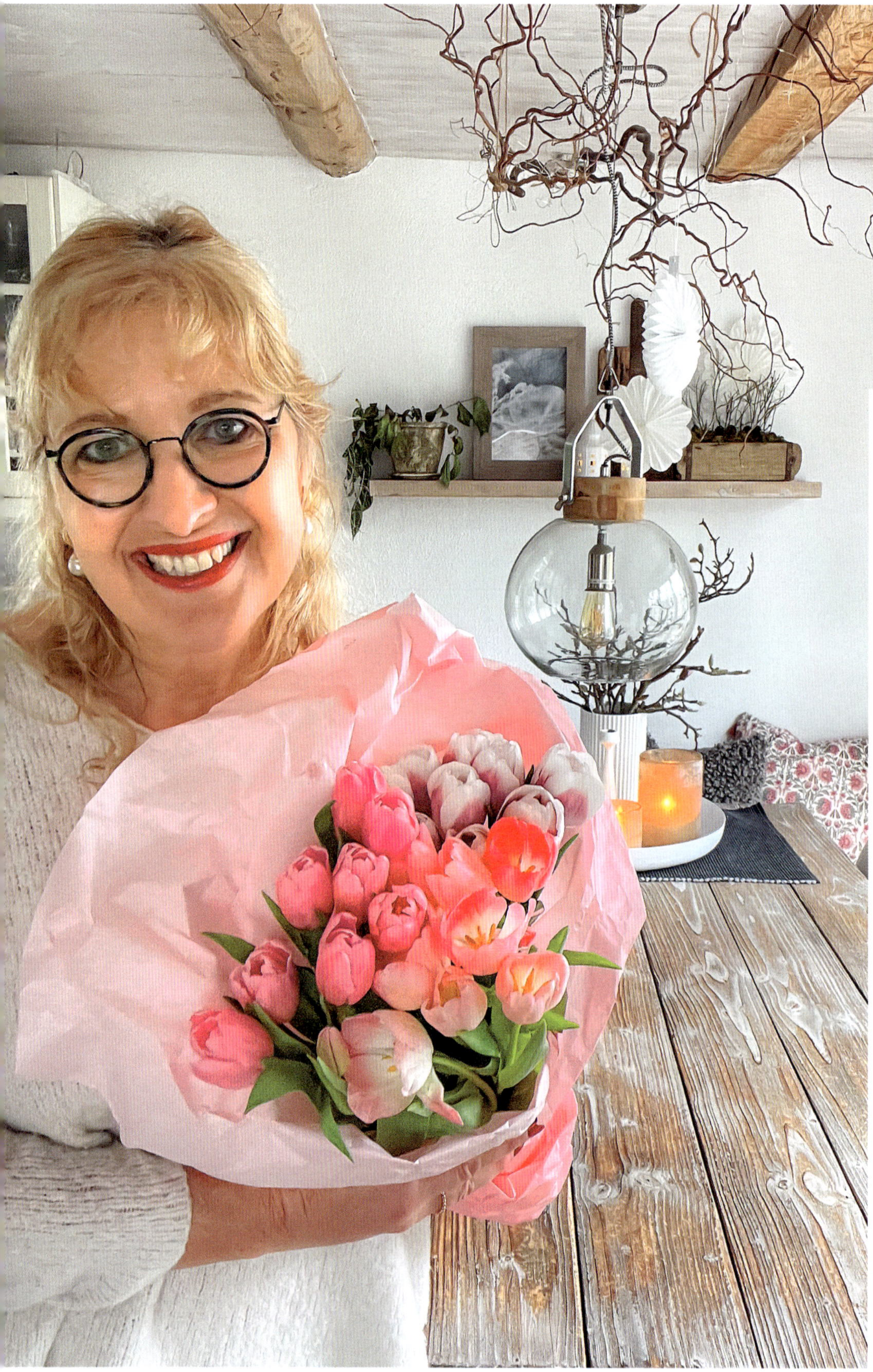

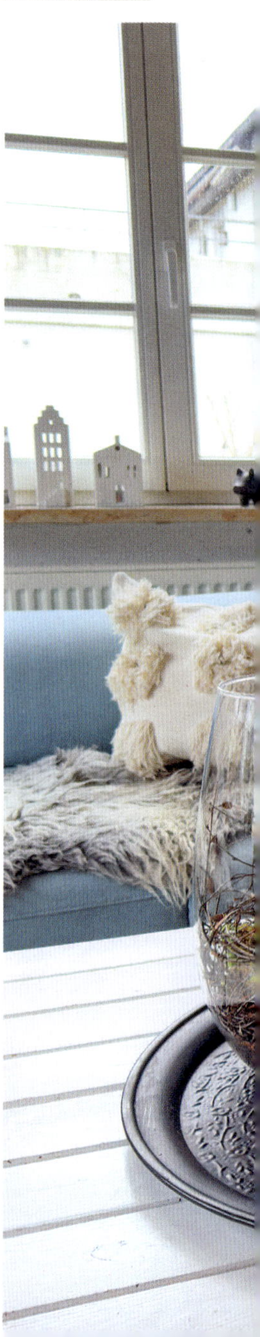

FRÜHLINGSBOTEN

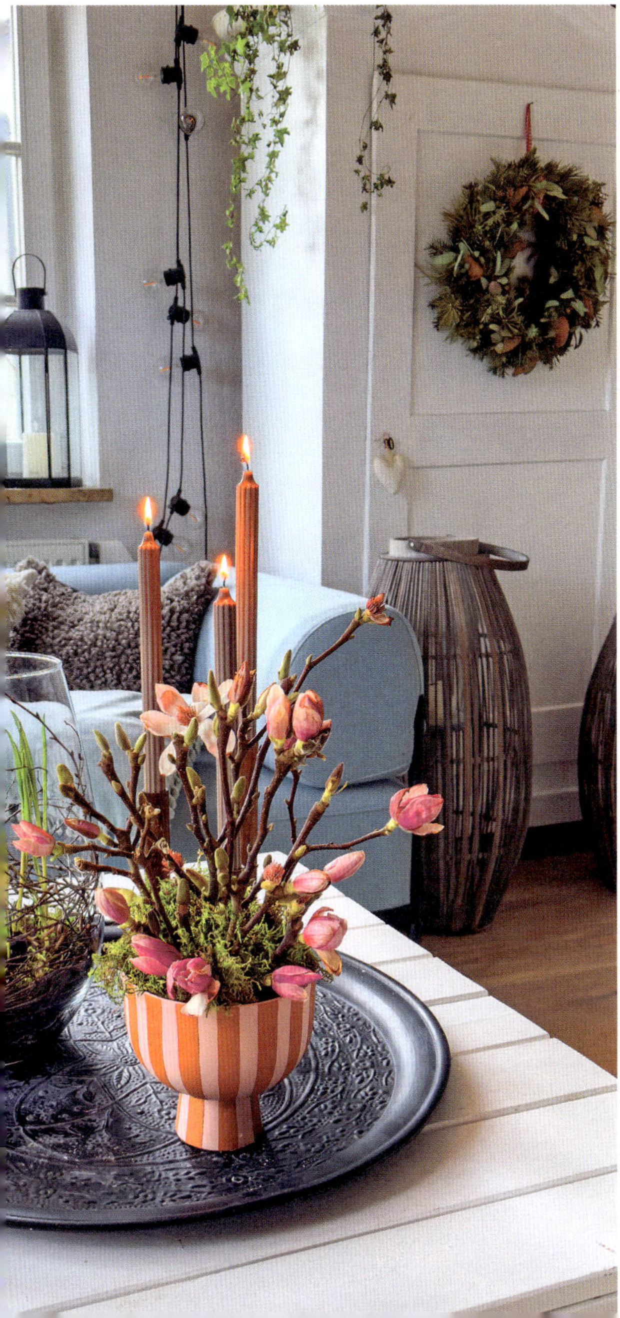

Auch wenn ich die Weihnachtszeit mit ihrer warmen Stimmungslage sehr liebe, ist die dunkle Winterzeit für mich als Sommerkind doch sehr lang.

Nach Weihnachten lasse ich immer erst einmal die kurze Leere nach der überschwänglichen Deko-Zeit ganz bewusst etwas wirken. Das hilft, den Boden bzw. die Deko-Fläche für Neues zu schaffen. Dann aber komme ich schon recht bald nicht umhin, mit den ersten Frühlingsboten zu dekorieren und frische, neue Akzente zu setzen.

Ende Januar sind es vor allem die Tulpen, die ich im Blumenladen oder auf dem Wochenmarkt kaufe oder bei »Tausendschön« bestelle. Auch zeigen sich jetzt im Garten die ersten Schneeglöckchen oder Schneerosen. Sie liefern mir gleichfalls frühes Blühmaterial.

Die ersten Farben empfinde ich immer als wahre Seelenschmeichler, und die Zeit bis zum Frühlingsbeginn überbrücke ich auf diese Weise spielend.

Wenn es dann die ersten Magnolienzweige gibt oder die geschnittenen Quittenzweige aus dem Garten in der Vase Blüten treiben, weiß ich, dass der Frühling nicht mehr weit ist und die Gartensaison wieder beginnt.

GESTECK MIT FRÜHLINGSBLUMEN

Ich liebe Gestecke. Sie sind so schnell und einfach gezaubert und machen so viel her! Dadurch, dass die Blumen gesteckt werden, bleiben sie im Arrangement an ihrem vorgesehenen Platz. Hat man weniger Material, nimmt man einfach eine kleinere Schale!

BENÖTIGTES MATERIAL

Für 1 Gesteck

- Bio-Steckschaum
- 1 kleine Schale mit Fuß
- Birkenreisig
- Je 5–8 Stiele
  - Schachbrettblumen,
  - Traubenhyazinthen,
  - Vergissmeinnicht und
  - Schlüsselblumen
- 3–4 rosa Ranunkeln
- 2–3 kleine Tulpen
- Moos
- Quitten- und Spierenzweige

SO WIRD'S GEMACHT

1) Den Schaum mit einem Messer auf die Größe der Schale zuschneiden. Wieder herausnehmen und in der Spüle oder einer Schüssel gut wässern!

2) Die Schale mit etwas Birkenreisig auslegen. Dann den Schaum mittig auf dem Reisig platzieren, so dass das Birkenreisig etwas über den Steckschaum ragt.

3) Ebenfalls aus Birkenreisig ein kleines Kränzchen formen und auf den Rand der Schale legen.

4) Mit einem Schraubenzieher Löcher im Schaum vorstechen, da die Frühlingsblüher weiche Stiele haben und sonst brechen würden. Die Blüten gut verteilt in die Löcher stecken.

5) Die Zwischenräume mit etwas Moos abdecken und die kleinen Zweige dazwischen stecken.

6) Zwischendurch das Gießen nicht vergessen!

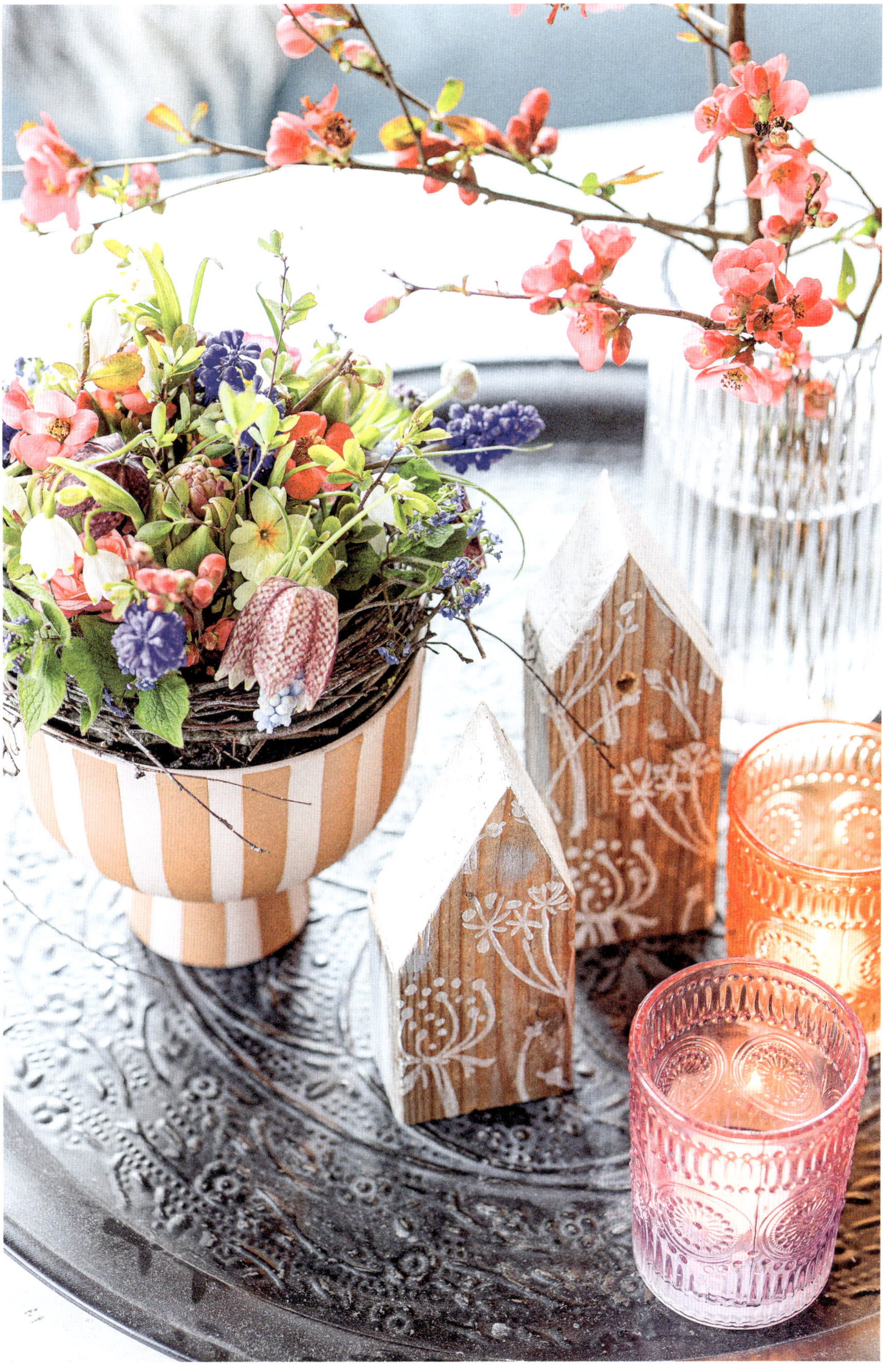

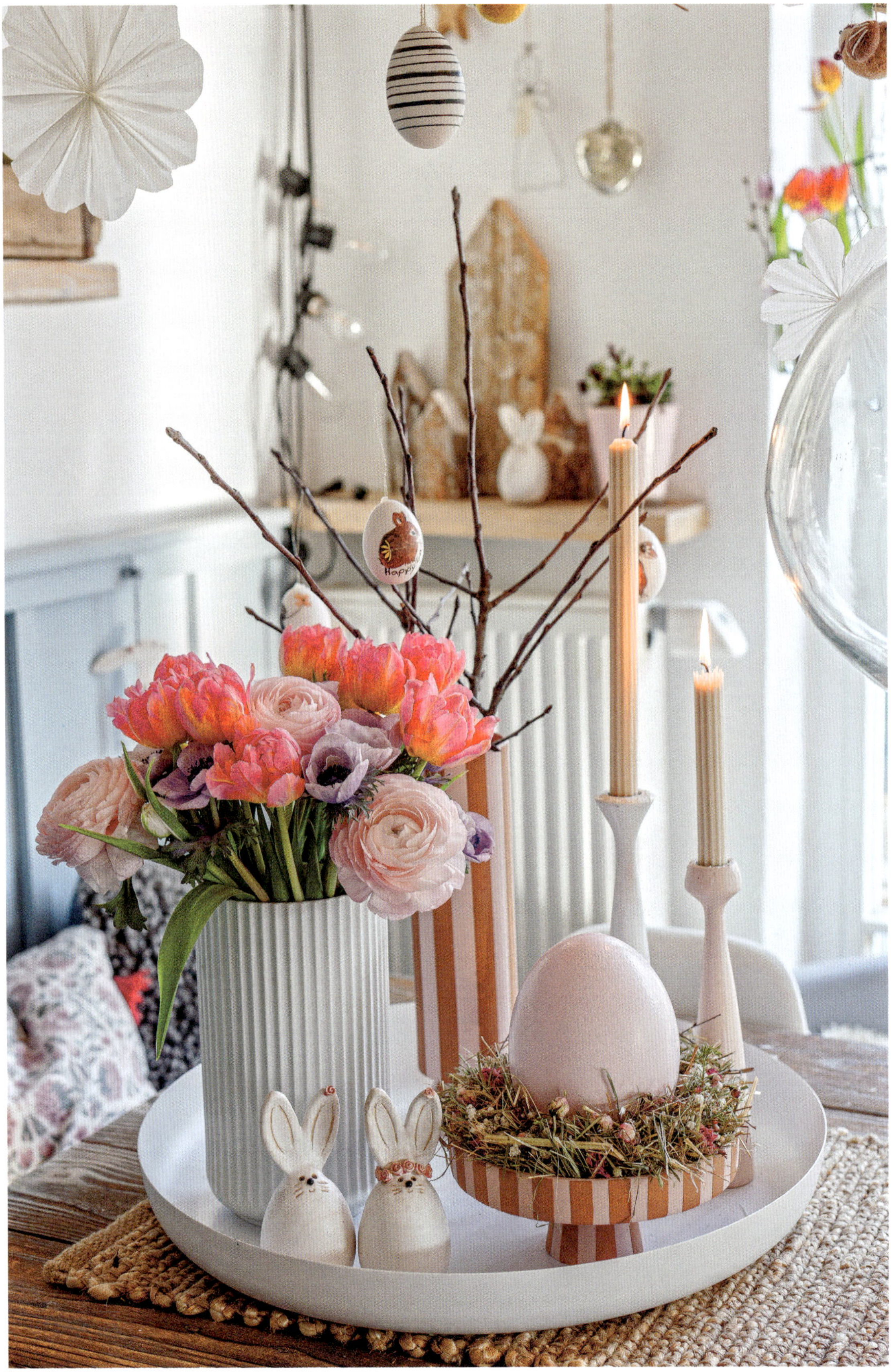

OSTERKRANZ MIT STRAUẞENEI

Das Straußenei ist hier eindeutig das Key Piece. Es bietet sich für ein pastelliges Umfeld geradezu an und gehört als Symbol für neues Leben zum Osterfest einfach dazu. Im Zusammenspiel mit pastellfarbenen Blumen wirkt es besonders hübsch.

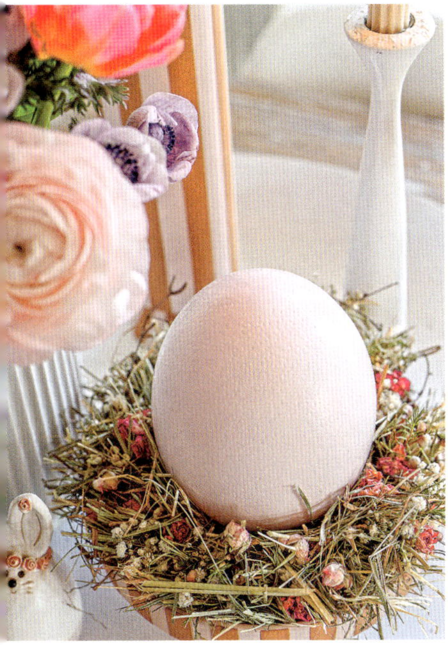

SO WIRD'S GEMACHT

1) Aus dem Birkenreisig einen kleinen Kranz von etwa 18 cm Durchmesser formen und mit etwas Blumendraht fixieren.

2) Dann aus dem Gras oder Heu kleine Büschel formen und abwechselnd mit Röschen, Wachsblumen und Schleierkraut mit Blumendraht rundherum am Reisigkranz festbinden.

3) Zum Schluss das Straußenei in die Mitte setzen.

Tipp:
Im Prinzip kann man für solche Kränzchen alle Blumen verwenden, die gut trocknen. Je kleiner z. B. die Rosen, desto besser trocknen sie. Getrocknete Blüten halten mehrere Monate; man sollte sie nur nicht direkt in die Sonne stellen, sonst bleichen sie aus und nehmen einen Beige-Ton an.

BENÖTIGTES MATERIAL

Für 1 Straußenei-Kranz

- Etwas Birkenreisig
- 1 Beutel Ostergras oder Bergwiesenheu (z. B. aus dem Tierbedarf)
- Je 2–3 Stiele
  - Kleine, verzweigte Rosen,
  - Weiße oder rosa Wachsblumen und
  - Weißes Schleierkraut
- Blumendraht
- Straußenei

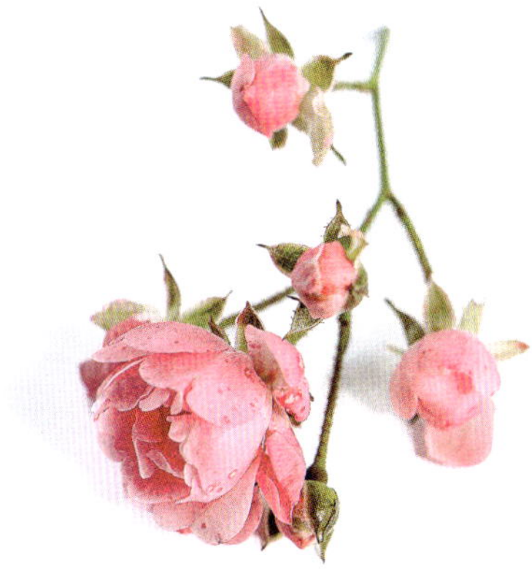

DEKORATIVES EINZELVASEN-ARRANGEMENT

Ich liebe Einzelvasen, denn in ihnen kann man Blumen-Solisten wunderbar miteinander arrangieren. So können sie ihre Wirkung nicht nur einzeln, sondern auch im Gesamtbild bezaubernd entfalten. Für eine solche Zusammenstellung genügen bereits ein paar wenige Vasen. Ein besonders harmonischer Gesamteindruck entsteht, wenn die Vasen zwar viele verschiedene Formen und Höhen haben, aber zur selben Farbfamilie gehören.

BENÖTIGTES MATERIAL

Für 1 Arrangement

- 3–4 kleine verschiedenfarbige Vasen
- Blaue, weiße und rosa Frühlingsblüher. Z. B. Maiglöckchen, Vergissmeinnicht, erste Erdbeerblüten, Anemonen oder Bellis

SO WIRD'S GEMACHT

1) Die kleinen Vasen mit Wasser füllen und die Blumen darin verteilen und arrangieren.

2) Darauf achten, dass in einer Vase Blumen verschiedener Formen und Farben vertreten sind. Das wirkt lebendiger.

3) Die Vasen anschließend auf einem Tablett arrangieren oder auf einem Regal nebeneinander aufstellen.

4) Besonders im Frühling, wenn der Garten noch nicht viel hergibt, sind Einzelvasen besonders praktisch. Außerdem sieht es gleich bunt und fröhlich aus.

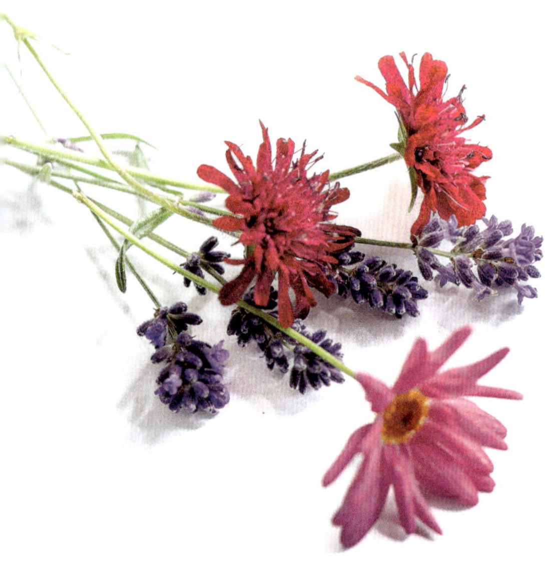

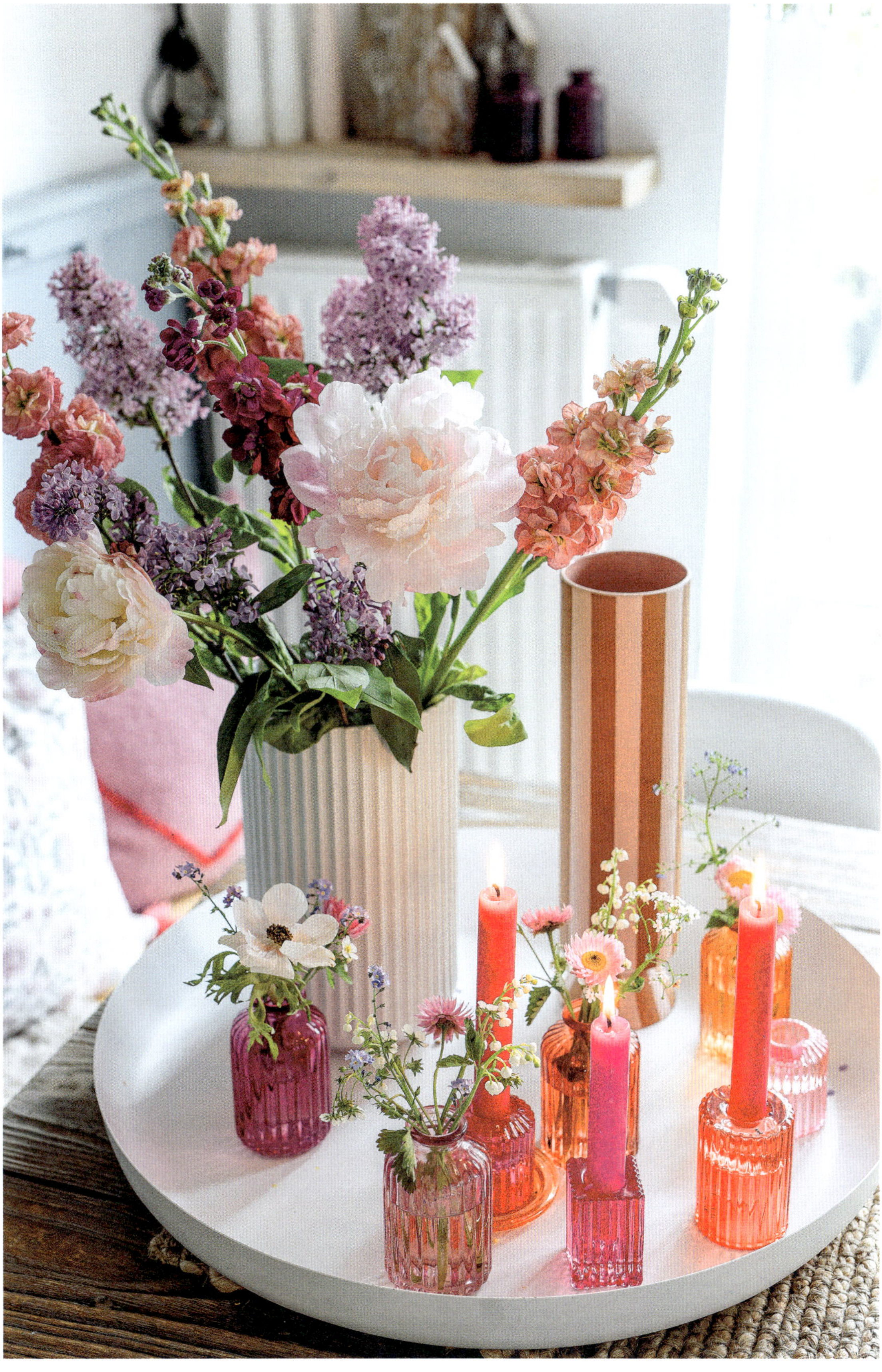

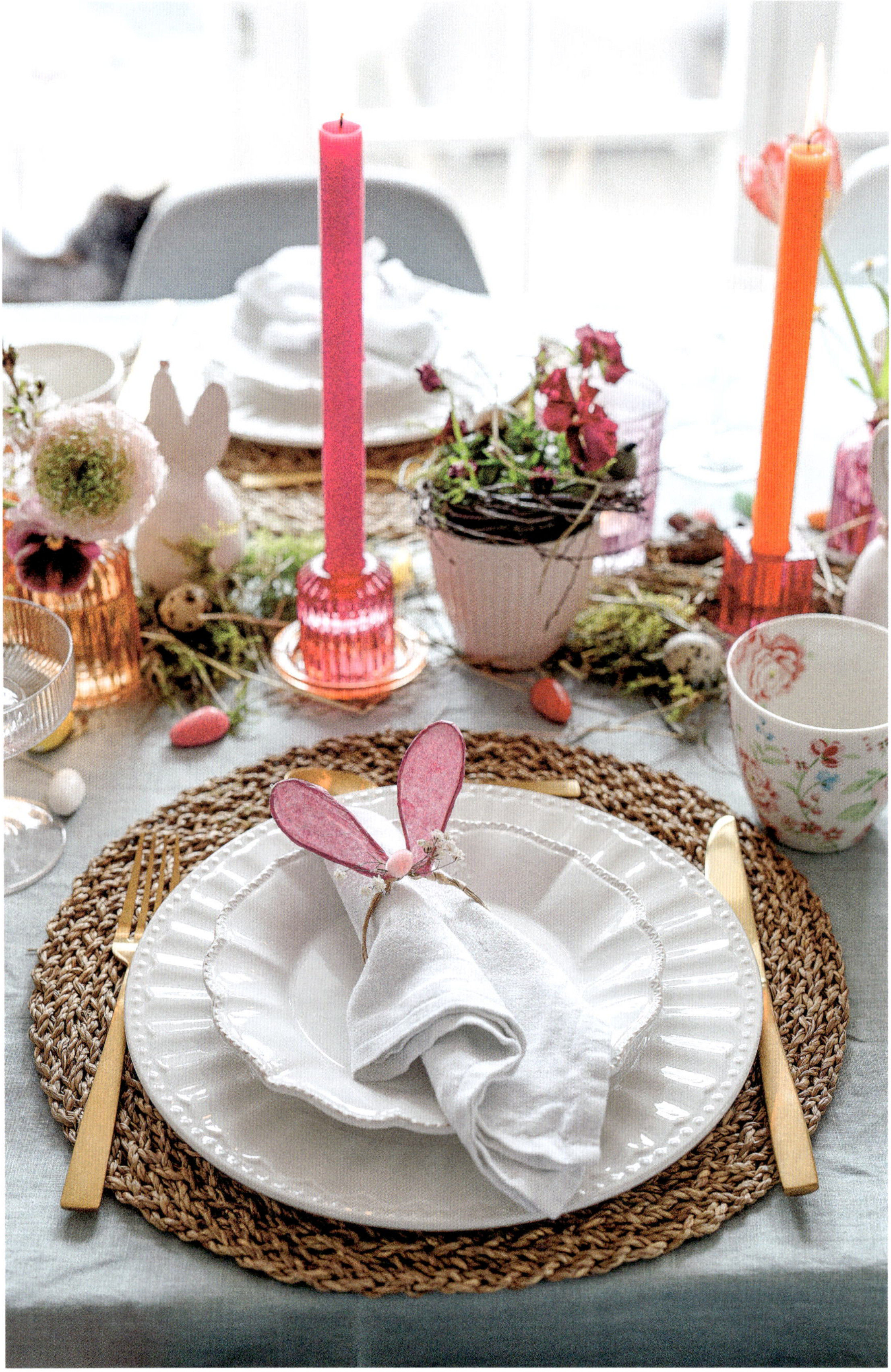

SERVIETTENRING HASE

Mit ein paar selbst gestalteten Serviettenringen sieht ein gedeckter Tisch gleich viel persönlicher aus. Mit ihren rosa Ohren fügen sich die Häschen optisch wunderbar in die übrige Tischdekoration ein, die passend zum Osterfest bunt und fröhlich daherkommt.

BENÖTIGTES MATERIAL

Für 1 Serviettenring

- 70 cm Papierdraht
- Pinkfarbenes Seiden- oder Transparentpapier
- Flüssigkleber
- Kleiner Pompon
- Schleierkraut zum Verzieren

SO WIRD'S GEMACHT

1) Aus der Mitte des Papierdrahts einen Kreis von etwa 5 cm Durchmesser formen, den Draht dabei doppelt legen. Am Ende den Draht ein- bis zweimal verdrehen, um ihn zu fixieren. Die beiden verbleibenden Drahtenden sind jeweils etwa 18 cm lang.

2) Die beiden Enden zu länglichen Hasenohren formen und am Ring festdrahten.

3) Die Ohren auf Seiden- oder Transparentpapier legen und das Papier großzügig darum ausschneiden. Das Papier mit etwas Flüssigkleber auf die Papierdrahtohren kleben, dabei das überstehende Papier nach hinten umschlagen.

4) Zum Schluss den Serviettenring mit Schleierkraut und einem kleinen Pompon verzieren.

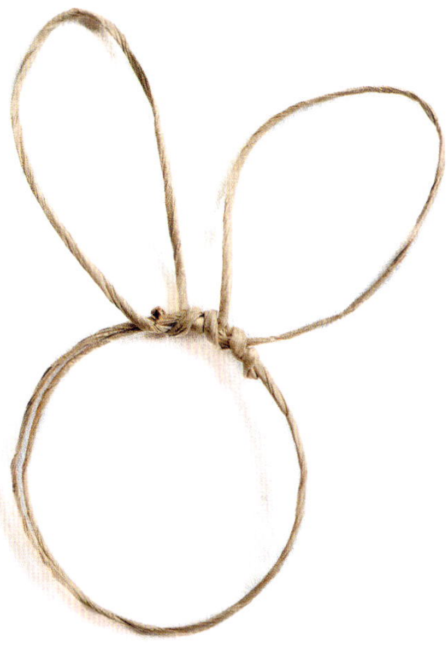

TASSEN MIT OSTERDEKO

Schon mit einfachen Mitteln lässt sich schnell eine hübsche österliche Dekoration gestalten. Der besondere Clou bei dieser Tischdekoration ist, dass die Tassen zwar unterschiedliche Farben, aber dasselbe Muster haben. So entsteht eine fröhlich-frühlingshafte Wirkung, und die einzelnen Elemente bilden dennoch eine Einheit. Ich finde das spannender, als zwei gleichfarbige Tassen zu verwenden.

BENÖTIGTES MATERIAL

Für 2 Deko-Tassen

- 2 farblich zusammenpassende Tassen, z. B. rosa und hellorange
- 1 Hornveilchen
- Birkenreisig
- Moos
- 1 Deko-Vögelchen
- 4–5 Wachteleier
- Papier
- Heu (z. B. Tierbedarf)
- Perlhuhnfedern
- 1 getrocknete Rosenblüte
- 1 Zweig Schleierkraut

SO WIRD'S GEMACHT

1) In die rosafarbene Tasse ein Hornveilchen setzen.

2) Aus dem Birkenreisig ganz locker einen kleinen Kranz im Durchmesser der Tasse winden. Vorsichtig über das Hornveilchen führen und auf den Tassenrand legen.

3) Die Zwischenräume mit etwas Moos ausstopfen und mit etwas Osterdeko, z. B. einem kleinen Vögelchen und einem Wachtelei, dekorieren

4) Die andere Tasse mit etwas Papier ausstopfen. Wieder ein lockeres Kränzchen aus Birkenreisig formen und auf den Tassenrand legen. Das Innere der Tasse mit Moos abdecken.

5) Aus dem Heu ein kleines Büschel formen, zusammendrahten und ins Moos stecken.

6) Mit ein paar Wachteleiern, Federn, einem getrockneten Röschen und einem Zweig Schleierkraut verzieren.

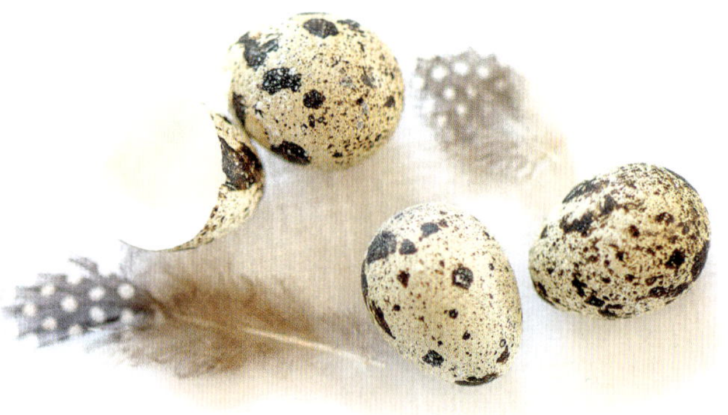

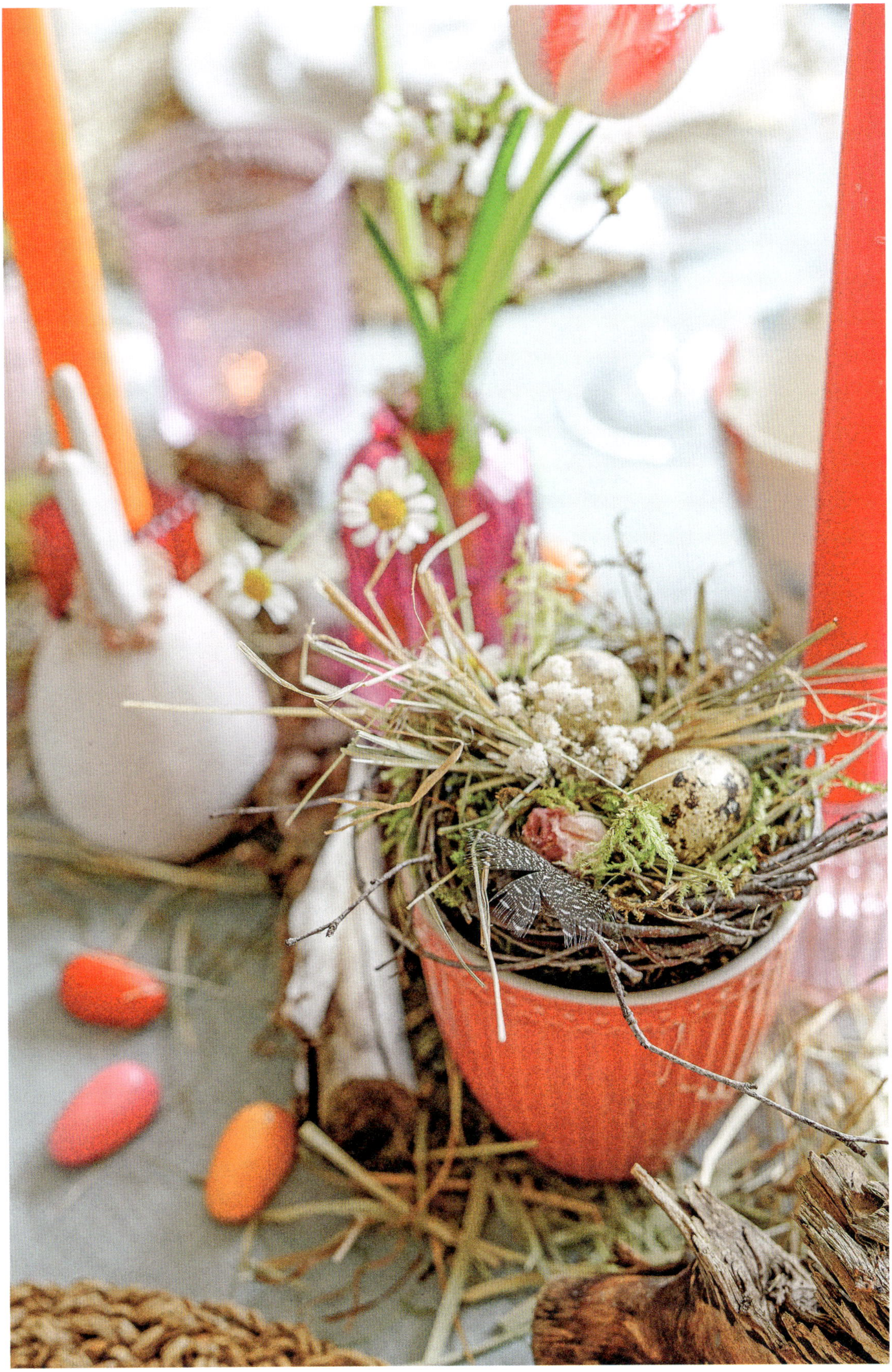

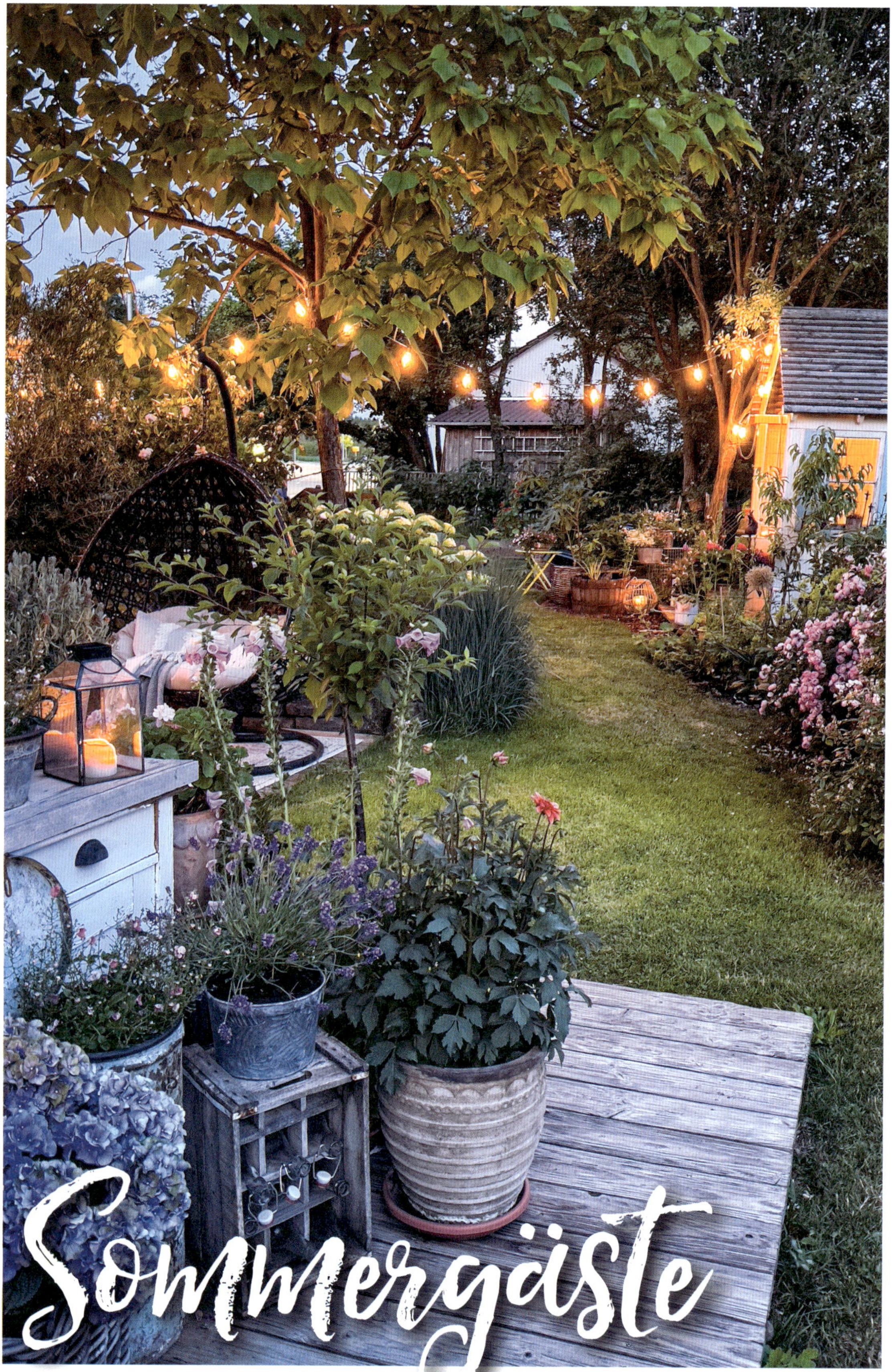

Sommergäste

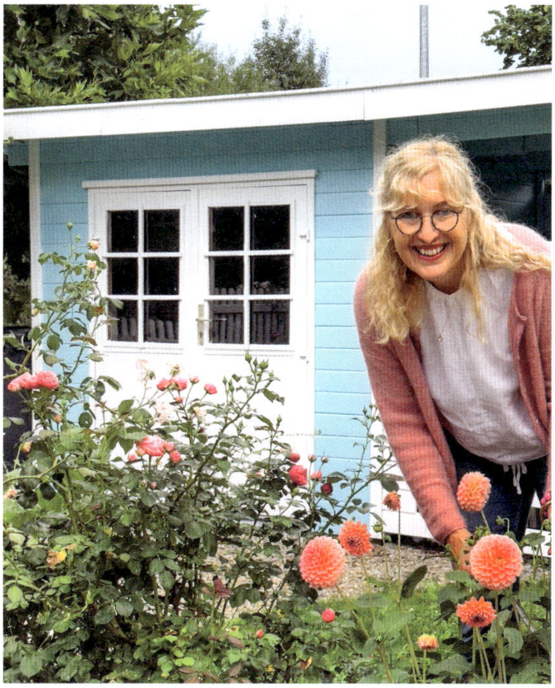

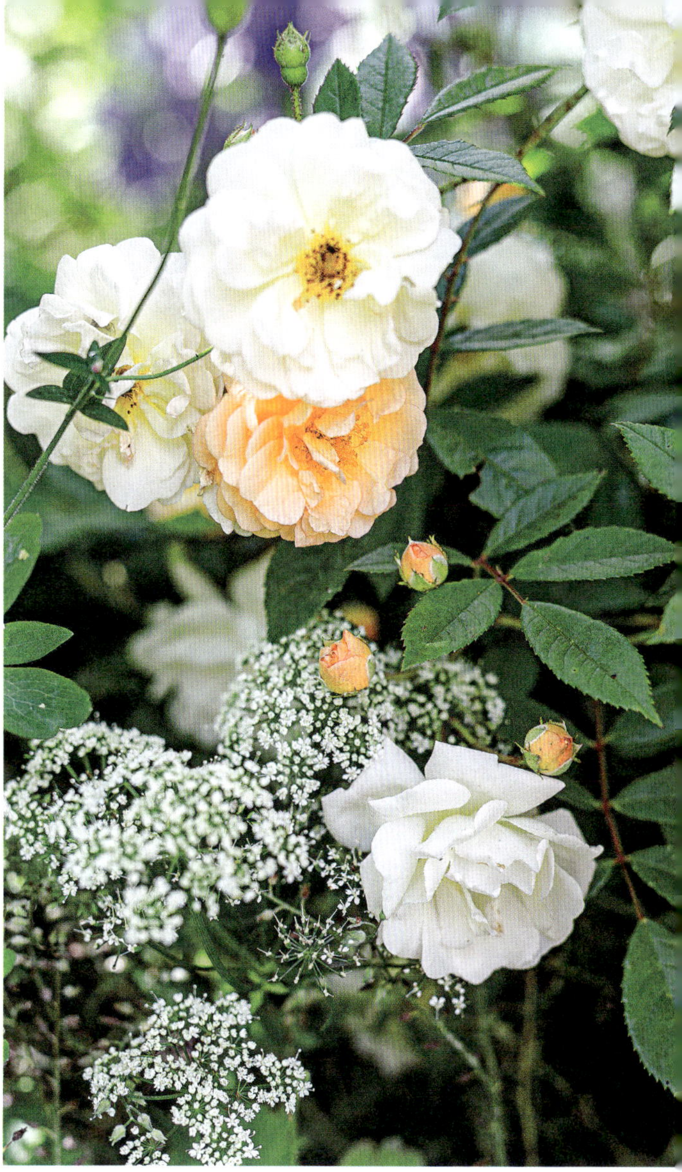

Wenn ab Juni in meinem Garten die Sommerblumen zu blühen beginnen, ist die Zeit gekommen, in der ich wieder für meine Sträuße und Blumenarrangements aus dem Vollen schöpfen kann. Neben meinen Englischen Rosen, die ich gerne in Blumensträußen, Gestecken oder auch nur in einer Vase schwimmend dekoriere, beginnen nach und nach die sogenannten Beiblumen wie zum Beispiel Sterndolden, Giersch, Glockenblumen, Lavendel, Frauenmantel oder auch Erdbeeren zu blühen. Sie strahlen nicht unbedingt allein als Solisten in der Vase, aber sie tragen viel zum Gesamteindruck bei. Viele Blumen im Pomponetti-Garten habe ich nur aus diesem Grunde gepflanzt, denn sie sind mir als Schnittblume in einem Strauß einfach wichtig.

So habe ich dieses Jahr auch Witwenblume und Wiesenknopf in meinem Garten angesiedelt, und es gibt noch so viele mehr, die mir vorschweben und die ich mit der Zeit in meinen Garten holen werde.

Später im Sommer blühen dann die Hortensien. Sie sind als aufgeblühte Blumen in der Vase etwas empfindlich und welken schnell, was mich aber nicht davon abhält, sie trotzdem zu verwenden. In Arrangements schätze ich ihre üppige Blütenpracht ganz besonders. Dennoch ist es besser, auf die Verfärbung der Blüten zu warten, denn dann lassen sich die meisten Hortensiensorten hervorragend trocknen.

Gegen Ende des Sommers entfalten dann meine vielen Dahlien ihre Pracht. Ich habe letztes Jahr an die 40 Sorten eingepflanzt, ins Beet, aber auch in Töpfe. So habe ich großblütige XXL-Dahlien, Pompon- und Seerosendahlien sowie einfach blühende Dahlien. Die meisten bewegen sich im Farbspektrum von Pink, Rosa und Apricot. Mit diesen Tönen zaubern sie bis in den späten Herbst hinein eine herrliche Farbenpracht in meinen Garten.

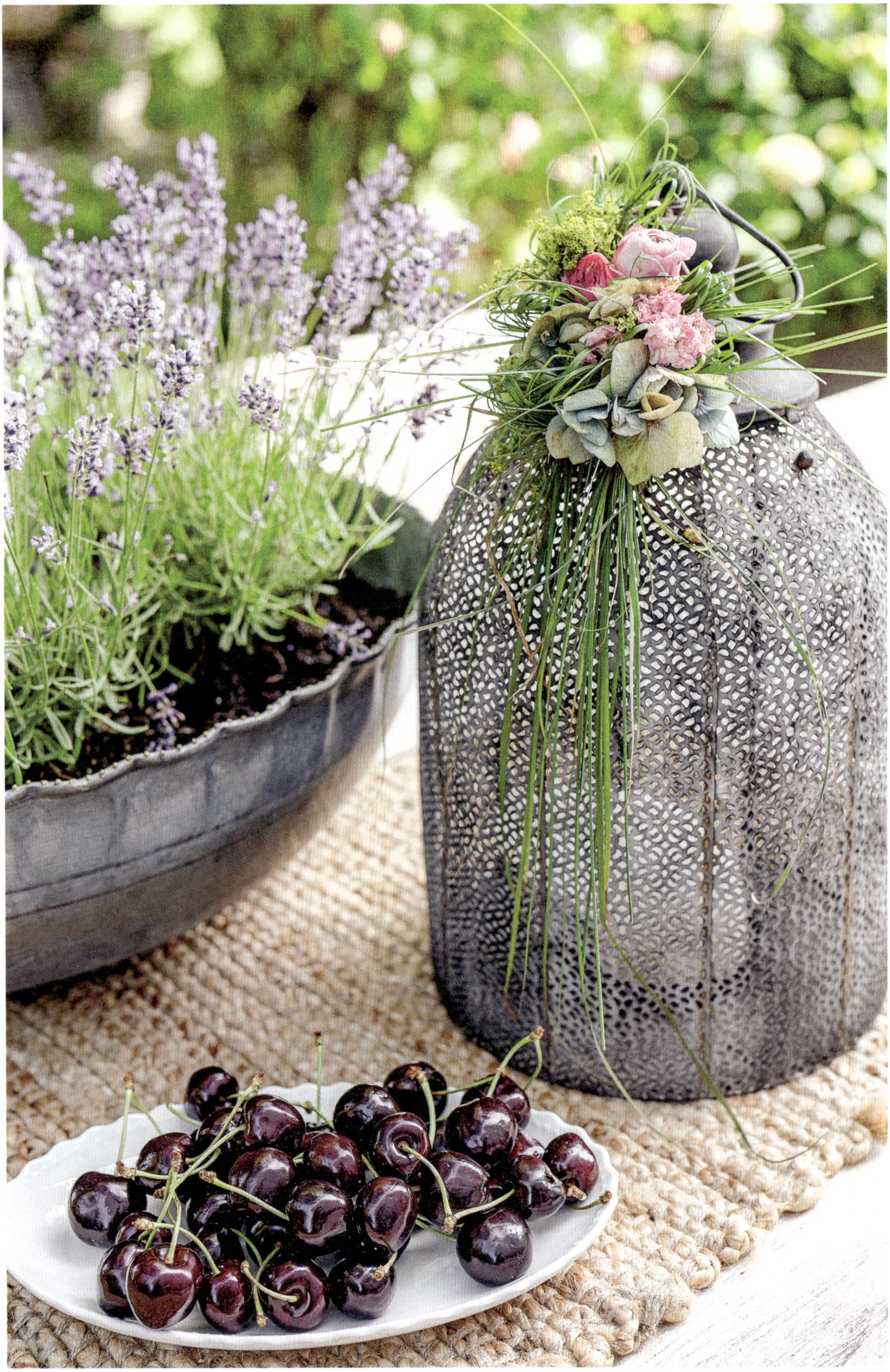

BLUMENANHÄNGER FÜR LATERNE

Diese Anhänger sind ein tolles Deko-Element. Die verwendeten Materialien verlieren auch getrocknet nichts von ihrer Schönheit, so dass man lange etwas von dieser hübschen Dekoration hat. Natürlich kann man mit diesen Anhängern nicht nur Laternen verschönern, sie machen sich auch hervorragend an Geschenken.

BENÖTIGTES MATERIAL

Für 1 Anhänger

- 20–30 cm Draht, Ø 0,4 mm
- 1 blaue Hortensienblüte
- Gartenschere
- Gras ohne Blütenstände, etwa 40 cm lang
- 3–4 kleinblütige Rosen
- 2–3 Stiele Frauenmantel
- Blumendraht

SO WIRD'S GEMACHT

1) Den Draht doppelt nehmen und verdrehen. Es entsteht eine Öse, an der man nachher den Anhänger an der Laterne festbinden kann.

2) Die Hortensienblüte mit der Gartenschere in einzelne Rispen teilen.

3) Das Gras doppelt nehmen und zu einer Schleife ohne Knoten formen und mit einem Blumendraht ein- bis zweimal am Drahtstück an der Öse festbinden, um sie zu verdecken.

4) Nun ein Büschel aus Rose und Frauenmantel formen und direkt darunter festbinden. Dann wieder eine Grasschlaufe mit Hortensie unmittelbar darunter befestigen. Dies so lange fortführen, bis der Draht komplett verdeckt ist.

5) Den fertigen Blumenanhänger mit einem Stück Blumendraht an der Laterne festbinden.

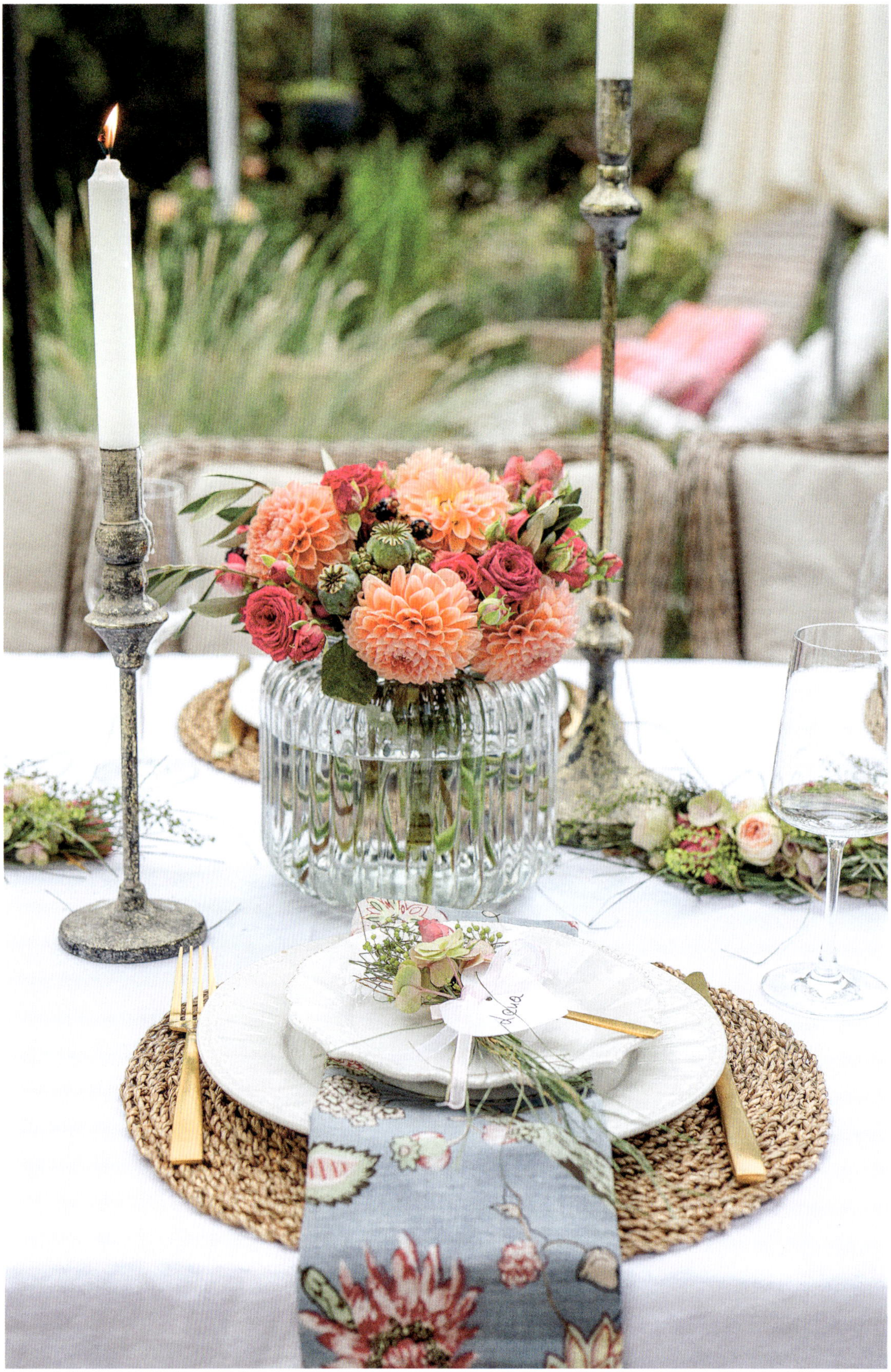

BLUMIGE PLATZKÄRTCHEN

Zu einer gelungenen Tischdeko gehören für mich Tischkarten einfach mit dazu. So fühlt sich jeder Gast gleich willkommen an der Tafel. In der Kombination mit einem Blumensträußchen sind die Karten ein weiteres hübsches florales Element.

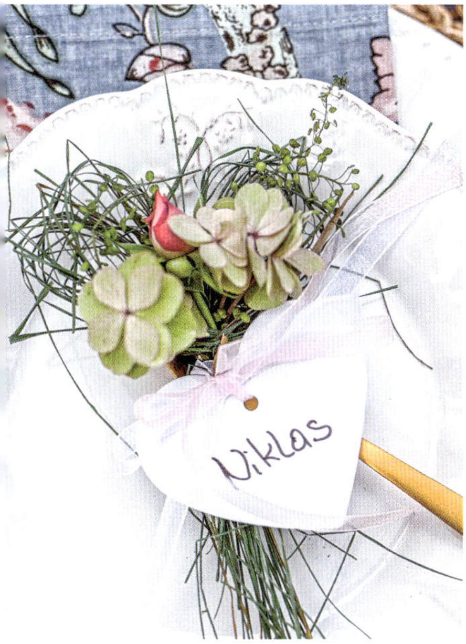

BENÖTIGTES MATERIAL

Für 1 Tischkarte

- Kleines Herz aus Tonkarton mit Loch
- Wasserfester Fineliner
- Gras ohne Blütenstände, etwa 40 cm lang
- 1 Stiel Hirtentäschelkraut
- Blumenbindedraht
- 1 kleinblütige Rose
- 1 kleine Hortensienrispe
- 2 schmale Organza-Bänder in verschiedenen Farben

SO WIRD'S GEMACHT

1) Das Herz mit dem entsprechenden Namen beschriften.

2) Das Gras doppelt nehmen, die Mitte etwas nach unten ziehen und zusammen mit dem Hirtentäschel zu einem kleinen Herz formen. Mit etwas Bindedraht stabilisieren.

3) Die Rose mit der kleinen Hortensienrispe zu einem Sträußchen nehmen und mit dem Draht unten am Herz fixieren.

4) Die beiden Organza-Bänder über den Draht binden und eine Schlaufe legen, dabei das Papierherz einbinden.

Tipp:
Das Herz lässt sich ganz wunderbar trocknen und so immer wieder verwenden.

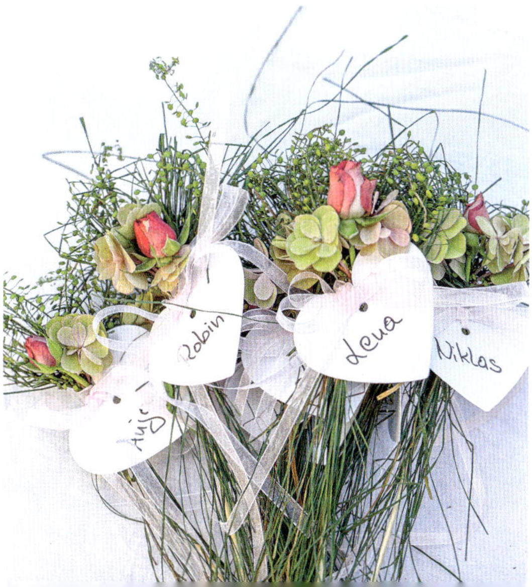

DUFTIGE TISCHGIRLANDE

Auch für diese Tischgirlande habe ich langes Gras verwendet. Die Blumen in der Girlande ergeben ein harmonisches Miteinander und trocknen alle gut. Deshalb verwende ich hierfür auch die kleinen Rosen, denn große Blüten trocknen nicht so schön.

BENÖTIGTES MATERIAL

Für 1 Girlande, ca. 40–50 cm lang

60–70 cm Draht, Ø 0,4 mm
1 Bund verzweigter Freilandrosen
Gras ohne Blütenstände, etwa 40 cm lang
1–2 Hortensienblüten
2–3 Stiele Hirtentäschelkraut
Bindedraht

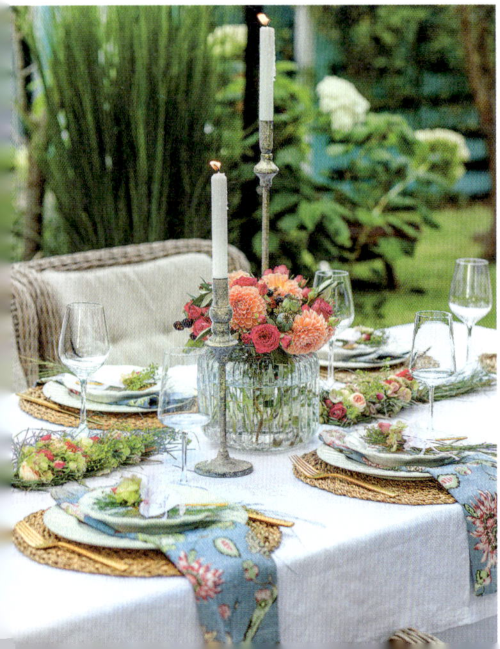

SO WIRD'S GEMACHT

1) Den Draht doppelt nehmen und verdrehen. Das verdrehte Stück sollte dann etwa 30–35 cm lang sein.

2) Die Rosen auf etwa 5 cm Länge zuschneiden und mit den Hortensien ebenso verfahren. Dafür die Blüten vorsichtig in die einzelnen Rispen teilen.

3) Das Gras doppelt nehmen und zu einer Schleife ohne Knoten formen und mit einem Blumendraht ein- bis zweimal mal ganz oben am Drahtstück festbinden.

4) Nun ein Sträußchen aus Rose und Hortensie darunter festbinden, dann wieder eine Grasschleife setzen. Zwischendrin immer wieder etwas vom Hirtentäschelkraut einbinden.

5) Solange weiter binden, bis das Drahtstück komplett bedeckt ist. Das Gras am unteren Ende lang lassen oder auf die gewünschte Länge kürzen.

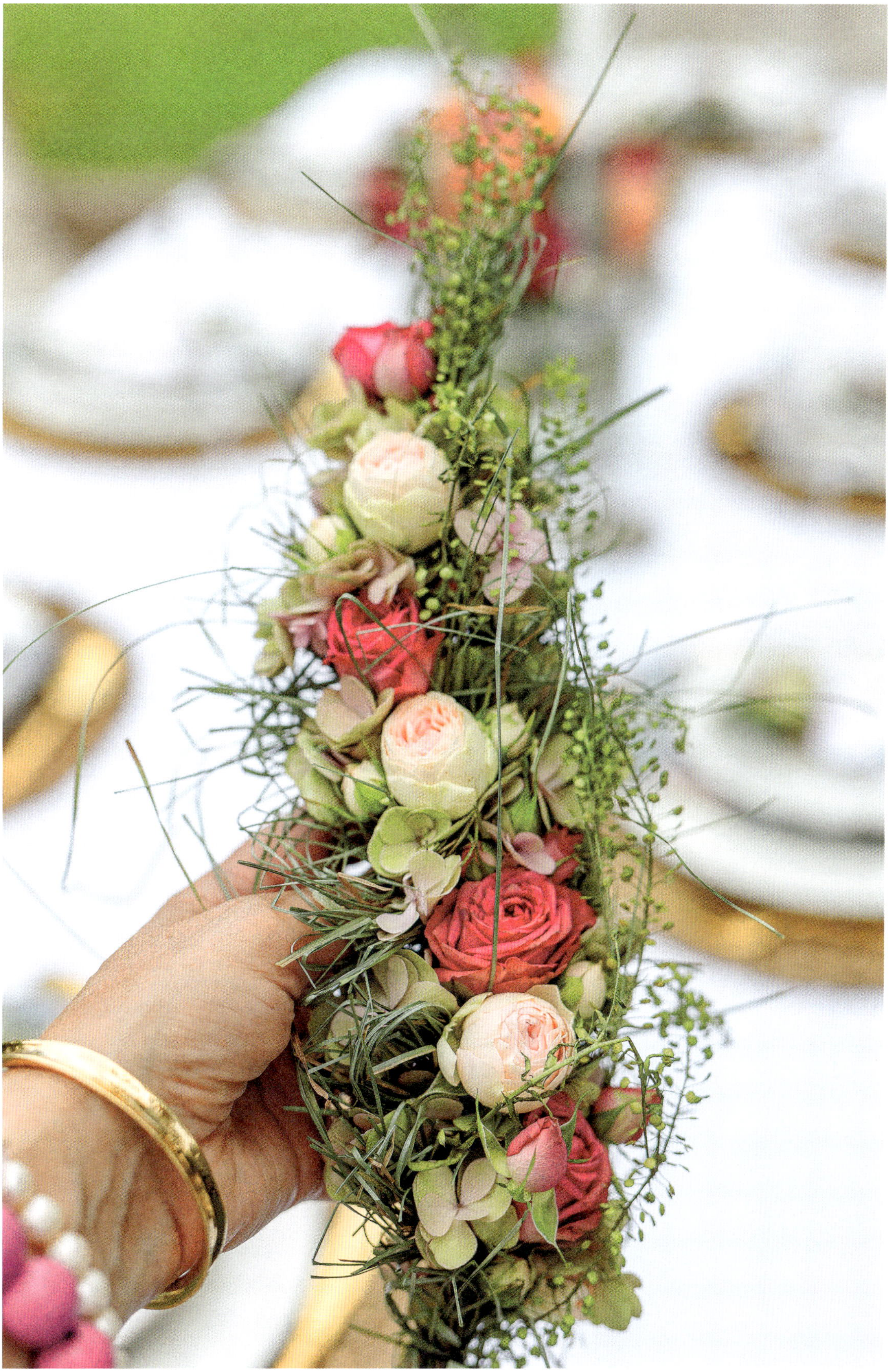

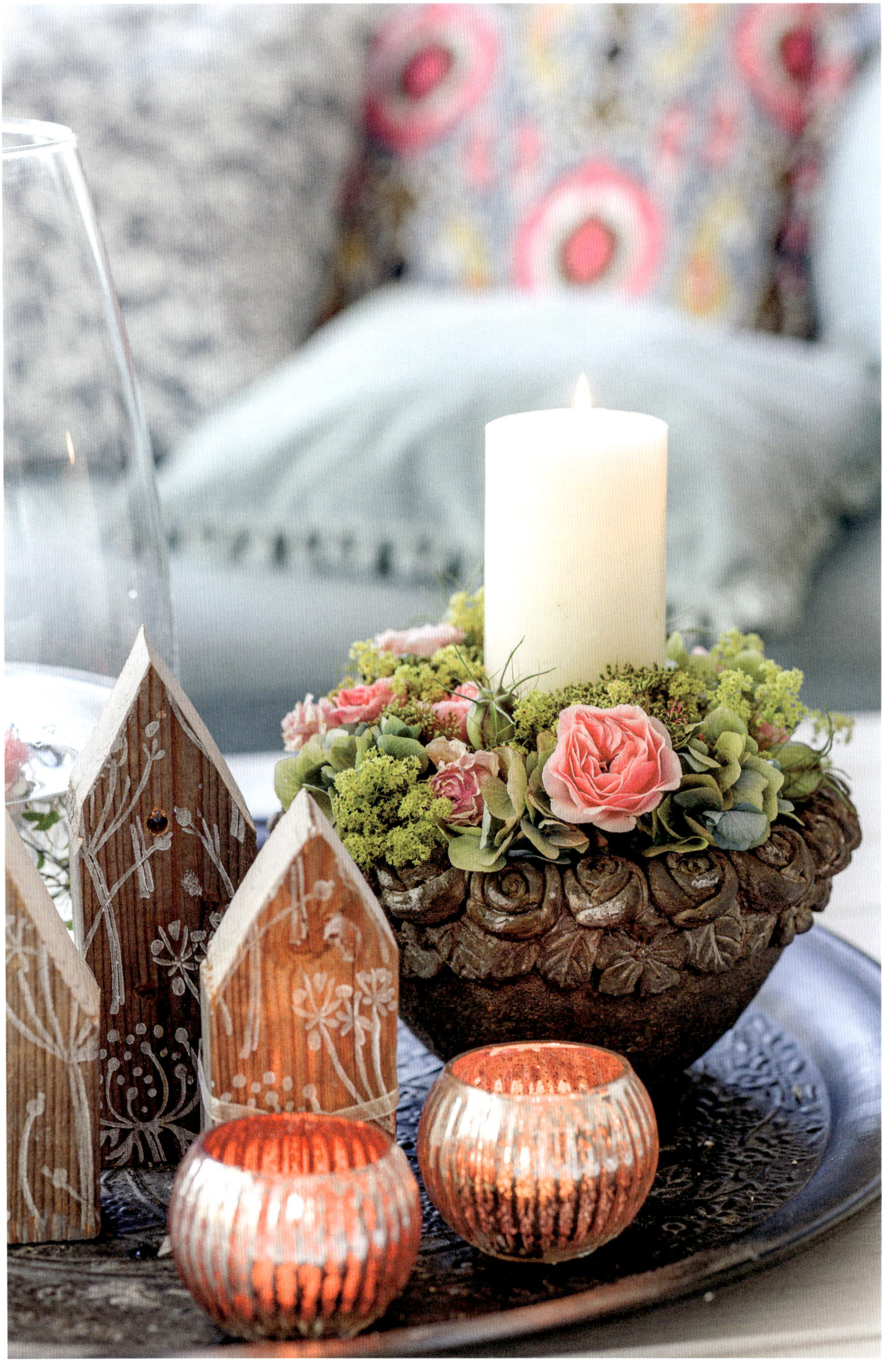

GESTECK MIT SOMMERBLUMEN UND KERZE

Das Besondere an diesem Gesteck ist, dass es aus Blumen besteht, die gut trocknen. So ist es einige Wochen, wenn nicht sogar Monate haltbar. Allerdings sollte man beachten, dass es durch Sonnenlicht ausbleicht!

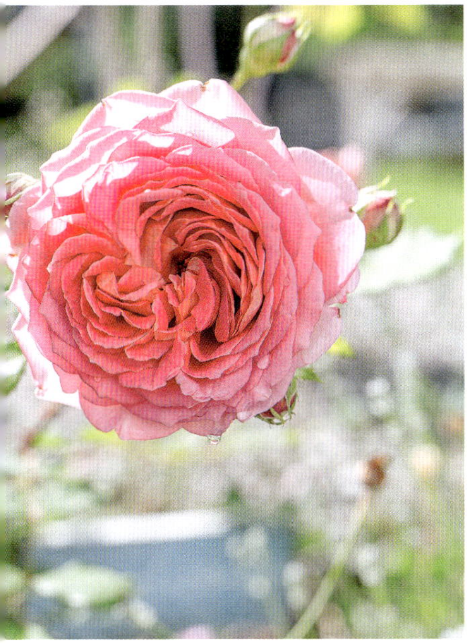

SO WIRD'S GEMACHT

1) Den Steckschaum mit dem Küchenmesser auf die Maße der Schale zuschneiden und gut wässern. Dann in der Schale platzieren.

2) Die Kerze auf die Mitte des Steckschaums stellen und für einen besseren Stand leicht eindrücken.

3) Die Hortensienblüten mit der Gartenschere vorsichtig in kleine Segmente aufteilen und die Blumen auf etwa 5–10 Zentimeter kürzen.

4) Dann die Sommerblumen um die Kerze herum dicht an dicht in den Steckschaum stecken.

Tipp:
Für zartere Stiele mit Hilfe z. B. einer Stricknadel Löcher im Steckschaum vorstechen. So knicken die Stiele nicht ab.

BENÖTIGTES MATERIAL

Für 1 Gesteck
- Bio-Steckschaum für Frischblumen
- 1 Schale
- 1 Stumpenkerze
- 10 kleine Freilandrosen
- 2 blaue Hortensienblüten
- 5 Stiele mit Samenkapseln Jungfer im Grün
- Einige Frauenmantel- und Gierschblüten als Füller

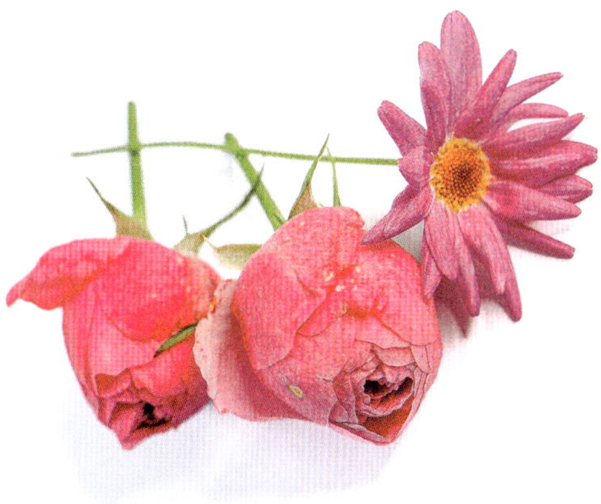

BUNTER SOMMERSTRAUß MIT WIESENBLUMEN

Ich liebe diese luftigen Sträuße, die so natürlich wirken. Für diesen Strauß hier habe ich Rosen aus dem Garten in Kombination mit Wiesenblumen verwendet. Am besten eignen sich hierfür verzweigte Rosen oder auch Freilandrosen. Ich mag es besonders, wie der Wiesenknopf über dem Strauß hin und her tanzt.

BENÖTIGTES MATERIAL

Für 1 Strauß

- 1 hohe Glasvase
- 3-5 Stiele Gras
- 3-4 Zweige Rosen (ohne Verzweigung entsprechend mehr)
- 5 Stiele Wilde Möhre
- 5-6 Stiele rosa Schafgarbe
- 4 Stiele Mutterkraut
- 3-4 Stiele Gierschblüten
- 6-7 Stiele Großer Wiesenknopf

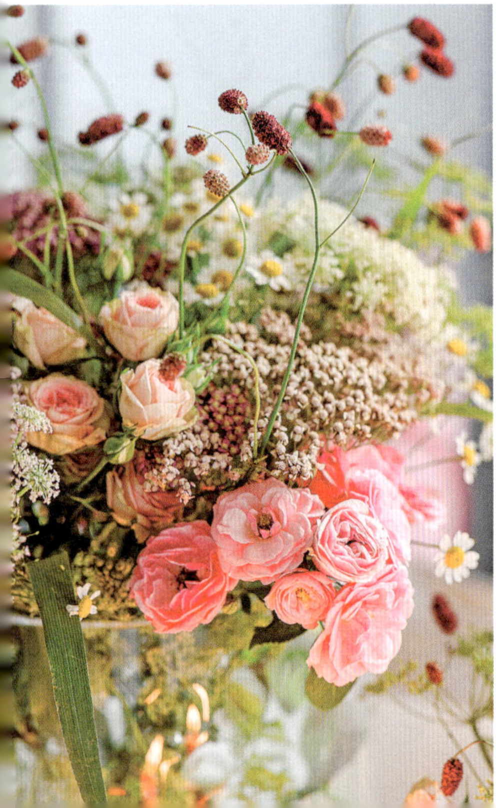

SO WIRD'S GEMACHT

1) Die Vase etwa zur Hälfte mit frischem Wasser füllen. Von den Stielen alle Blätter, die sich unter der Wasseroberfläche befinden würden, entfernen. So bilden sich nicht so schnell Bakterien.

2) Einige Gräser als Grundstruktur in die Vase stellen. Sie sollten sich in verschiedene Richtungen erstrecken und eine gewisse Höhe erreichen. Dadurch erhält der Strauß sein natürliches und luftiges Erscheinungsbild.

3) Die Rosen auf die gewünschte Länge schneiden. Dazu ein scharfes Messer nehmen und schräg anschneiden. Wenn man die Höhe der Rosen variiert, bekommt der Strauß mehr Tiefe. Die Rosen zwischen den Gräsern platzieren.

4) Die anderen Blumen wie Schafgarbe, Mutterkraut, Wiesenknopf, Giersch und Wilde Möhre ebenfalls auf die gewünschte Länge schneiden und sie zwischen den Rosen und den Gräsern arrangieren. Am besten verschiedene Farben und Texturen mischen, um einen interessanten und harmonischen Effekt zu erzielen.

Tipp:
Das Wasser etwa alle zwei Tage wechseln, dann bleibt der Strauß länger frisch

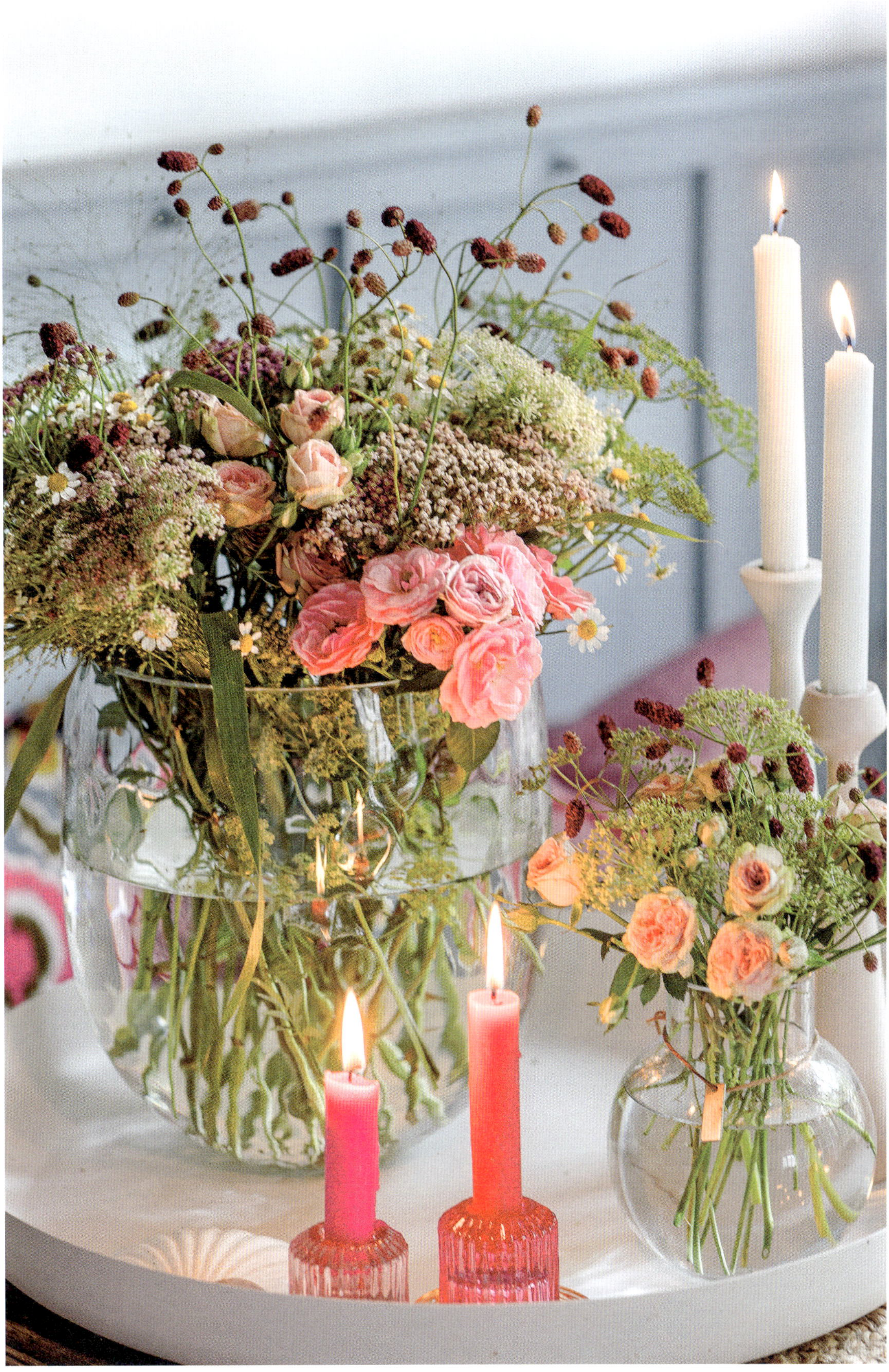

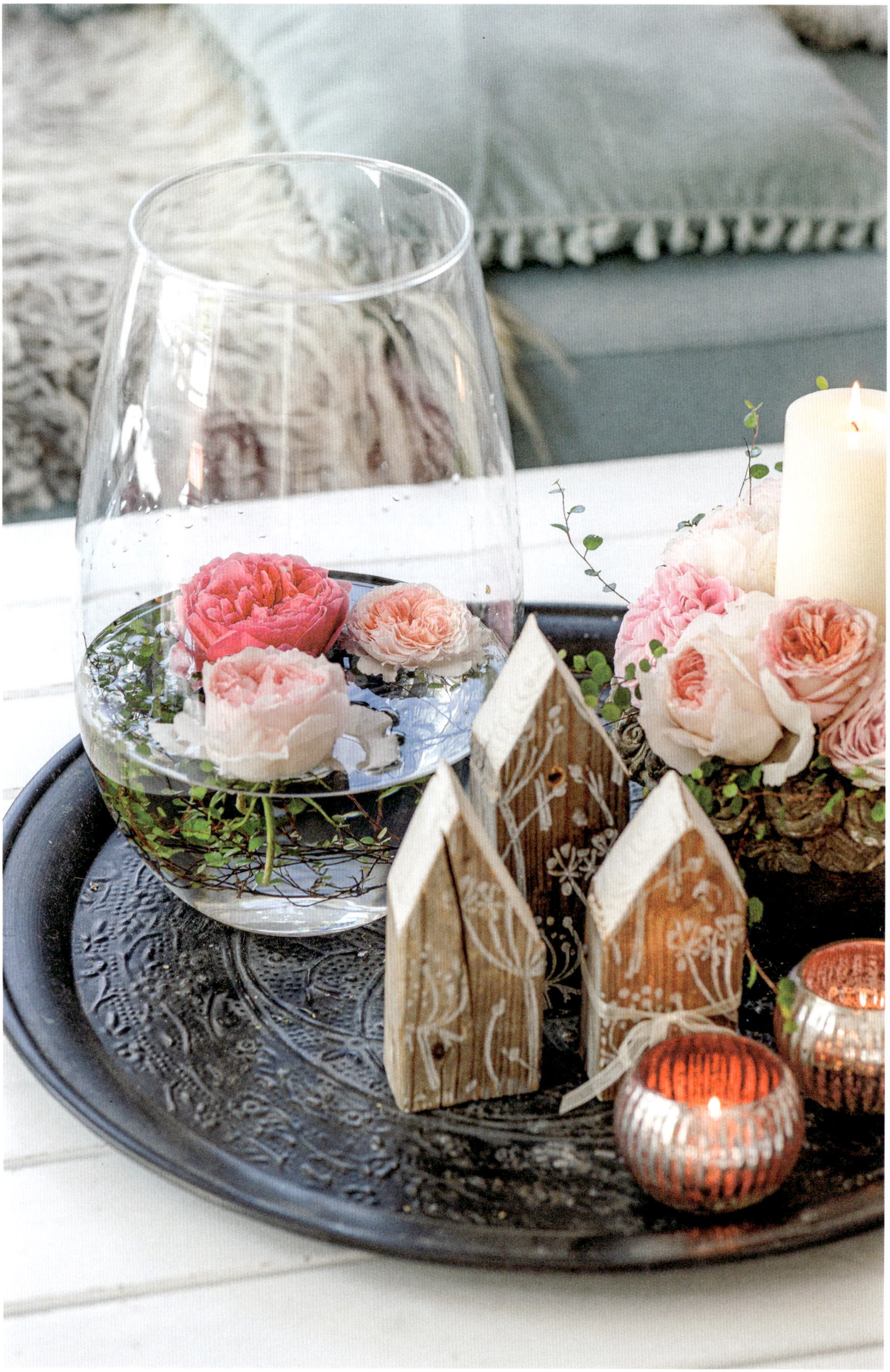

ROSENVASE

Wenn es einmal schnell gehen muss, ist dies eine ganz einfache Deko-Idee, die mit ihrem schlichten Charme bezaubert. Man braucht dafür nur sehr wenig Zeit und Materialien. Dieses Deko-Beispiel lässt sich auch wunderbar auf andere Blumen übertragen. In einer etwas breiteren Schale sind auch Dahlien- oder Hortensienblüten sehr dekorativ!

BENÖTIGTES MATERIAL

Für 1 Arrangement

- Hohe, bauchige Vase aus Glas
- 3 Rosenblüten
- 1 Zweig Muehlenbeckia

SO WIRD'S GEMACHT

1) Zunächst die Vase zu etwa 1/4 mit Wasser füllen.

2) Den Muehlenbeckia-Zweig in der Vase drapieren, so dass sich die Schnittstelle im Wasser befindet. Dann vorsichtig die Rosen auf das Wasser setzen, so dass sie schwimmen.

Tipp:
Dieses unkomplizierte Arrangement macht sich auf einem Tablett mit wenigen anderen Deko-Elementen besonders gut.

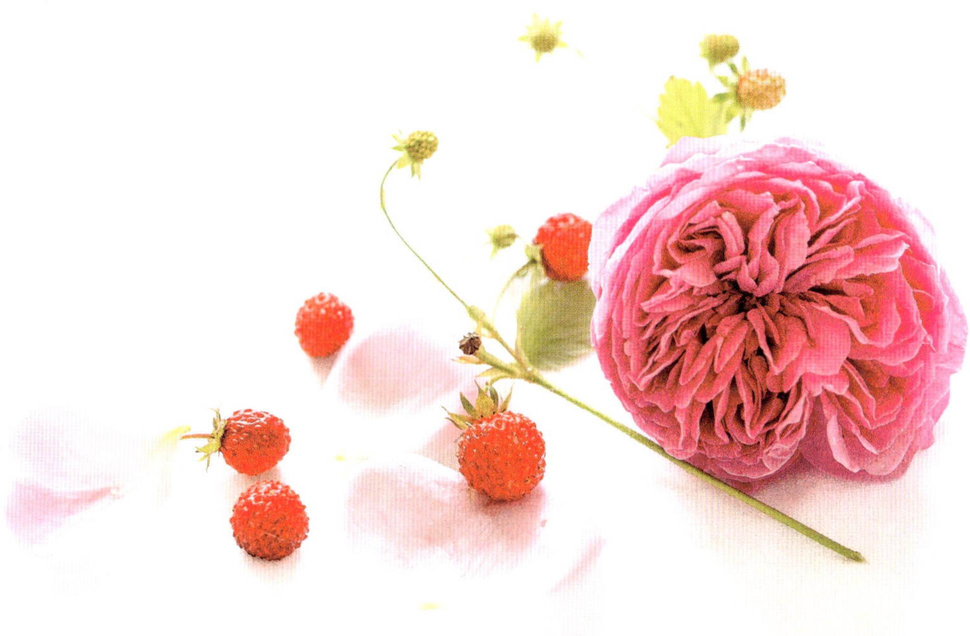

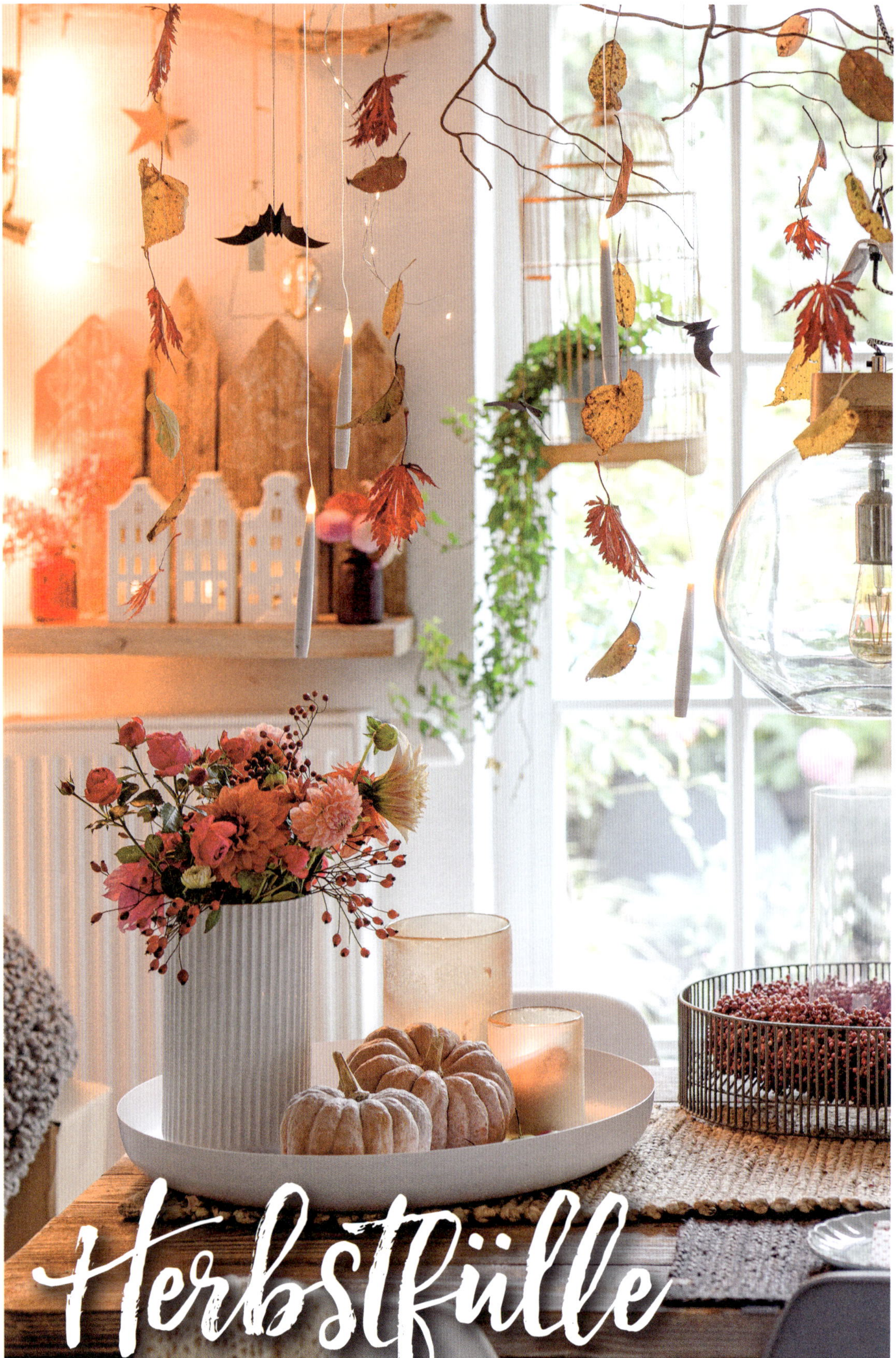

Herbstfülle

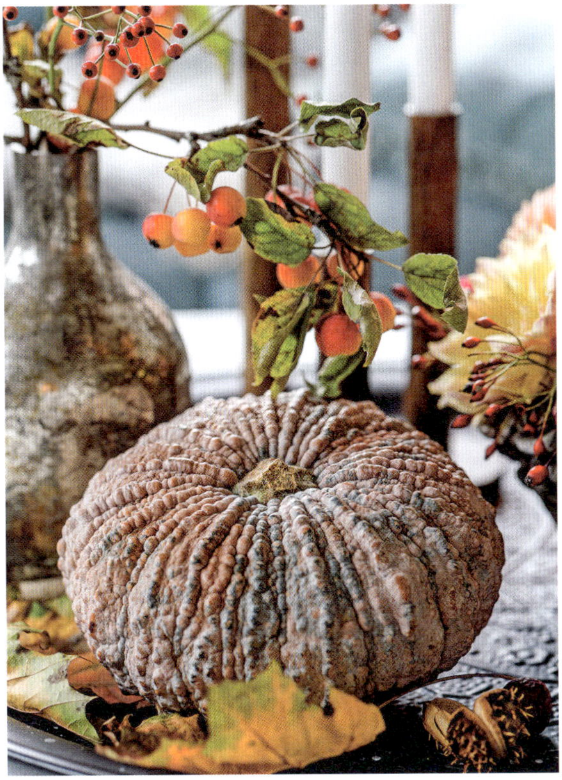

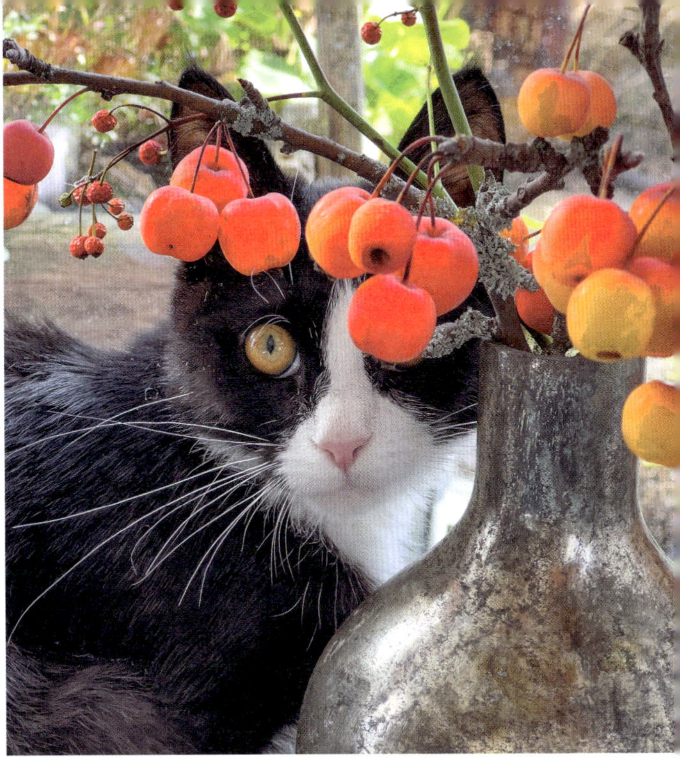

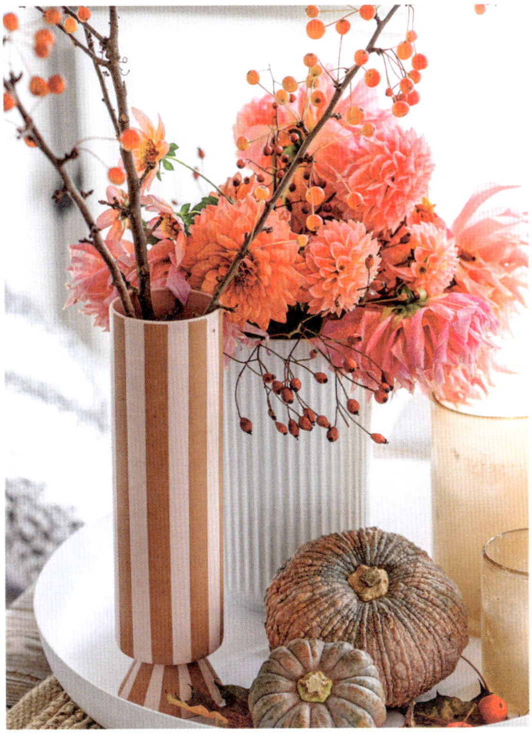

Obwohl der Sommer meine liebste Jahreszeit ist, liebe ich die Farben und das Licht im Herbst. Außerdem begeistert mich zu dieser Zeit die schier endlose Blütenfülle bei meinen Dahlien. Diese verwende ich für eine Vielzahl an Blumenarrangements und dekoriere sie gerne mit Kürbissen, Hagebutten- oder Zierapfelzweigen. Mittlerweile gibt es auch wunderschöne Kürbissorten in Rosé-Tönen. Der Moschuskürbis ist ein gutes Beispiel hierfür oder auch der Jarrahdale-Kürbis.

Über dem Esstisch hängen meine Hortensiengirlanden, die ich gegen Ende des Herbstes zusätzlich mit Girlanden aus Laubblättern und Deko-Fledermäusen ergänze.

Jetzt blühen auch noch einige meiner remontierenden Englischen Rosen fleißig, in satten, dunkleren Farben als im Sommer. Ich arrangiere sie gerne in meinen Herbststräußen und zaubere so noch etwas Sommer in das herbstliche Gesamtbild.

Mir ist es wichtig, dass die Jahreszeiten fließende Übergänge haben, und daher dekoriere ich immer nach und nach und nie alles auf einmal. Ich beginne stets langsam und steigere die Deko zum Ende hin. So verfahre ich zu jeder Jahreszeit.

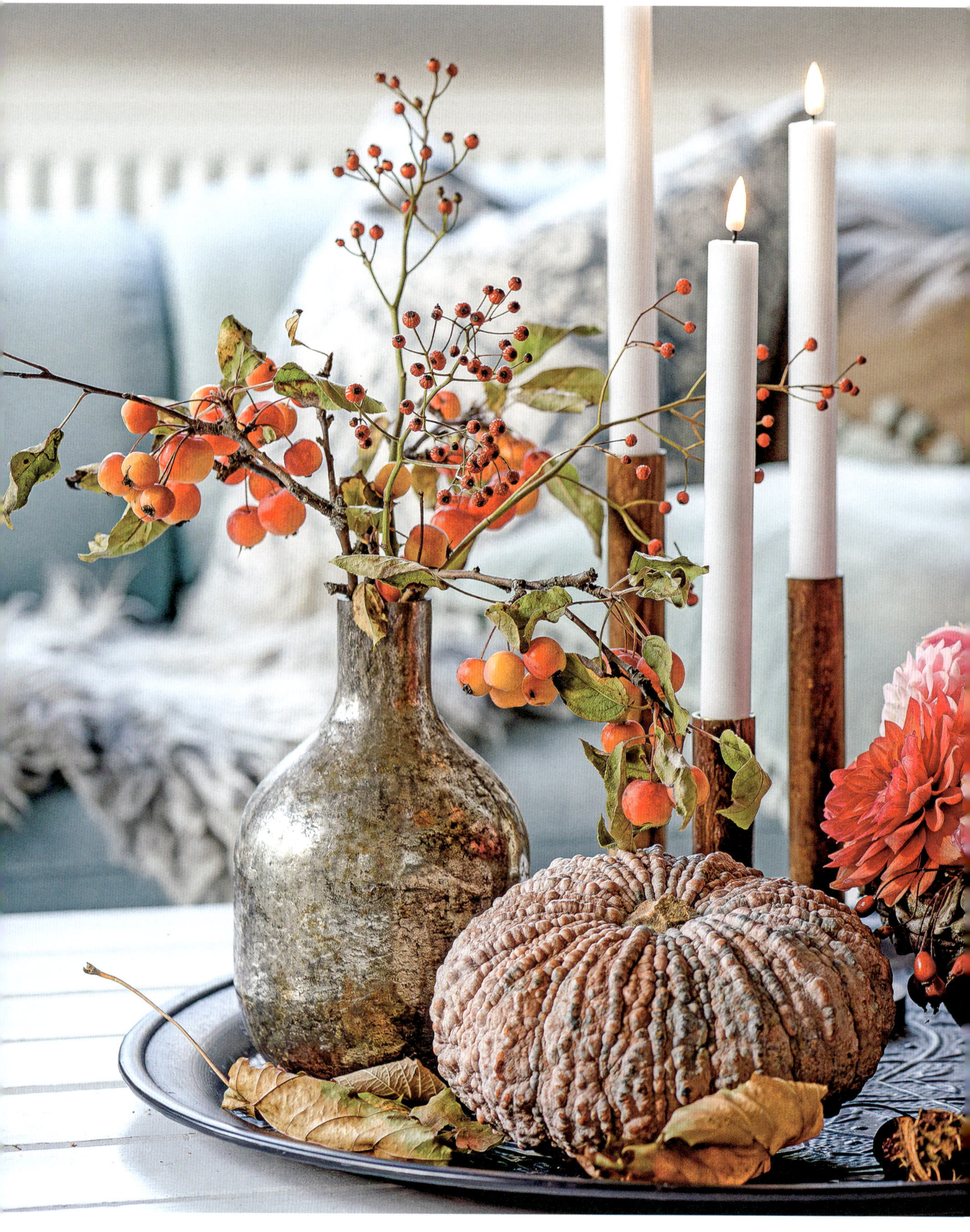

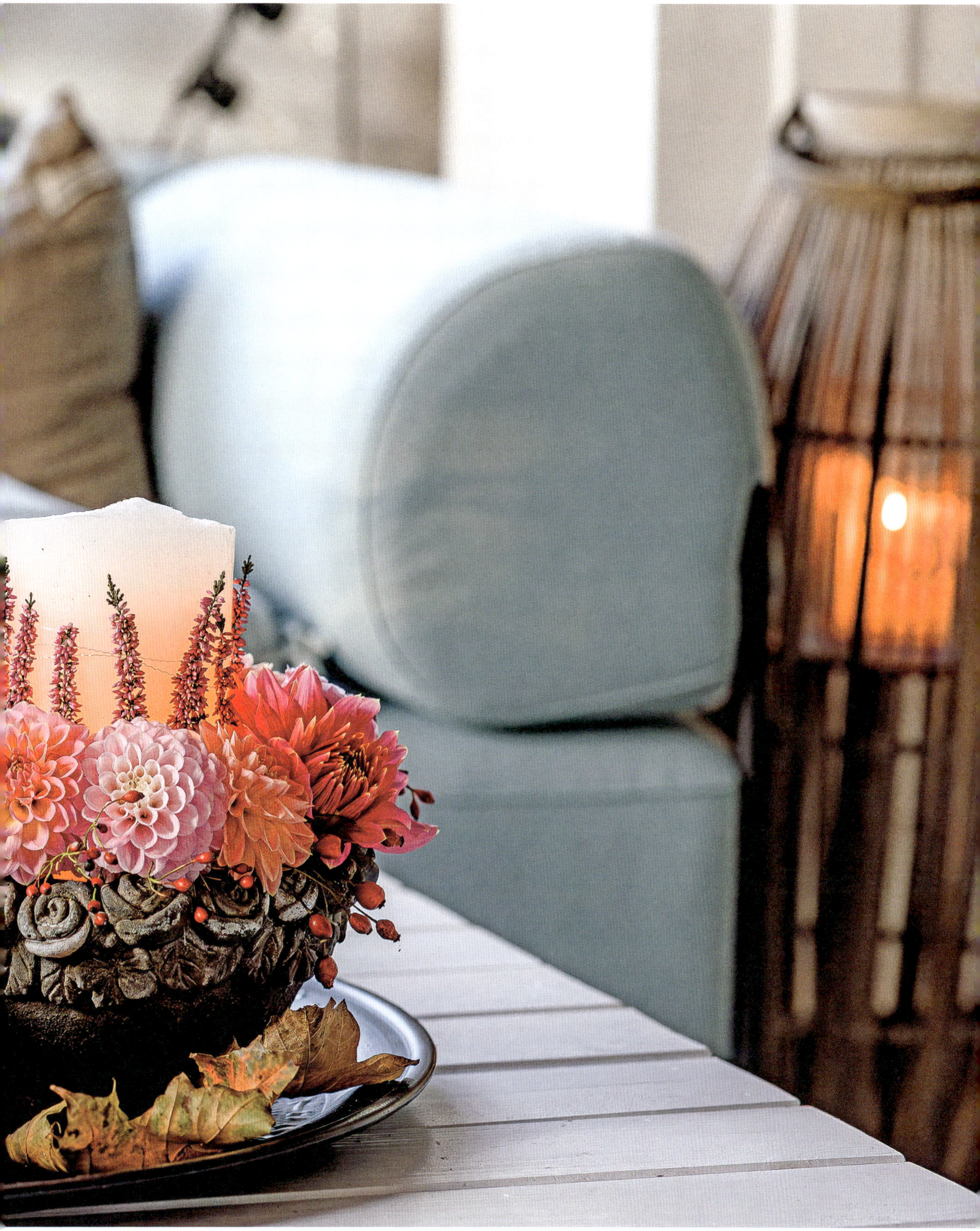

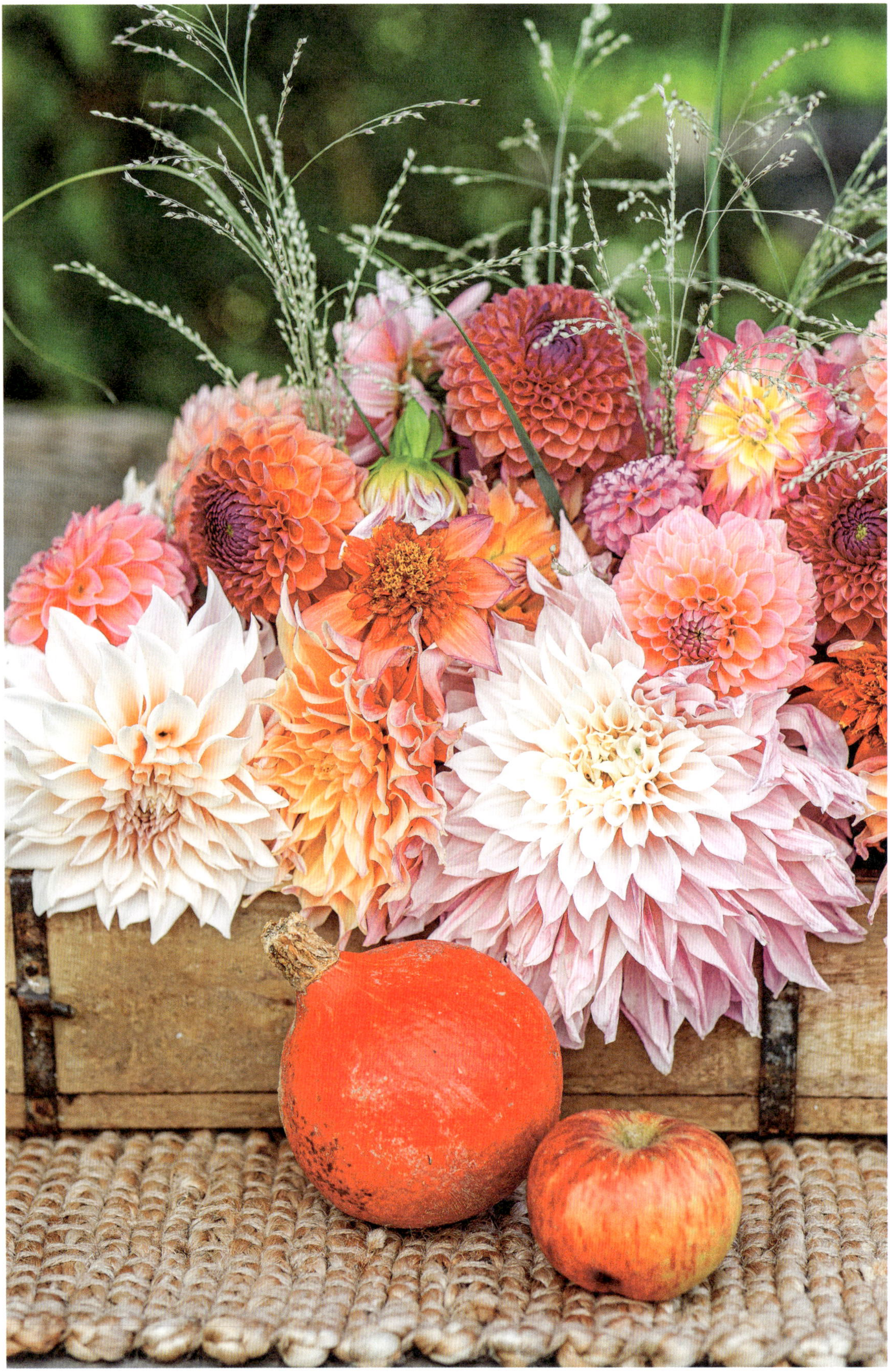

DAHLIENGESTECK IN DER HOLZZIEGELFORM

Dahlien lassen sich nirgends so opulent arrangieren wie in einem Gesteck. Üppig gesteckt und in verschiedenen Formen und Farben entfalten sie hierbei die größte Wirkung. Das Gesteck kann man variieren, indem man zum Beispiel einige großblütige Dahlien durch Hortensien ersetzt.

BENÖTIGTES MATERIAL

Für 1 Doppel-Ziegelform

- 1 Doppel-Ziegelform aus Holz
- 2 beschichtete Getränkekartons (oder 2 passende Kunststoffdosen)
- 2 Blöcke Biosteckschaum für Frischblumen
- 14 großblütige Dahlien in verschiedenen Farben
- 14–16 Pompon- und Seerosendahlien
- 5–7 Stiele Hirsegras

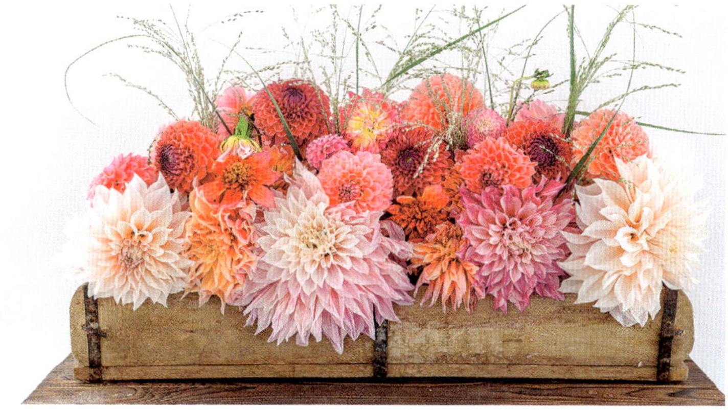

SO WIRD'S GEMACHT

1) Die beiden Getränkekartons auf die Seite legen und rund um die Oberseite abschneiden, so dass aus jedem Karton ein offenes Gefäß entsteht.

2) Den Steckschaum passend für die Karton- oder Kunststoff-Gefäße zuschneiden und gut wässern. Anschließend den Steckschaum in die Kartons legen.

3) Großblütige Dahlien auf etwa 10 Zentimeter, die anderen auf etwa 20–25 Zentimeter kürzen.

4) Die größeren Dahlien am Rand der Form entlang stecken, so dass man in der Seitenansicht den Steckschaum nicht mehr sieht. Dahinter die kleineren Dahlien stecken, und zwar so, dass sie zur Mitte des Steckschaums hin höher werden.

5) Abschließend einige Grasstiele dazwischen stecken – das bringt die Leichtigkeit in das Arrangement.

HERBSTSTRAUß MIT DAHLIEN

Ich liebe die Kombination von Dahlien mit Rosen, Beeren und Wiesenblumen. Wenn man das Wasser regelmäßig austauscht, hält ein solcher Strauß etwa eine Woche.

BENÖTIGTES MATERIAL

Für 1 Strauß
1 Vase, ca. 25 cm hoch
7–9 apricotfarbene Pompondahlien
5 pinkfarbene Rosen
5–6 Zweige Brombeeren
10 Stiele Wilde Möhre
5–6 Stiele Jungfer im Grün
5 Mohnkapseln
5 Olivenzweige

SO WIRD'S GEMACHT

1) Die hohe Glasvase etwa zur Hälfte mit Wasser füllen. Die Stiele der Pompondahlien passend zur Vase auf dieselbe Länge schneiden. Die Dahlien bilden die Grundlage des Straußes und werden in der Mitte der Vase platziert.

2) Die Rosen auf dieselbe Länge schneiden und um die Dahlien herum verteilen.

3) Die Brombeerzweige auf verschiedene Längen schneiden und zwischen die Blumen stecken. Dabei darauf achten, dass sie locker und leicht herausragen – das verleiht dem Strauß eine natürliche und leicht rustikale Note.

4) Die Wilde Möhre und die Jungfer im Grün ebenfalls auf eine Länge zuschneiden und gleichmäßig in der Vase verteilen. Sie geben dem Strauß Leichtigkeit und Textur.

5) Die Mohnkapseln als Akzente setzen und die Olivenzweige so schneiden, dass sie in der Länge zu den anderen Blumen passen, und im Strauß verteilen.

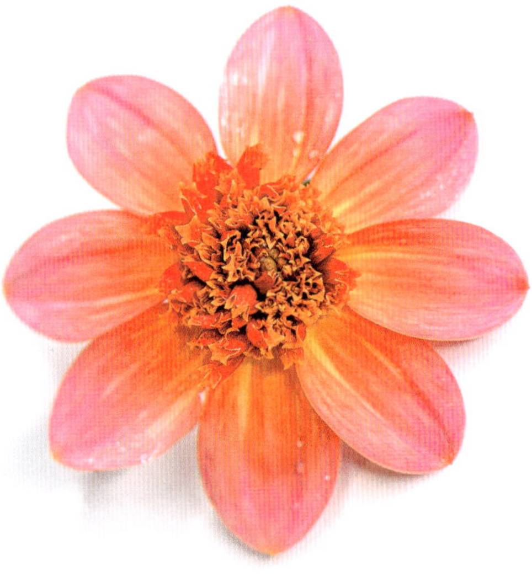

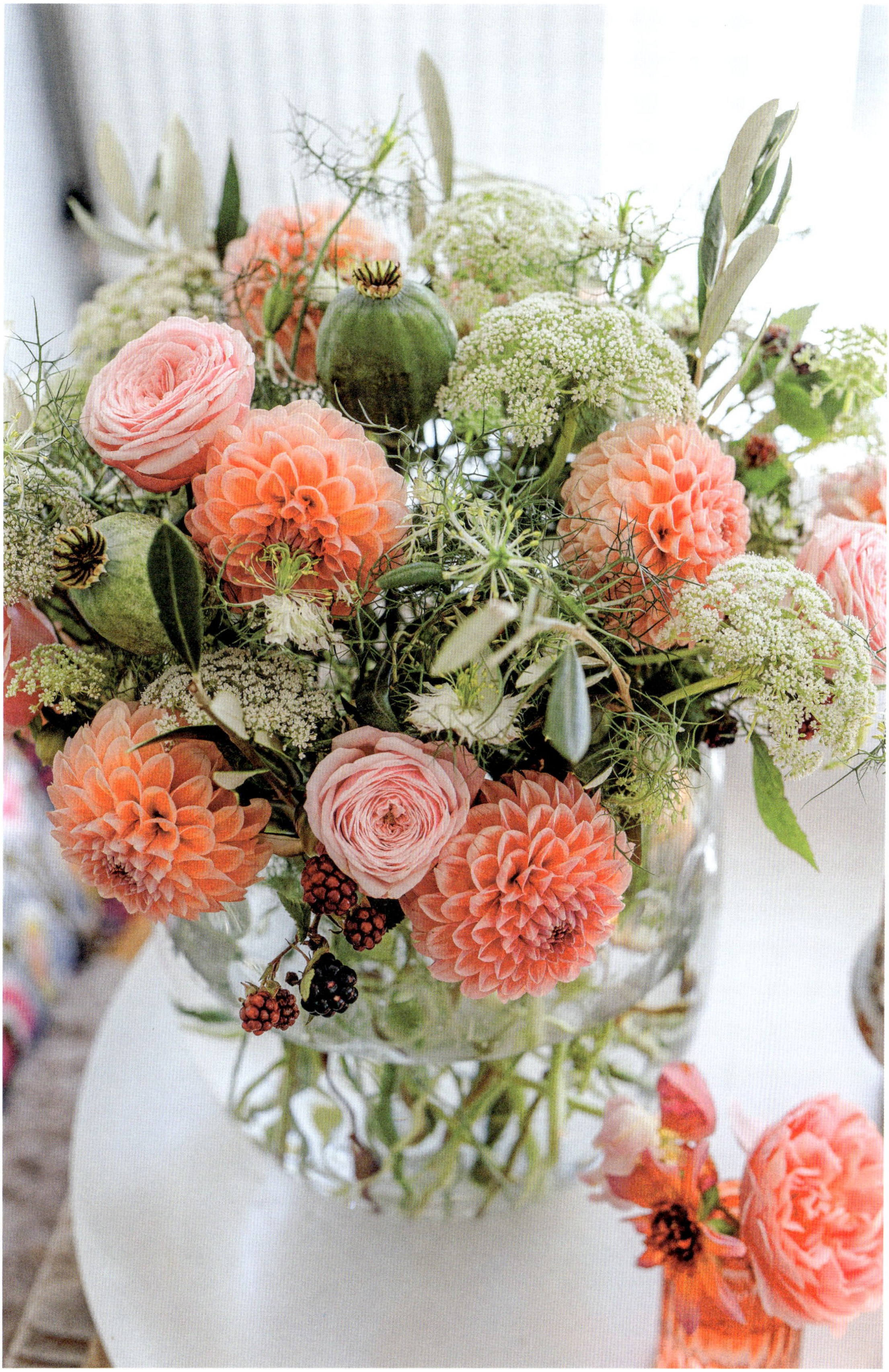

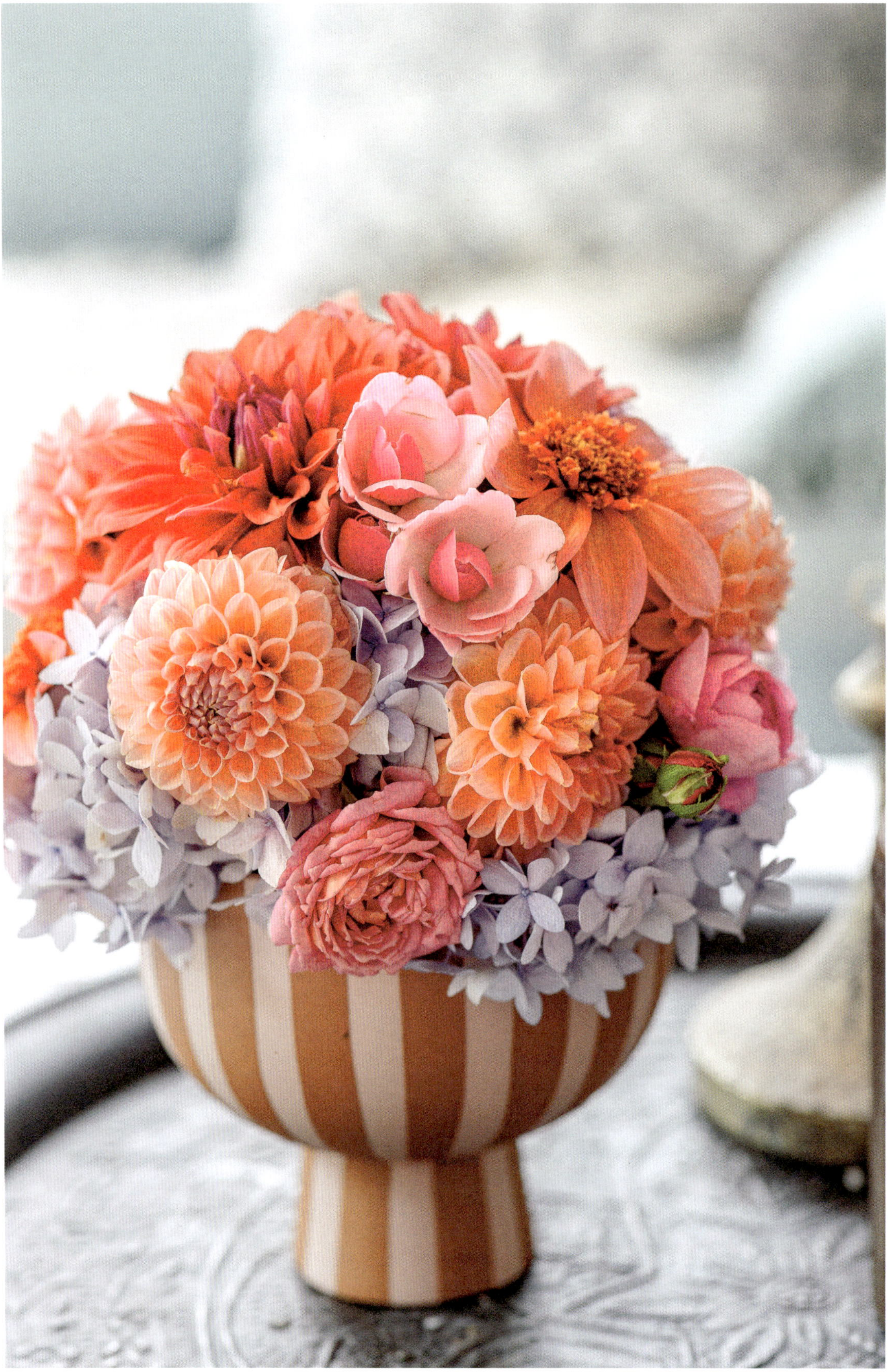

KLEINES GESTECK MIT POMPON-DAHLIEN UND HORTENSIEN

Es muss nicht immer ein großes Gesteck sein. An diesem Gesteck liebe ich die Kombination der farbenprächtigen Dahlien und Rosen mit den blauen Hortensien in der Herbstfärbung. Das macht gleich gute Laune und beugt dem Herbst-Blues vor.

BENÖTIGTES MATERIAL

Für 1 Schale

- Bio-Steckschaum für Frischblumen
- 1 kleine Schale mit Fuß
- 5–6 blaue Hortensienblüten
- 10–15 apricotfarbene, rosa- und pinkfarbene Pompondahlien
- 6–7 rosa- und pinkfarbene Englische Rosen

SO WIRD'S GEMACHT

1) Den Steckschaum auf die Größe der Schale zuschneiden, gut wässern und in der Schale platzieren.

2) Die großen Hortensienblüten teilen und am Rand der Schale entlang in den Schaum stecken.

3) Die kleinblütigen Dahlien auf 10–20 Zentimeter kürzen. Die Blüten, die in der Mitte platziert werden, sollten länger bleiben. Auf diese Weise erhält das Gesteck eine gewölbte Form. Ebenso bei den Rosen verfahren.

4) Die Dahlien und die Rosen abwechselnd in den Schaum stecken. Gelegentlich eine Hortensie dazwischen platzieren.

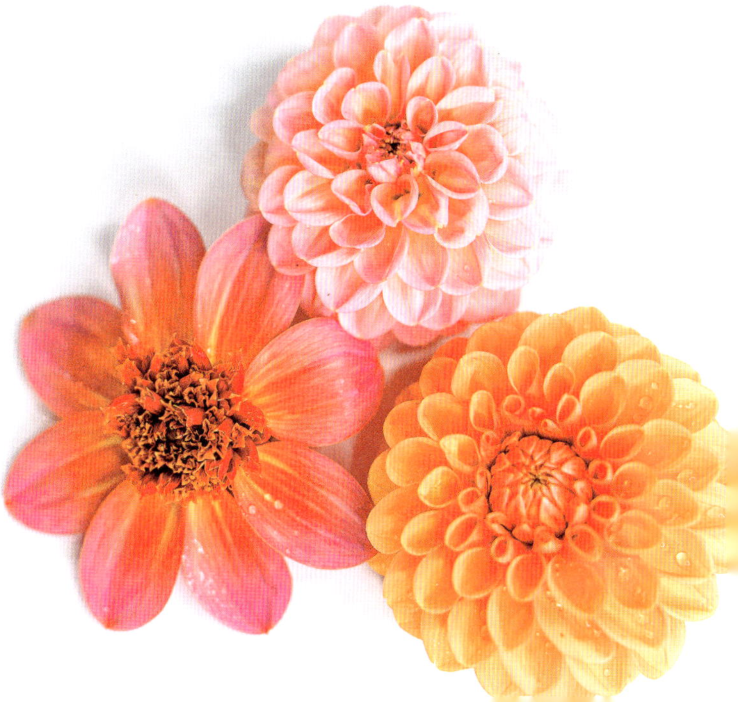

ÜPPIGER HORTENSIENKRANZ

Ab etwa Ende August verändern die Hortensien ihre Farbe. Dann eignen sie sich wunderbar für Kränze, Gestecke oder Girlanden, denn jetzt lassen sie sich auch gut trocknen. Als Hortensien-Fan habe ich im Herbst eine riesige Auswahl an üppigen Blüten zur Verfügung und mache immer gleich mehrere Kränze. Dieser hier besteht nur aus blauen 'Endless Summer'-Hortensien in eben dieser Herbstfärbung. Er passt wunderbar zu unserem Sofa!

BENÖTIGTES MATERIAL

Für 1 Kranz

1 Strohrömer, Ø 20 cm
Blumenbindedraht
Hortensienblüten

SO WIRD'S GEMACHT

1) Den Bindedraht am Strohrömer fixieren. Dafür den Draht zweimal um den Strohkranz wickeln und die Enden verdrehen.

2) Hortensien vorsichtig in einzelne Blütenrispen teilen, damit sie nicht zu groß sind.

3) Nun die erste Blüte auf den Kranz legen und mit dem Draht umwickeln. Die nächste dann etwas versetzt anlegen und festbinden. So fortfahren, bis der ganze Kranzrohling mit Hortensienblüten bedeckt ist. Dabei darauf achten, dass die Seiten außen und innen ebenfalls bedeckt werden.

4) Am Umlaufende die letzten Blütenstiele vorsichtig unter die ersten Blüten schieben. Dabei die ersten Blüten nicht einbinden. Zum Schluss den Draht auf der Rückseite fixieren.

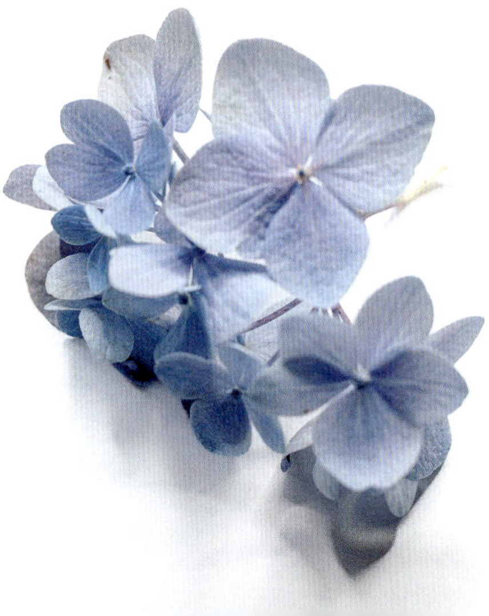

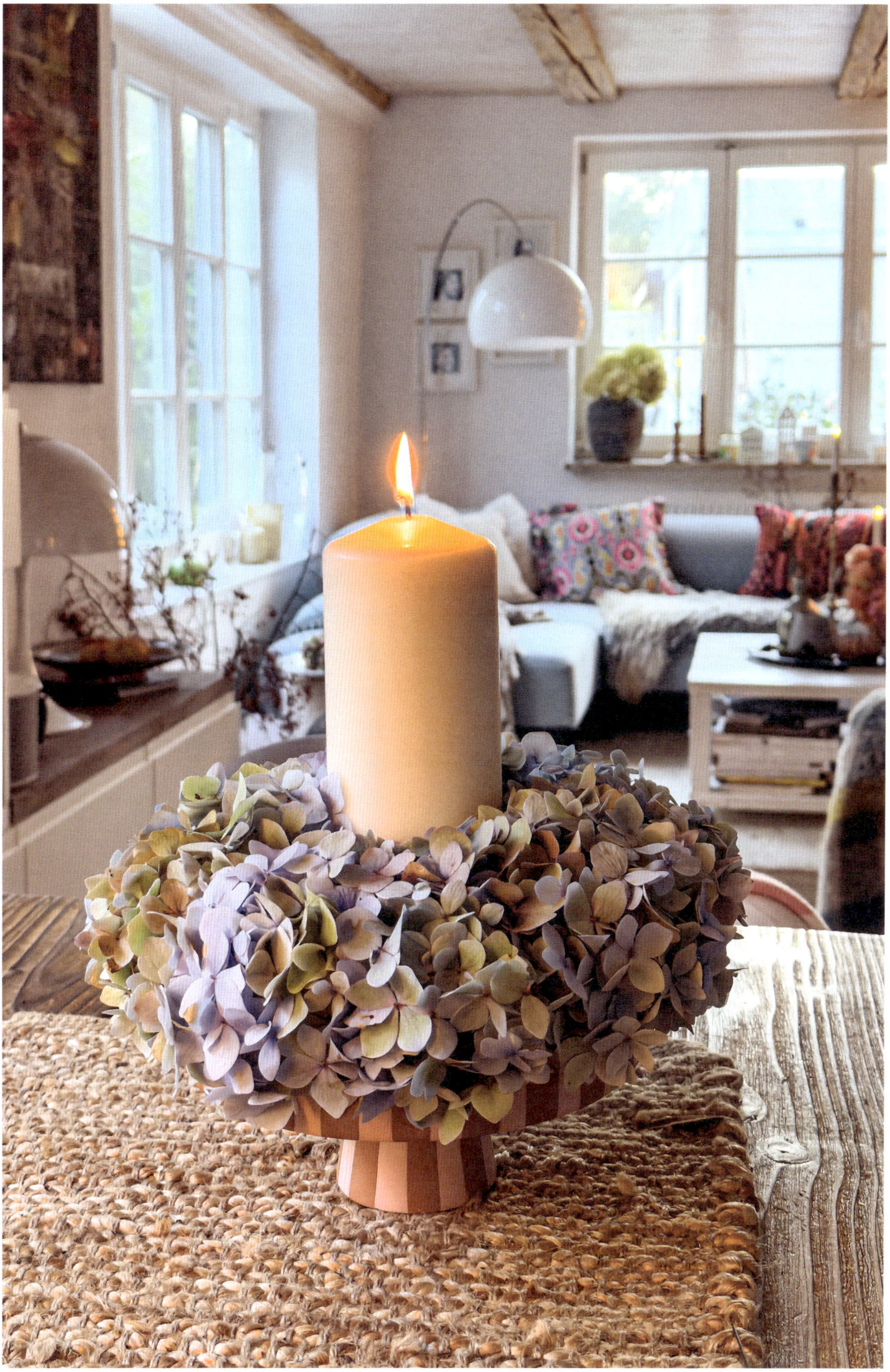

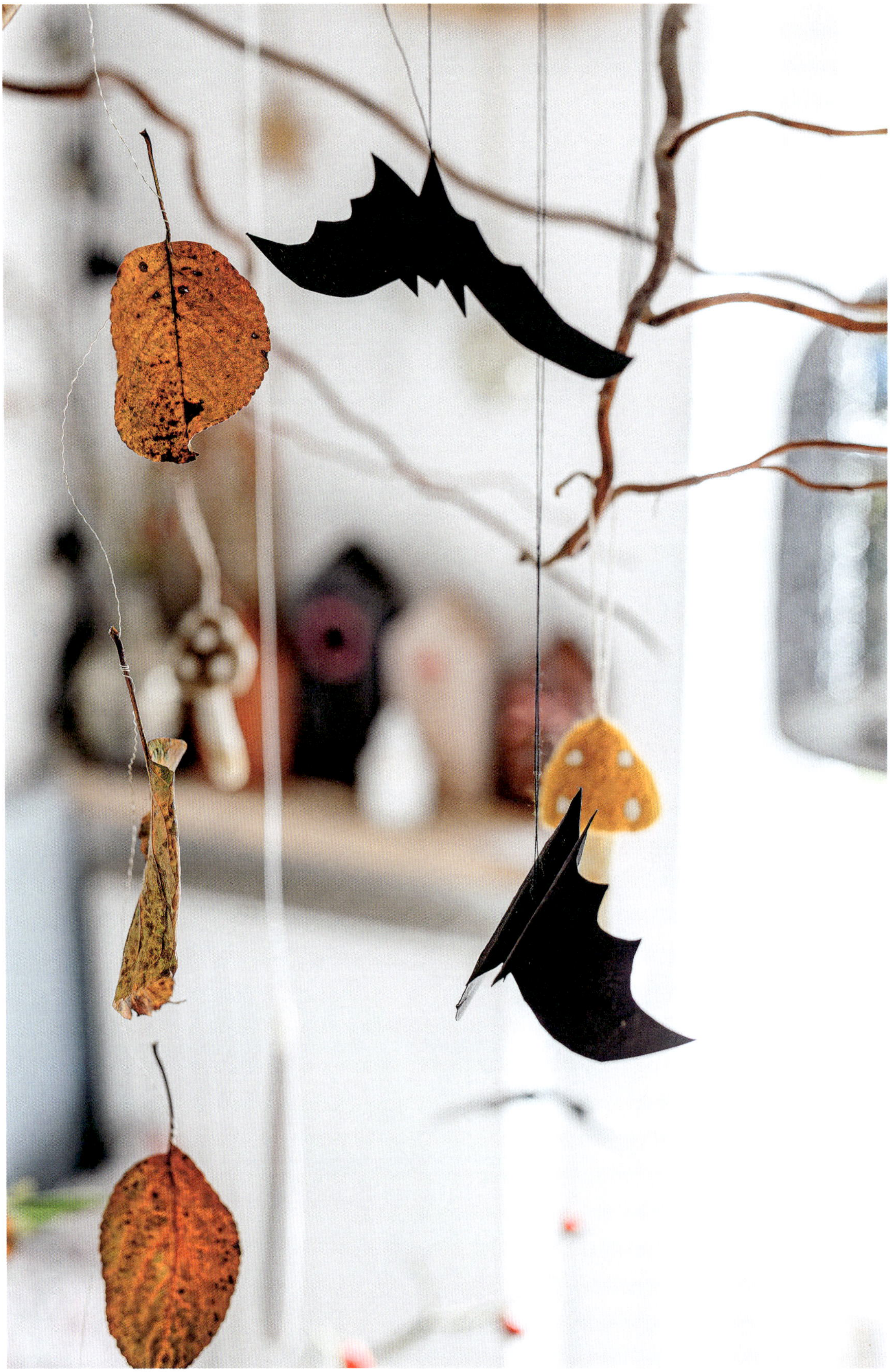

FLEDERMÄUSE AUS TONKARTON

Bei uns gestaltet sich die Halloween-Deko weniger gruselig, sondern eher romantisch-morbide. Die kleinen Fledermäuse zieren bei uns im Oktober den Zweig über dem Esstisch und bringen ein wenig Halloween-Stimmung ins Haus. Ich kaufe immer gleich einen ganzen Bogen schwarzen Tonkarton, das reicht für mehrere Fledermäuse. Sie wirken ohnehin besser in Masse.

DAS WIRD BENÖTIGT

Für 1 Fledermaus

- Fledermaus-Vorlage
- schwarzer Tonkarton
- Schere
- Nadel
- schwarzer Faden

SO WIRD'S GEMACHT

1) Die Vorlage abpausen und ausschneiden. Auf den Tonkarton legen, mit einem Bleistift die Kontur nachzeichnen und die Fledermaus entlang der Vorzeichnung ausschneiden.

2) Die ausgeschnittene Figur einmal mittig falten und die Flügel etwas nach unten biegen.

3) Für die Aufhängung den Tonkarton mit einer Nadel mittig durchstechen, den Faden hindurchfädeln und verknoten.

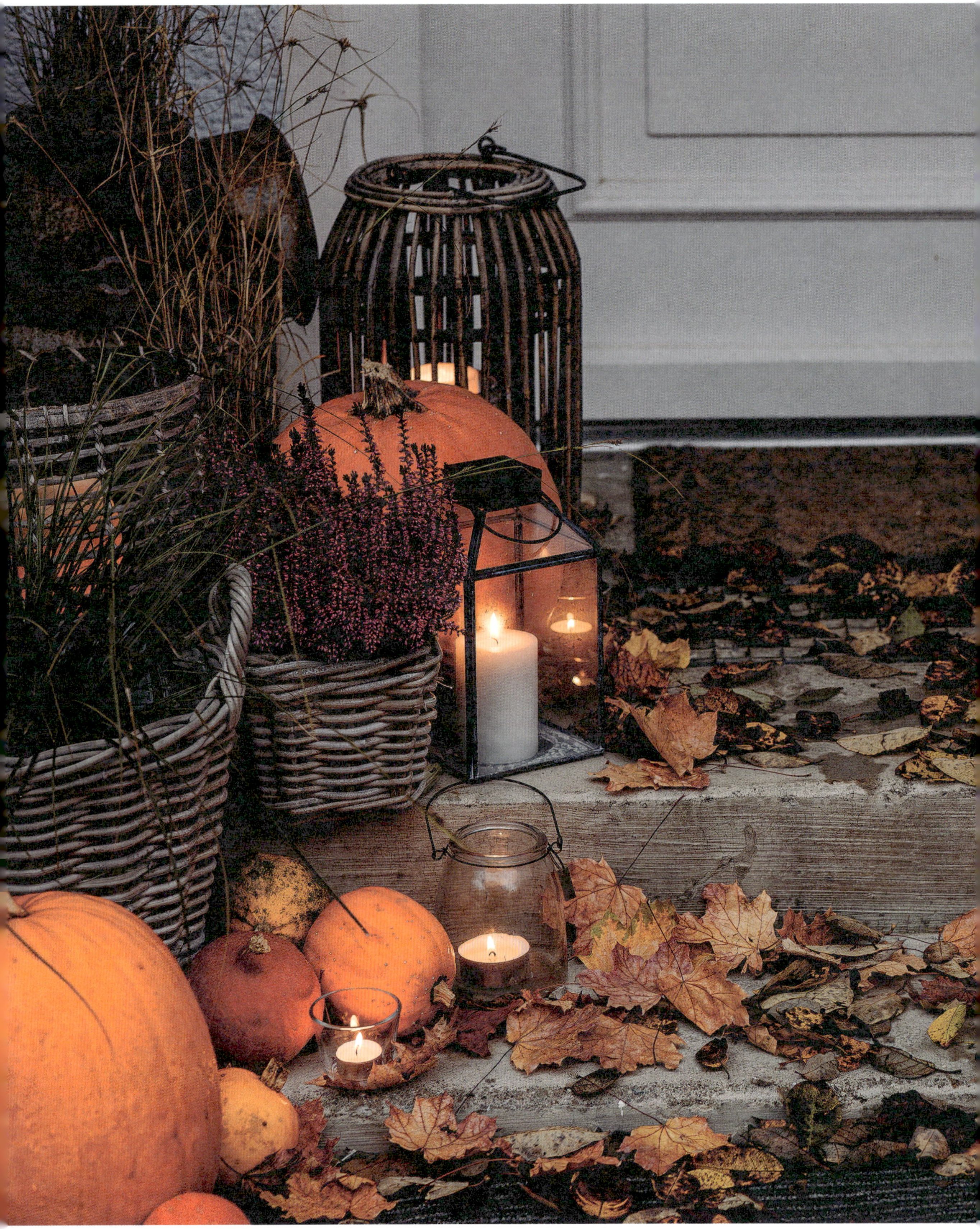

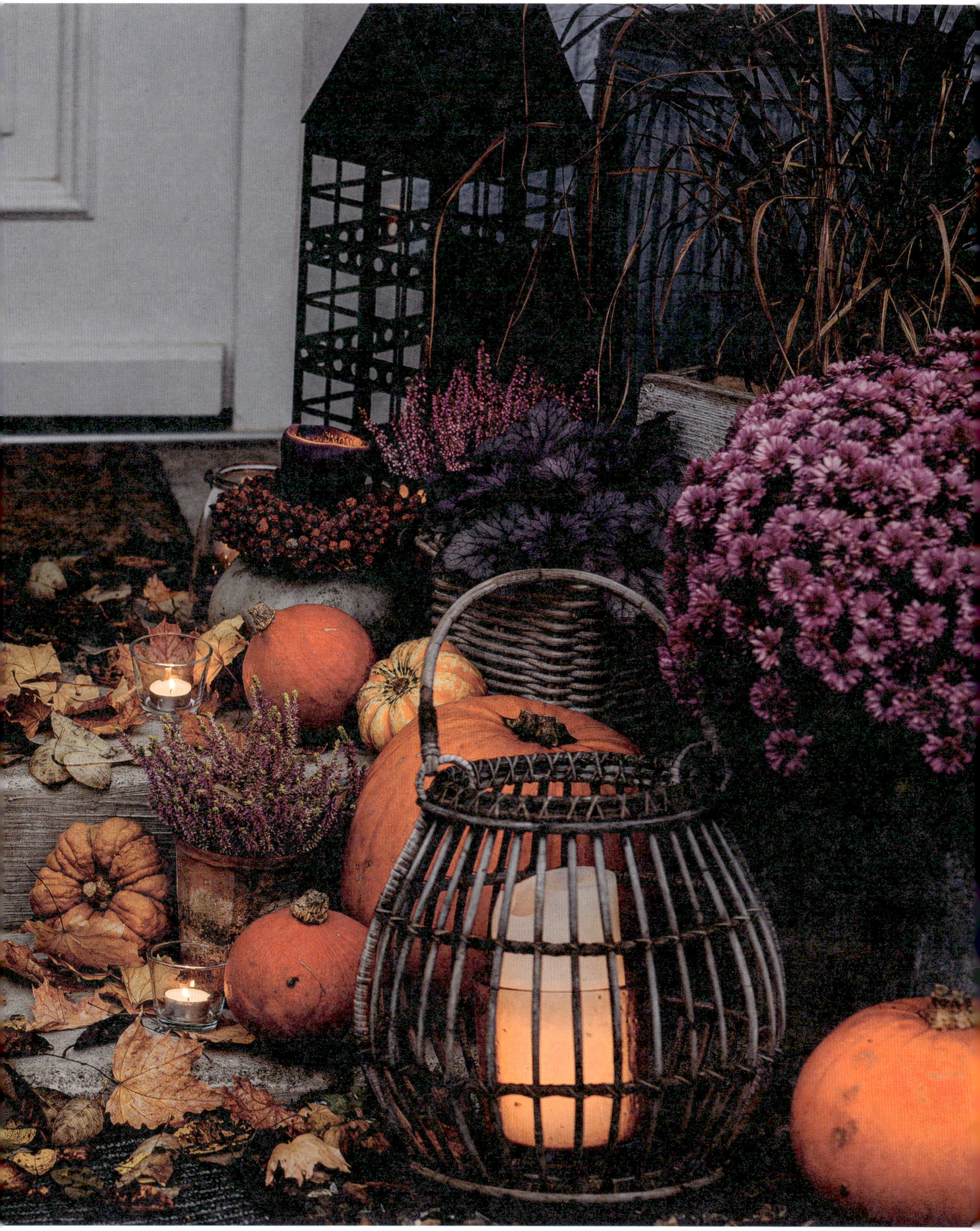

HOLZHÄUSCHEN IN HERBSTFARBEN

Ich liebe Holzhäuschen und habe schon etliche Variationen gemacht. Sie sehen eigentlich zu jeder Jahreszeit toll aus, aber wegen ihrer Farben finde ich diese hier für Herbst und Winter am stimmigsten. Alles, was man dazu benötigt, sind ein paar Holzreste, eine Stich- oder Gehrungssäge und drei, vier schöne Farben. Toll sieht Kreidefarbe aus, denn sie hat im Gegensatz zu Lack ein pudriges, mattes Finish. Bei meinen Holzhäuschen habe ich mich gegen Fenster und für ein paar Accessoires entschieden.

BENÖTIGTES MATERIAL

Für 4 Holzhäuser

- 4 verschieden große Kantholzstücke, z. B. 26 × 10 × 6 cm, 22 × 10 × 6 cm, 20 × 10 × 6 cm und 18 × 10 × 6 cm
- 1 Stich- oder Gehrungssäge
- Schleifpapier, 80er-Körnung
- Kreidefarbe, verschiedene Farbtöne
- Pinsel
- Weißes Holzwachs (z. B. von Painting the Past)
- Altes Tuch
- Heißkleber
- Verschiedene Accessoires, z. B. Herzen oder Minikränze

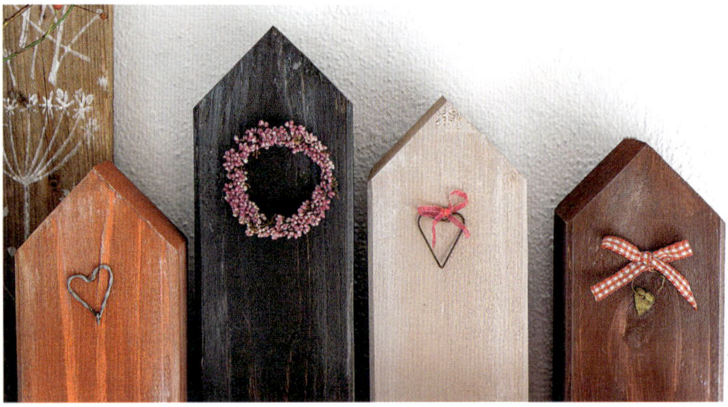

SO WIRD'S GEMACHT

1) Mit der Gehrungssäge die Ecken von den Kantholzstücken in einem Winkel von 45 Grad absägen, so dass ein mittig spitz zulaufendes Dach entsteht. Die Schnittkanten mit Schleifpapier glattschleifen.

2) Die Häuschen mit einem Pinsel in verschiedenen Farben streichen. Den Pinsel parallel zur Maserung des Holzes führen. Trocknen lassen.

3) Nach dem Trocknen die Häuschen vor allem am Rand und an den Ecken mit ein wenig Holzwachs und einem alten Tuch einreiben. So entsteht der Vintage-Look.

4) Die Dekoration mit Heißkleber auf die Häuschen kleben.

Tipp:
Wenn die Häuschen Fenster bekommen sollen, kann man diese einfach aufmalen. Das sollte man aber tun, bevor die Häuschen mit Wachs behandelt werden, denn sonst hält die Farbe nicht.

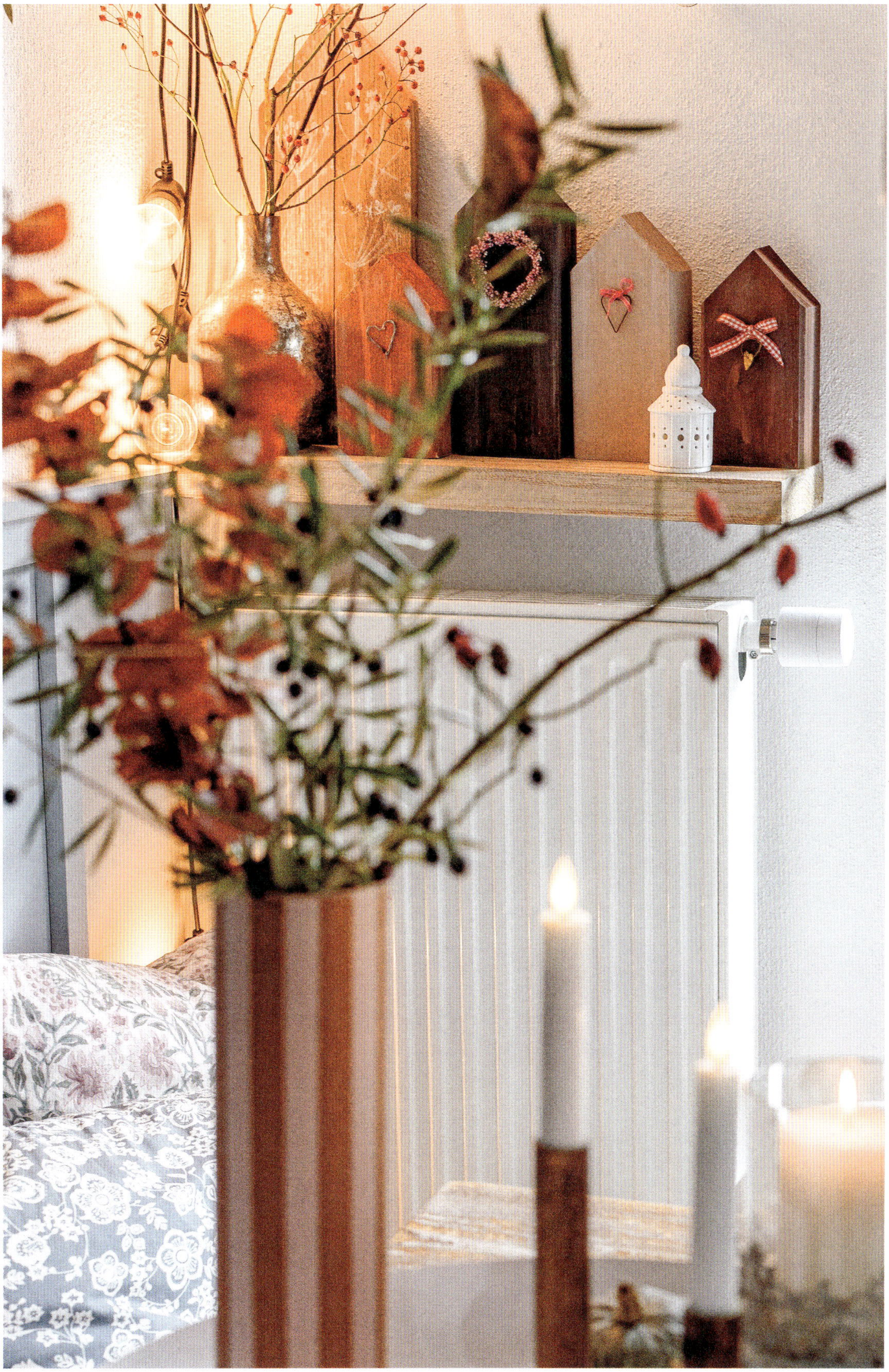

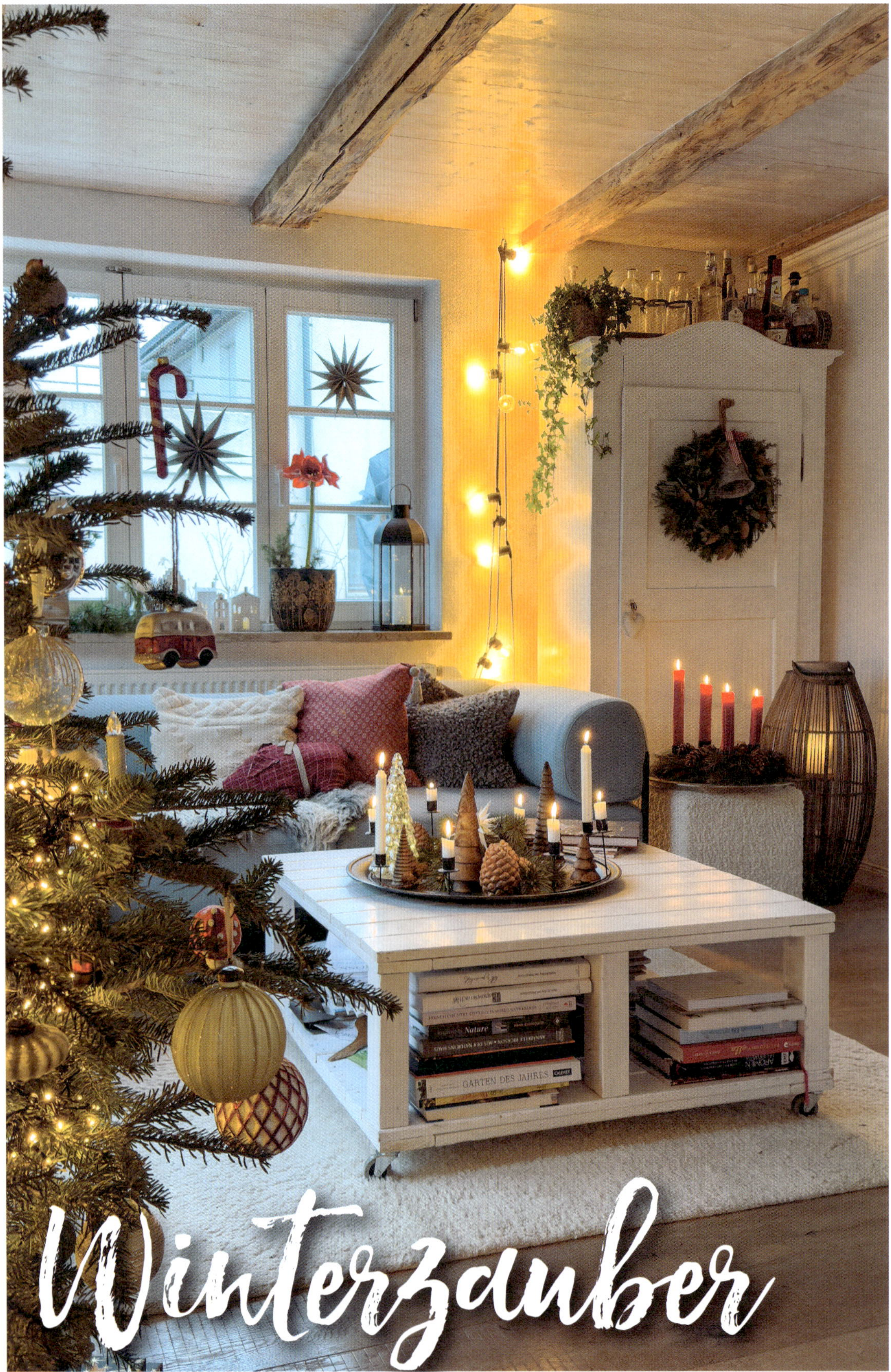

Winterzauber

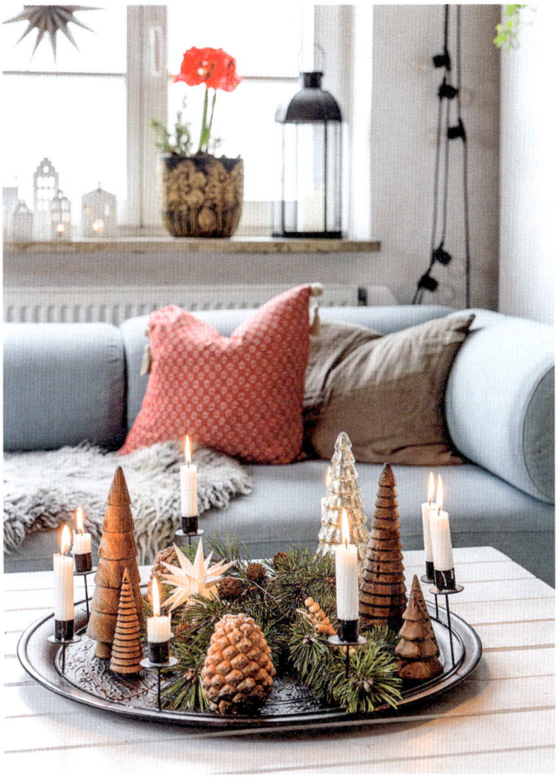

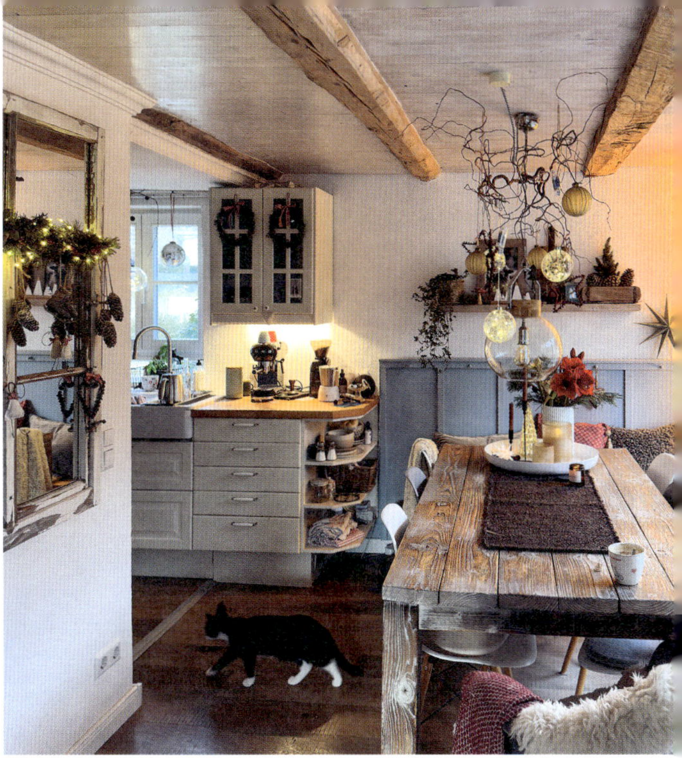

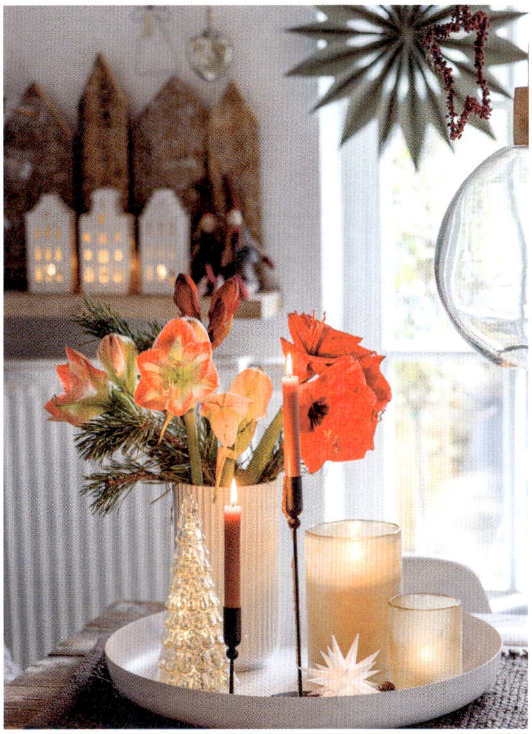

Zur Winterzeit wird es im Pomponetti-Haus mit viel Kerzenschein und kuschligen Accessoires ganz besonders gemütlich und heimelig. Der Wunsch, Zeit mit der Familie zu verbringen und in geselliger Runde beisammenzusitzen, rückt jetzt in den Vordergrund.

Auch die Farbgebung im Haus ändert sich nun allmählich. Die satten Herbstfarben werden nach und nach von einem weihnachtlichen Rotton abgelöst, der auch in Kissen und Accessoires aufgegriffen wird.

Für meinen Blumenschmuck wähle ich Amaryllis in Rot und Pink. Ich kombiniere die Amaryllis gerne zusammen mit den roten Beeren des Ilex sowie mit Kiefer- oder bläulich schimmernden Eukalyptuszweigen. Von Waldspaziergängen bringe ich mir auch oft Lärchenzweige und Tannenzapfen mit, die auf den Wegen liegen.

Ende November binde ich unseren Adventskranz, der jedes Jahr anders aussieht, aber immer aus vielen Naturmaterialien und verschiedenem Nadelgrün besteht.

Im Januar dekoriere ich dann anfangs viel mit weißen Blumen, bevor es im Haus ganz allmählich wieder farbiger zugeht.

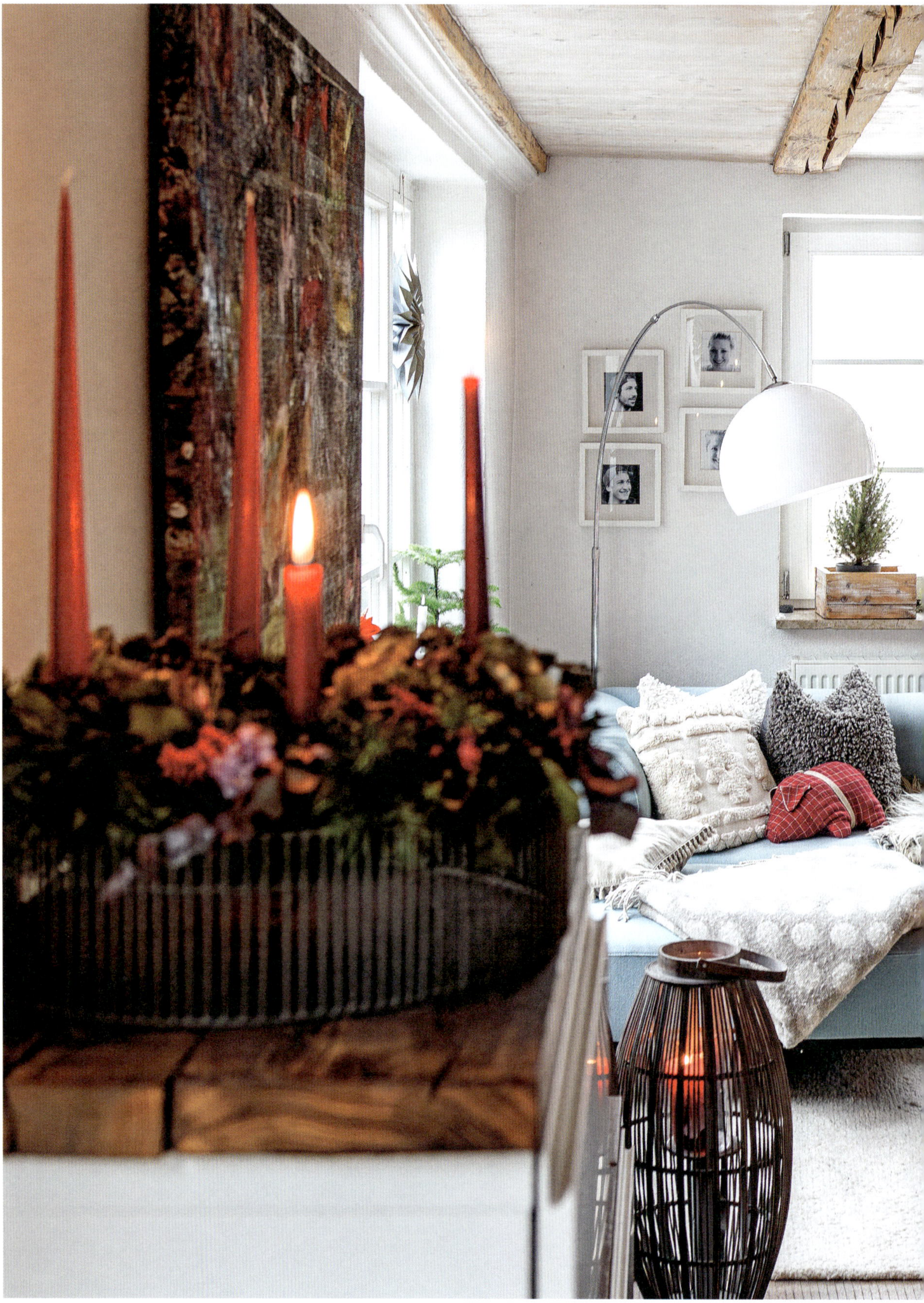

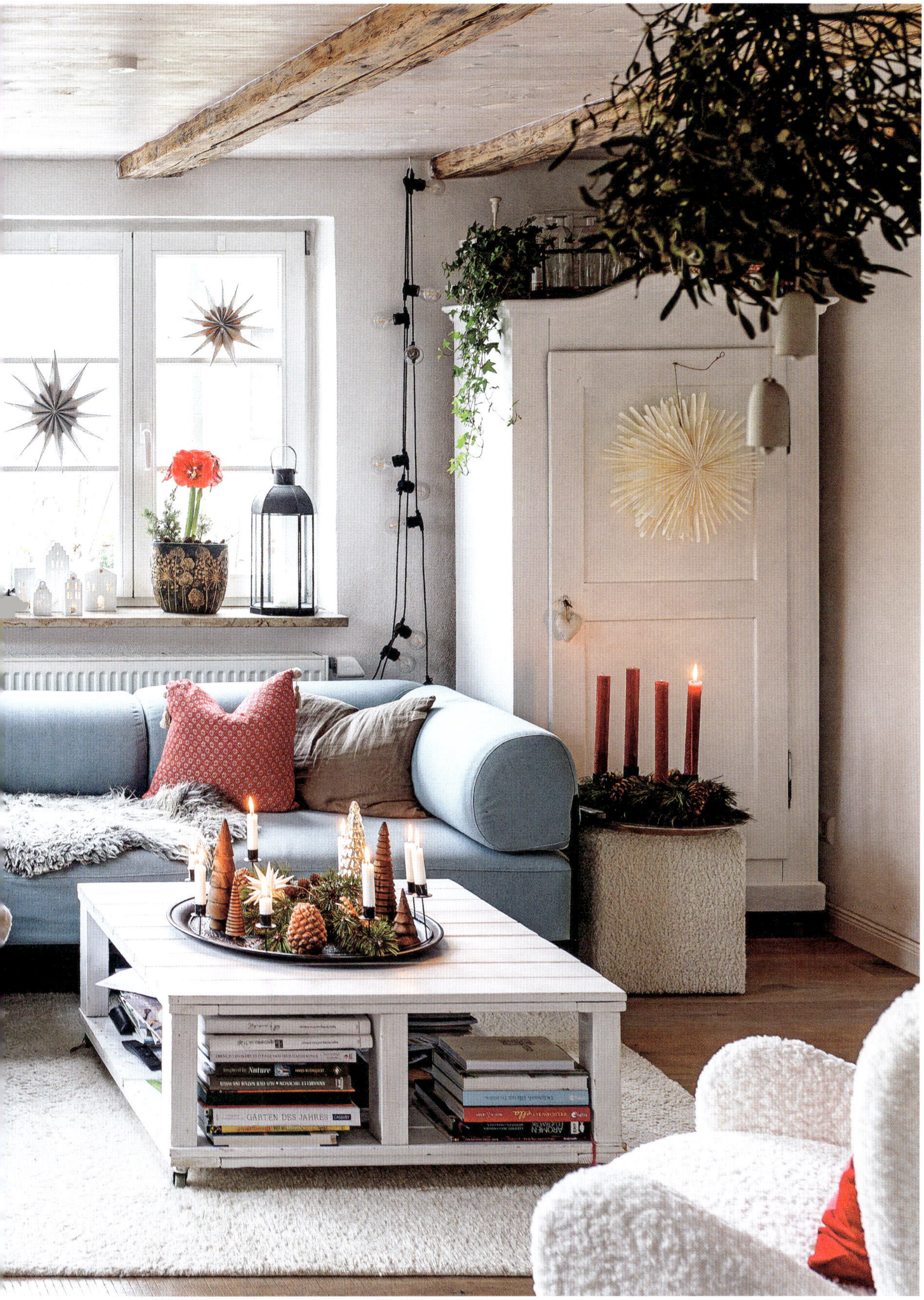
GÄRTEN DES JAHRES

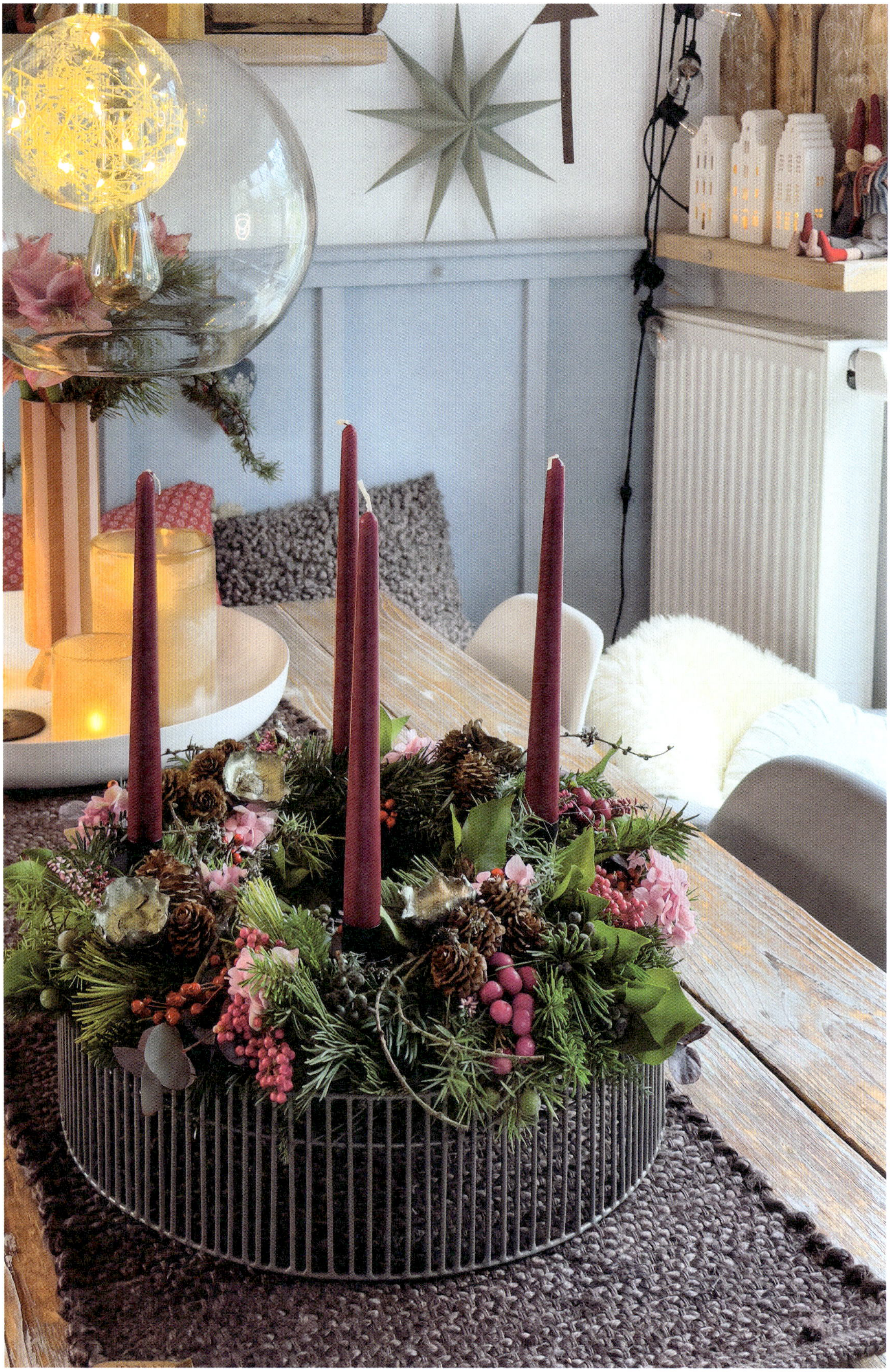

FLORALER ADVENTSKRANZ

Ich liebe es, Adventskränze zu gestalten. Mal verwende ich Stumpenkerzen, mal aber auch wie hier schmale Stabkerzen. In solchen Fällen kaufe ich dann aber immer ein paar mehr der gleichen Kerzen, damit ich abgebrannte Kerzen leicht austauschen kann. Für meine Adventskränze binde ich immer einen Basiskranz, den man aber ohne Weiteres auch fertig gebunden kaufen kann.

BENÖTIGTES MATERIAL

Für 1 Kranz, Ø 30 cm

- 1 Tannenkranz, Ø 30 cm
- Verschiedenes Grün, z. B. Efeu, Zwergkiefer, Weißtanne und Eibe
- Blumenbindedraht
- 1 Pck. Krampen
- 4 Kerzenstecker für Stabkerzen
- 4 Stabkerzen
- 4 Lärchenzweige
- 4 Zweige Torfmyrte
- 4 Büschel Pfefferbeeren
- 3-4 kleine Wacholderzweige
- 3-4 kleine Hagebuttenzweige
- rosafarbenes Heidekraut
- 2 rosafarbene Hortensienblüten
- 4 Deko-Glitzerblumen (alternativ Kugeln)
- Heißkleber

SO WIRD'S GEMACHT

1) Kleine Zweige von Zwergkiefer, Efeu, Weißtanne und Eibe reihum auf und um den Basiskranz legen und mit Krampen befestigen, so dass er kompakter und durch die verschiedenen Grüntöne auch lebendiger wird.

2) Dann die Kerzenstecker in gleichmäßigen Abständen in den Kranz stecken. Die Naturmaterialien wie Torfmyrte, Hagebutten, Pfefferbeeren und Lärchenzweige in den Lücken zwischen den Kerzensteckern platzieren und mit Krampen oder Heißkleber fixieren. Ebenso die Wacholderzweige mit Krampen befestigen.

3) Die Hortensienblüten in kleinere Rispen teilen und mit Heißkleber befestigen. Diese verleihen dem Kranz eine florale Note.

4) Zum Schluss die Glitzerblumen aufkleben und die Kerzen in die Kerzenhalter stecken.

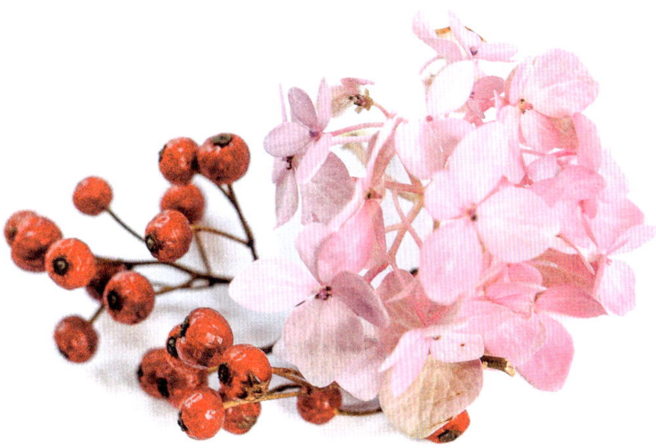

CHRISTROSEN-GESTECK

Nach den Feiertagen, wenn der Weihnachtsglitzer langsam verblasst, sehne ich mich nach frischem Wind, ein paar Blumen und hellen Farben. Christrosen, die als erste Blumen des Jahres erblühen, sind für mich immer kleine Vorboten des noch fernen Frühlings und überbrücken das Warten spielend. Hier verwende ich sie als Gesteck mit Moos, Eukalyptus und Wacholder – aber Vorsicht, der ist sehr stachelig!

BENÖTIGTES MATERIAL

Für 1 Gesteck

- 1 kleine Schale, ca. Ø 15 cm
- Bio-Steckschaum
- Schraubenzieher
- 3–5 verzweigte Christ- oder Schneerosenstiele (10–15 cm lang)
- 3–4 Eukalyptuszweige
- 5 kleine Wacholderzweige
- Moos

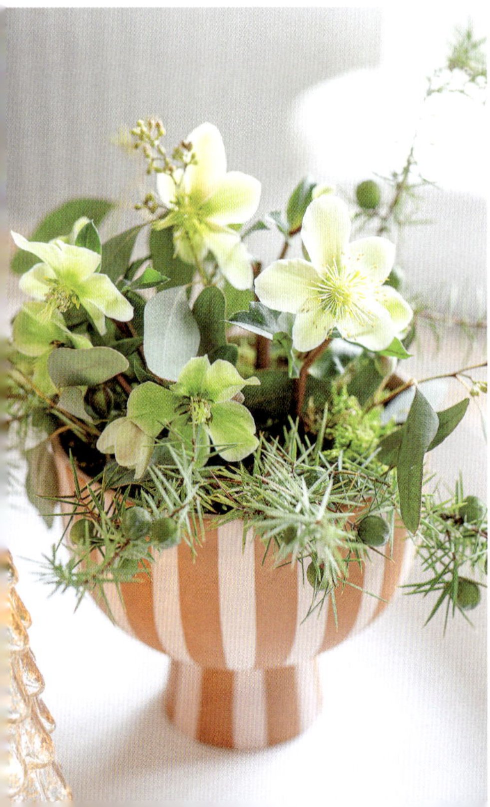

SO WIRD'S GEMACHT

1) Den Steckschaum auf die Größe der Schale zuschneiden und gut wässern. Dann in der Schale platzieren.

2) Im Schaum mit einem Schraubenzieher oder einer Stricknadel Löcher für die Christrosen vorstechen, da die Stiele sonst leicht abbrechen. Dabei auf eine gleichmäßige Verteilung achten, und dann die Christrosen in den Schaum stecken.

3) Die Eukalyptus- und Wacholderzweige auf eine passende Länge schneiden. Besonders natürlich sieht es aus, wenn nicht alle Zweige gleich lang sind. Die Zweige zwischen die Christrosen stecken.

4) Zum Schluss die Zwischenräume im Gesteck so mit Moos abdecken, dass kein Steckschaum mehr sichtbar bleibt.

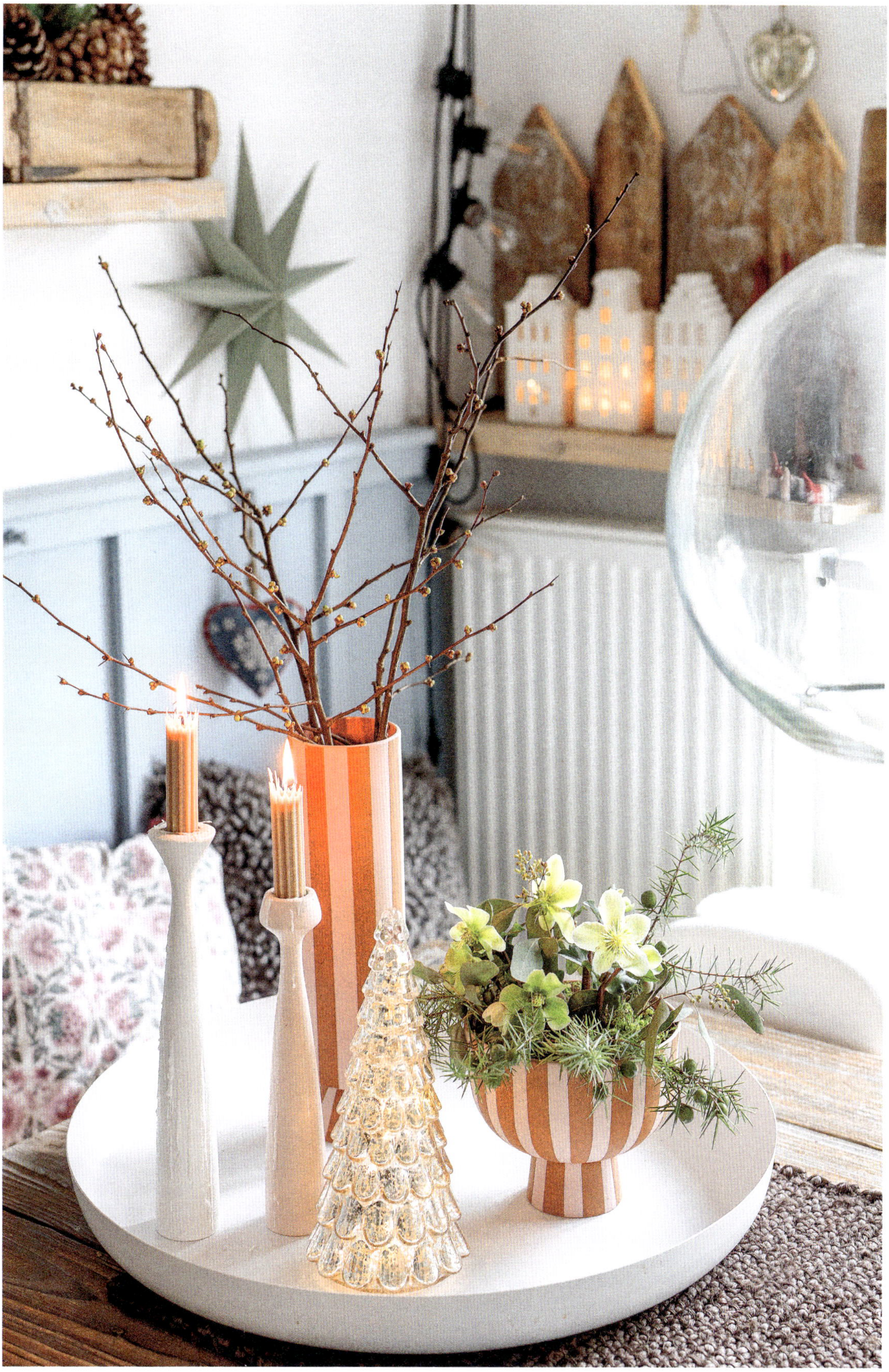

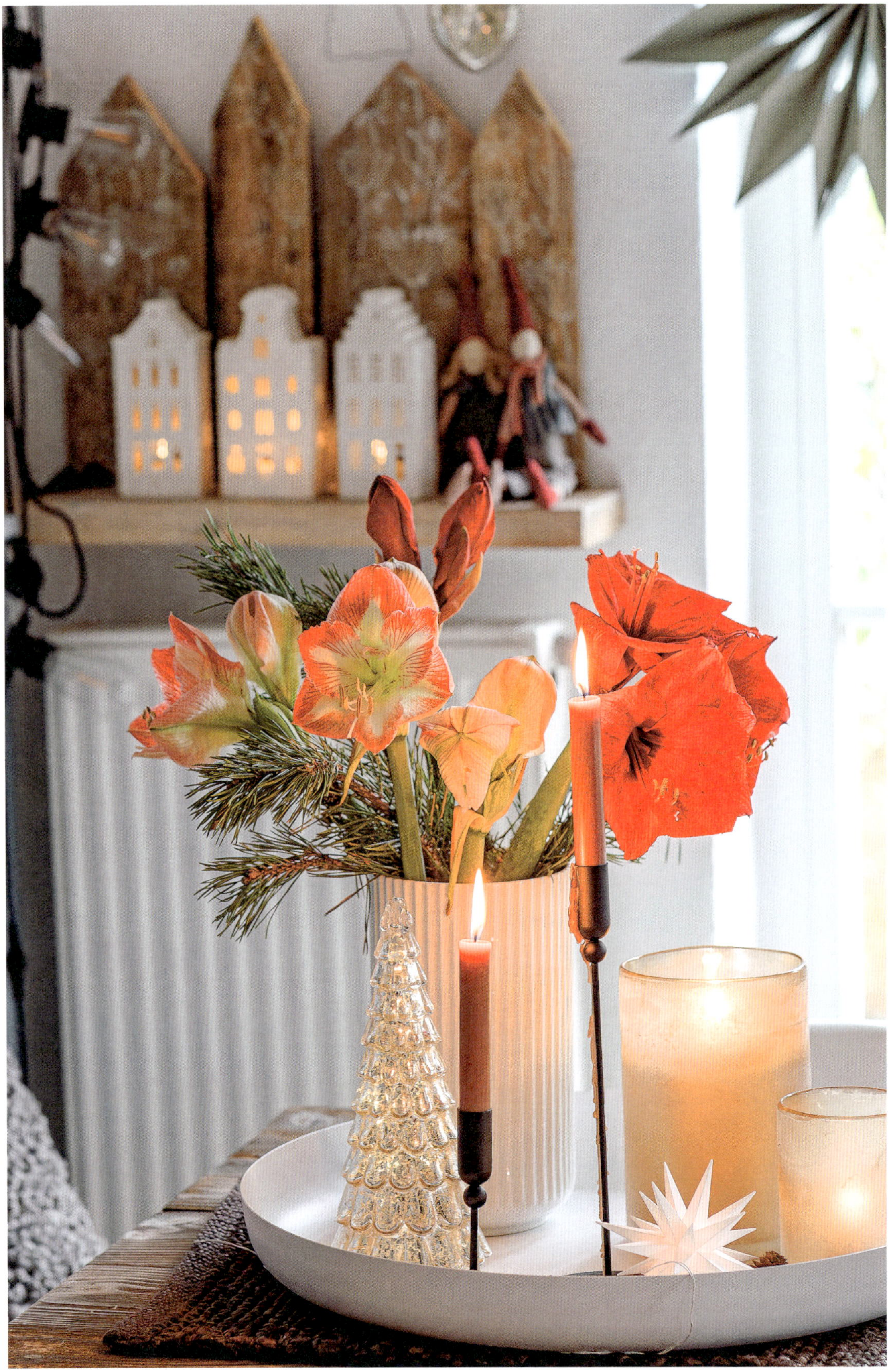

FESTLICHE VASE MIT AMARYLLIS

Zur Weihnachtszeit liebe ich Amaryllis, vor allem in klassischem Rot oder in leuchtendem Pink. Schön ist auch eine Kombi aus verschiedenen Farben, so wie hier. Das Elegante der Amaryllis in Kombination mit den rustikalen Bergkiefernzweigen finde ich besonders hübsch. Wenn eine Amaryllis verblüht ist, tausche ich sie einfach gegen eine neue aus, denn das Tannengrün ist sehr haltbar. So hat man lange Freude an diesem Strauß.

BENÖTIGTES MATERIAL

Für 1 Strauß

- 1 hohe Vase
- 5 rote oder pinkfarbene Amaryllis
- 3 Bergkiefernzweige
- 5 Gummibänder oder Klebefilmstreifen

SO WIRD'S GEMACHT

1) Die Stiele der Amaryllis mit einem scharfen Messer passend zur Höhe der Vase auf die gewünschte Länge zuschneiden.

2) Um dem Aufspalten der Stielenden entgegenzuwirken, die Stiele entweder mit Gummibändern oder Klebestreifen umwickeln.

3) Von den unteren Teilen der Bergkiefernzweige die überschüssigen Nadeln entfernen. Für eine schöne Proportion im Gesamtbild die Zweige etwas kürzer als die Amaryllis schneiden.

4) Die Bergkiefernzweige als Basis am Vasenrand herum verteilen und die Amaryllis dazwischen platzieren.

Tipp:
Da die Amaryllis hohl und ihr Stiel ziemlich weich ist, beginnt sie im Wasser schnell zu faulen. Deshalb ist es wichtig, nur wenig kühles Wasser in die Vase zu geben und es regelmäßig zu wechseln. Es sollte hierbei weder eiskalt noch warm sein.

Wer mag, kann einen Holzstab in passender Länge in den Stiel stecken. Das stabilisiert die Amaryllis und verhindert, dass sie abknickt.

ENGELCHEN AUS DRAHT

Engel gehen immer, als Schutzengel sogar das ganze Jahr über. Sie machen sich als Weihnachtsdeko oder auch als Anhänger an einem Geschenk immer besonders gut. Meine Engelchen kommen lässig und rustikal daher, werden aus Blumendraht gebogen und haben ein Kleid aus Leinenstoff an.

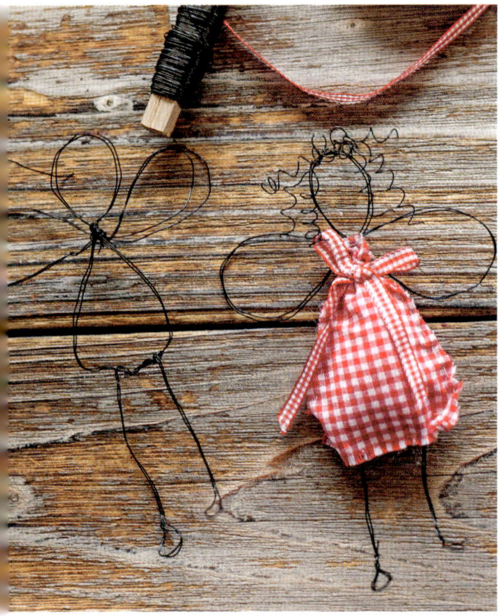

BENÖTIGTES MATERIAL

Für 1 Drahtengel

- Blumendraht
- Leinenstoffreste
- Nähnadel und Garn
- Ungekämmte Schurwolle oder Watte
- Dünnes kariertes Band

SO WIRD'S GEMACHT

1) Vom Draht zwei Stücke abschneiden: 90 cm für den Körper und 60 cm für dic Flügel.

2) Den Draht jeweils in der Mitte doppelt legen, das ergibt dann 45 bzw. 30 cm. Aus dem langen Stück in der Mitte den Kopf formen, zum Fixieren verdrehen, und den Körper zu einem Dreieck biegen. Zum Verschließen die Enden verdrehen und anschließend die Beine und Füße biegen.

3) Danach für die Flügel das kurze Stück mittig unterhalb des Kopfes ein- bis zweimal mit dem »Flügeldraht« umwickeln, um ihn zu fixieren. Die Flügel formen und das Ende festdrahten.

4) Das Engelchen auf ein Papier legen und vom Körper mit einem Bleistift eine Schablone zeichnen. Diese auf den doppelt gelegten Leinenstoff legen und mit 0,5 cm Zugabe ausschneiden.

5) Den Drahtkörper zwischen die beiden ausgeschnittenen Stoffschichten legen und mit Heftstichen von außen direkt am Körper festnähen. Die Unterseite des Kleidchens zunächst offenlassen und das Kleidchen mit Wolle ausstopfen. Dann auch die Unterseite zunähen.

6) Je nach Belieben kleine Drahtstücke als Haare am Kopf festdrahten und formen. Um eine dünne Stricknadel lassen sich ganz einfach Locken machen. Dazu den Draht mehrmals der Länge nach um die Stricknadel wickeln und die Lockensträhne am Kopf ein paarmal umwickeln. Zum Schluss unterhalb der Flügel ein Band um den Körper legen und zur Schleife binden.

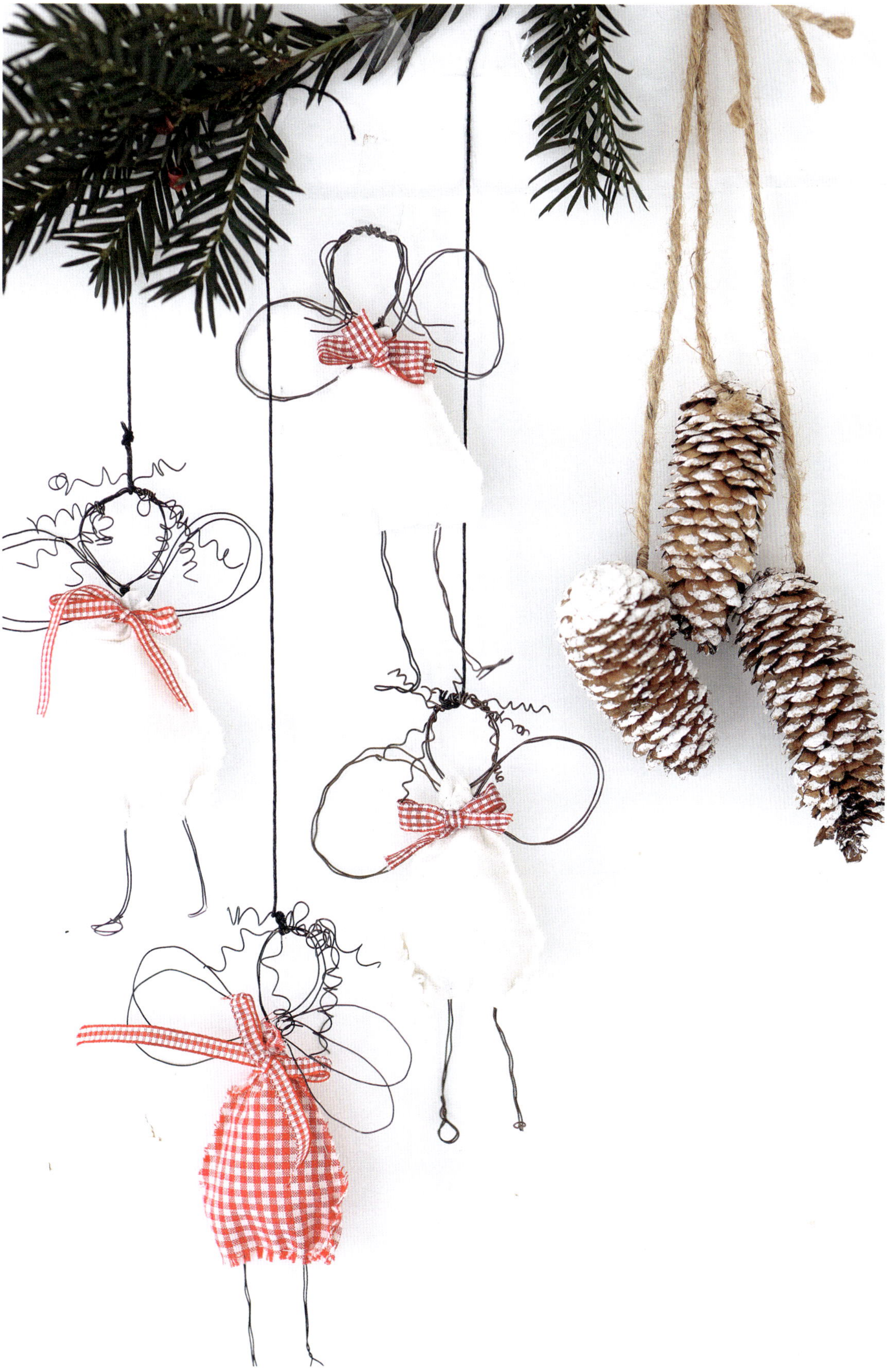

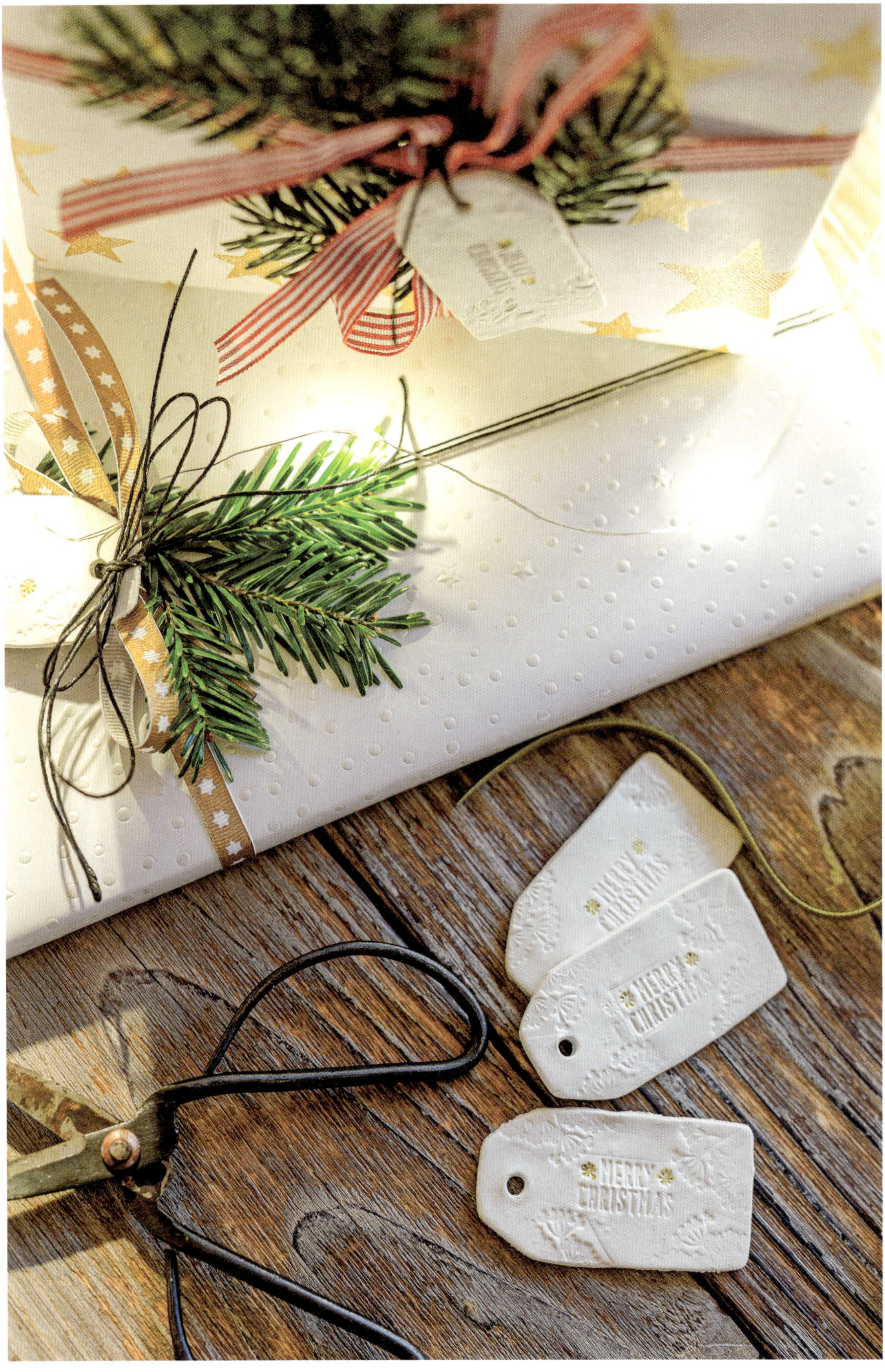
MERRY CHRISTMAS
MERRY CHRISTMAS
MERRY CHRISTMAS

GESCHENKANHÄNGER AUS MODELLIERMASSE

Persönliche Anhänger für die Geschenke lassen sich ganz einfach aus lufttrocknender Modelliermasse selbst herstellen. Das Langwierigste ist tatsächlich die Trocknungszeit von einem Tag – und individueller geht es kaum!

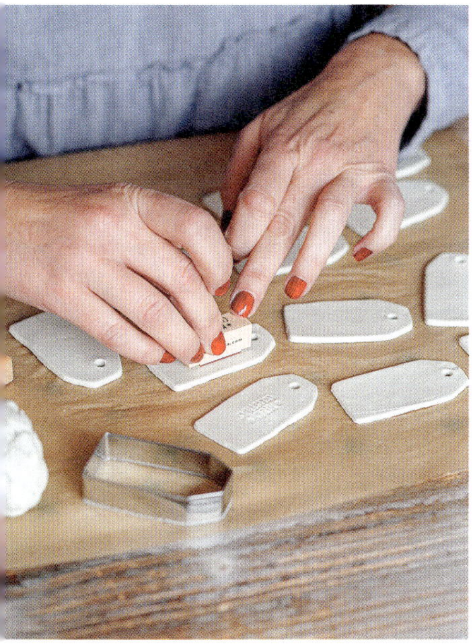

BENÖTIGTES MATERIAL

Für 6–8 Anhänger

- lufttrocknende Modellier- oder Tonmasse
- Backpapier
- Ausstechform, z. B. in Etiketten-Form
- Papierstrohhalm
- Muster-Prägestempel

SO WIRD'S GEMACHT

1) Zunächst die Modelliermasse mit dem Nudelholz auf Backpapier ausrollen. So klebt sie nicht fest und die ausgestochenen Formen lassen sich besser abheben.

2) Dann die Anhänger ausstechen. Ich habe hier eine Etikett-Ausstechform verwendet, aber sehr hübsch sehen die Etiketten natürlich auch in anderen Formen aus. Einfach die Förmchen verwenden, die man für die Weihnachtsbäckerei ohnehin zur Hand hat. Großartig sehen auch immer Sterne aus.

3) Mit einem dünnen Strohhalm Löcher zum Aufhängen ausstehen. Zwischendurch, wenn der Strohhalm sich mit Modelliermasse gefüllt hat, einfach immer ein Stückchen abschneiden.

4) Anschließend mit dem Prägestempel Muster einstempeln. Das können Sprüche und Wünsche sein, aber auch Tannenzweige, Blümchen, Sterne. Abschließend die Anhänger für etwa 24 Stunden trocknen lassen.

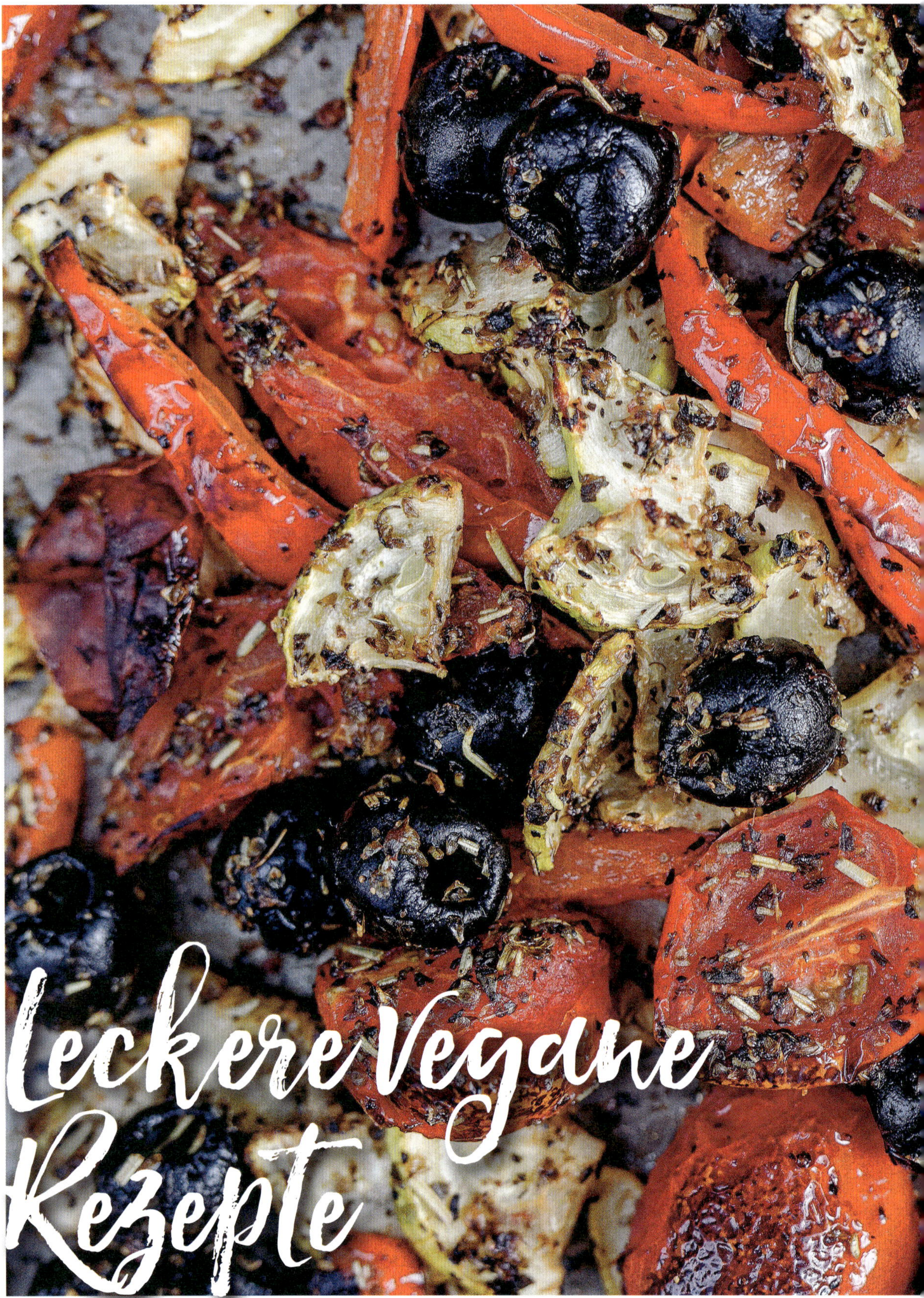

Leckere Vegane Rezepte

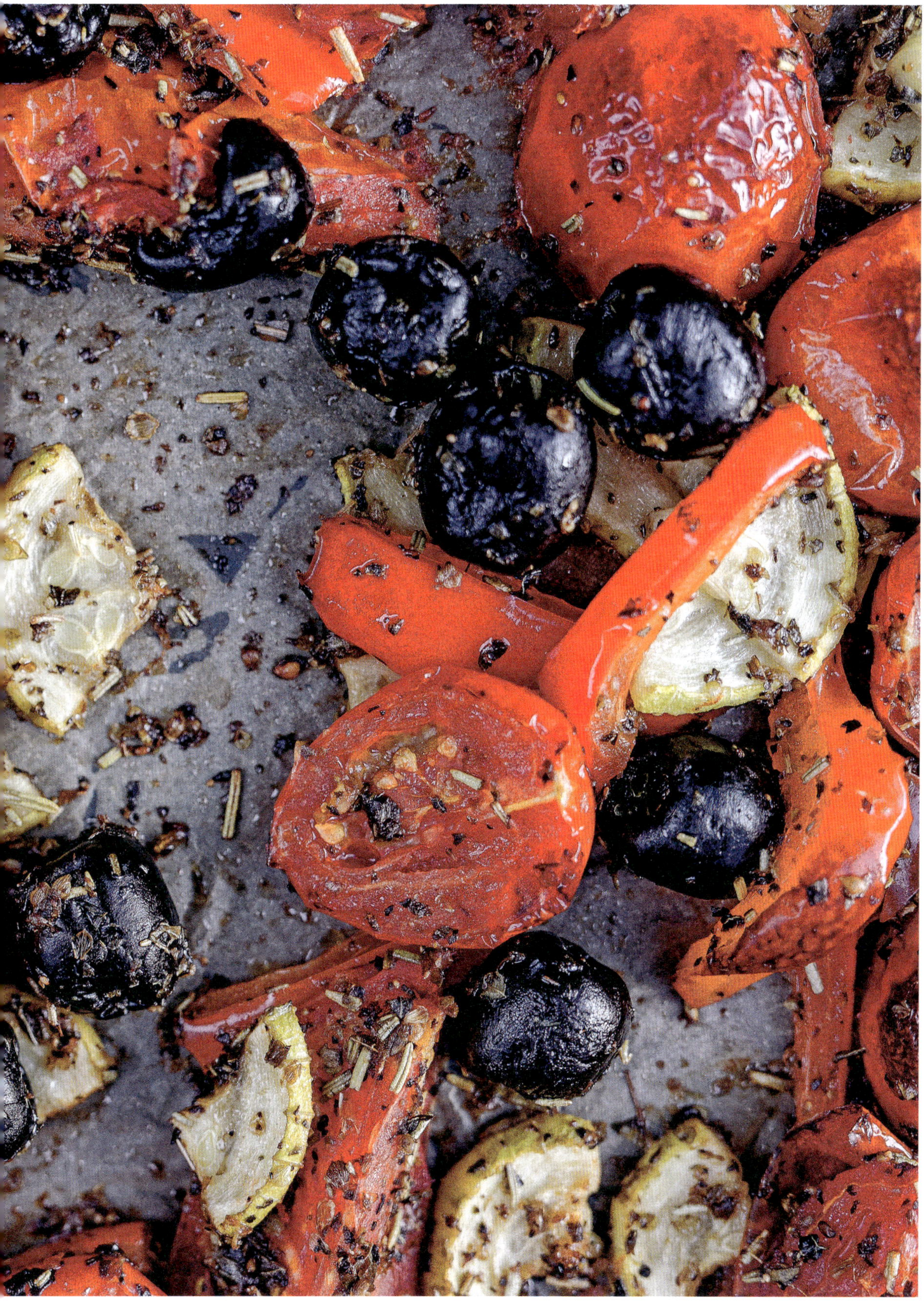

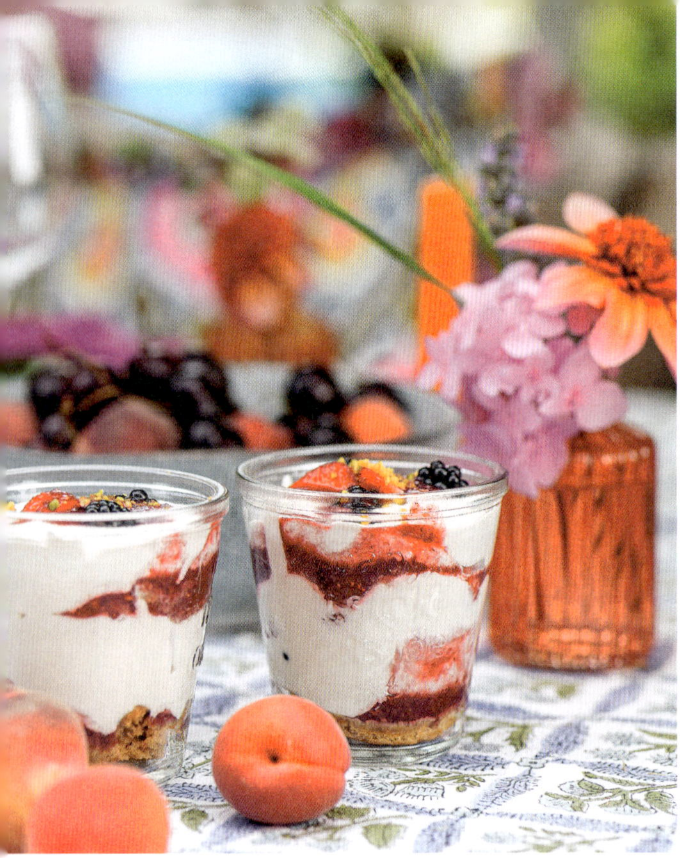

MEINE VEGANE KÜCHE

Die vegane Küche basiert auf rein pflanzlichen Zutaten und verzichtet komplett auf tierische Produkte wie Fleisch, Fisch, Milch, Eier und Honig. Es werden ausschließlich Lebensmittel pflanzlichen Ursprungs verwendet, wie Obst, Gemüse, Getreide, Hülsenfrüchte, Nüsse und Samen. Dabei ist die vegane Küche nicht nur gesund und nachhaltig, sondern bietet auch eine unglaubliche Bandbreite an Aromen, Texturen und Farben.

Durch meine Laktose-Intoleranz und auch durch die Anregung unserer Tochter Anja, die mir das Kochbuch von Deliciously Ella empfahl, kam ich vor ein paar Jahren das erste Mal mit rein pflanzlichen Rezepten in Berührung. Wir ernährten uns zwar bereits vorher überwiegend vegetarisch, aber diese Art des Kochens begeisterte mich!

In der veganen Küche geht es darum, kreativ zu sein und neue Geschmackskombinationen zu entdecken. Ich war und bin bis heute überrascht, wie vielseitig und lecker pflanzliche Gerichte sein können.

Von herzhaften Eintöpfen über bunte Salate bis hin zu süßen Desserts – die Möglichkeiten sind einfach endlos.

Weiterhin bietet die vegane Küche auch zahlreiche gesundheitliche Vorteile. Eine ausgewogene pflanzliche Ernährung kann dazu beitragen, das Risiko von Herzkrankheiten, Diabetes und bestimmten Krebsarten zu reduzieren. Außerdem enthält sie in der Regel weniger gesättigte Fette und Cholesterin, dafür aber mehr Ballaststoffe, Vitamine und Mineralstoffe.

Allerdings liebe ich auch die bunte Vielfalt der vegetarischen Küche sowie den Geschmack von Butter oder Käse. Scheuklappendenken ist mir seit jeher fremd, aber wir haben immer wieder vegane Phasen, vor allem auch den Veganuary, den veganen Januar. Dann ernähren wir uns rein vegan und nehmen auch keinen weißen Zucker zu uns. In anderen Phasen spielt das vegane Essen auf unserem Speiseplan zwar eine große, aber eben nicht die alleinige Rolle.

Egal, ob man bereits Veganer ist, die Ernährung umstellen möchte oder einfach nur neugierig auf neue Geschmackserlebnisse ist: Für diesem Abschnitt habe ich einige unserer absoluten veganen Lieblingsrezepte zusammengestellt.

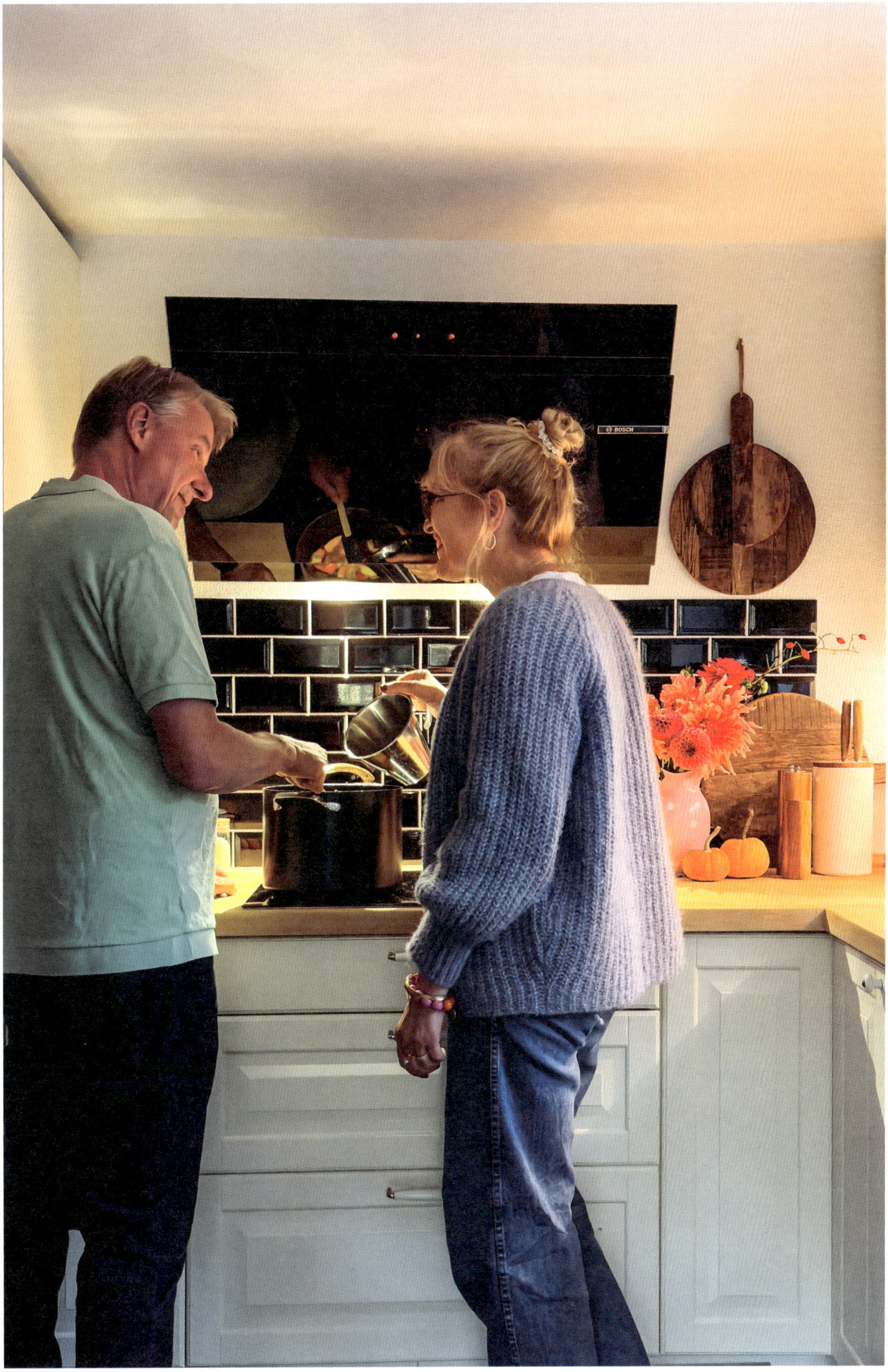
BOSCH

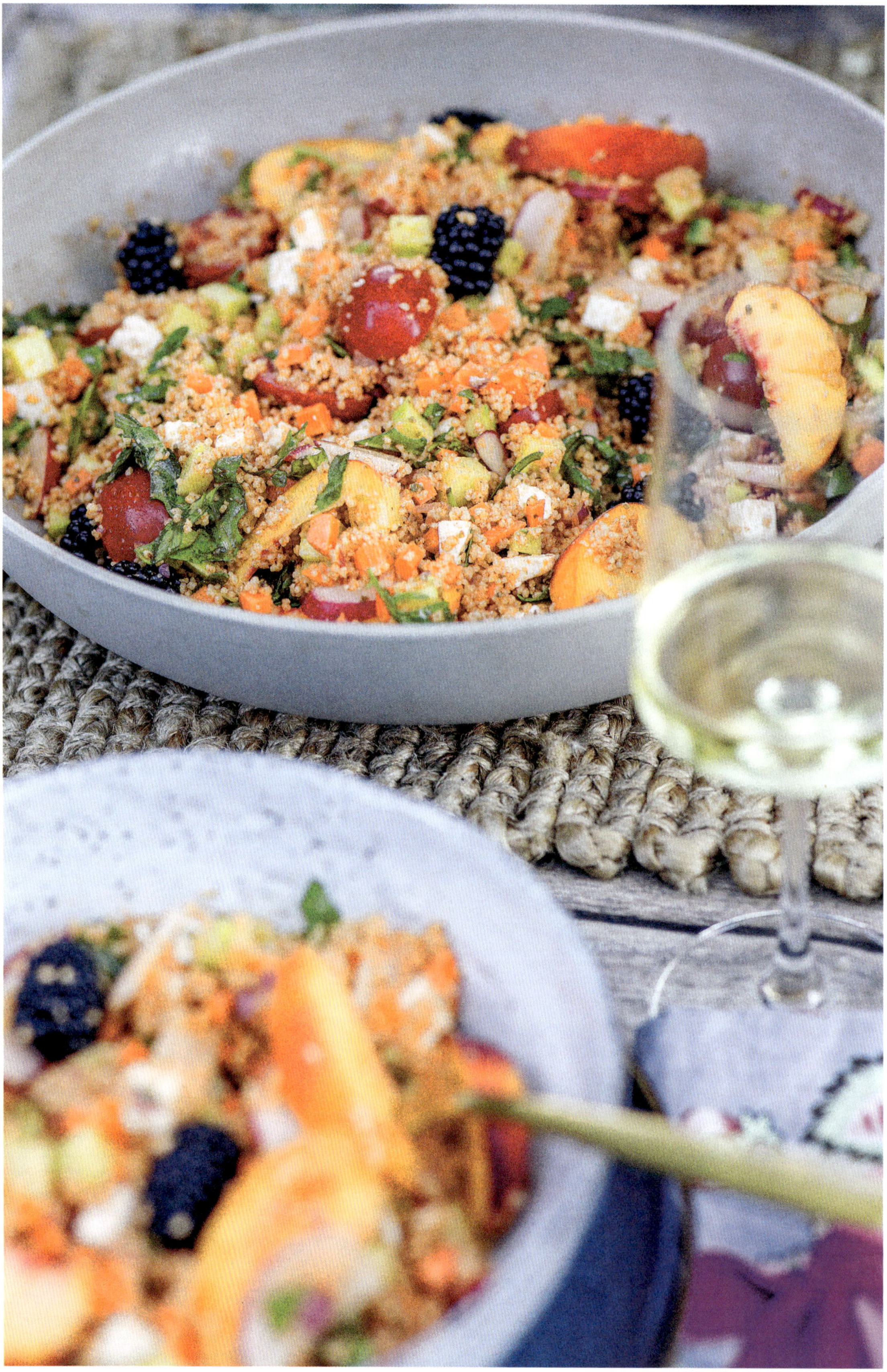

COUSCOUS-SALAT MIT PFIRSICHEN UND BROMBEEREN

Das ist einer meiner Lieblingssalate! Er ist köstlich im Sommer, mit leichten Veränderungen bei den Zutaten, z. B. mit Winter- oder Trockenobst, kann man diesen Salat aber auch wunderbar im Winter zubereiten. Er ist bereits allein eine vollwertige Mahlzeit; als Beilage genügt die Menge für vier bis fünf Personen.

ZUTATEN

Für 4–5 Personen

125 g Couscous
200 ml Gemüsebrühe
1 Schalotte
1 Ackerknoblauch
5–8 Radieschen (je nach Größe)
1 Gurke (ca. 300 g)
2 Karotten
200 g Mini-Roma-Tomaten
1–2 TL Tahin
1 TL Paprikapulver
1 Pr. Chiliflocken
4 EL Olivenöl
1 Handvoll Rucola
1 Zweig Rosmarin
1 EL getrocknetes Basilikum
2 Pfirsiche
150 g veganer Feta
250 g Brombeeren
Salz
Pfeffer

ZUBEREITUNG

1) Das Couscous nach Packungsanleitung mit der Gemüsebrühe zubereiten, in eine Schüssel geben und etwas abkühlen lassen.

2) Die Schalotte fein schneiden und den Ackerknoblauch pressen.

3) Die Gurken und die Karotten in kleine Würfel und die Radieschen in Scheiben schneiden. Die Roma-Tomaten halbieren.

4) Das Tahin mit dem Paprikapulver, den Chiliflocken und dem Olivenöl verrühren.

5) Den Rucola putzen und den Rosmarin grob hacken. Mit der Tahin-Masse und dem getrockneten Basilikum gut mit dem Couscous verrühren. Das geschnittene Gemüse untermischen.

6) Die Pfirsiche in dünne Scheiben und den Feta in kleine Stücke schneiden. Zusammen mit den Brombeeren auf das Couscous geben.

Tipp:
Wer keinen veganen Feta mag, kann alternativ 50 g geröstete und gehackte Haselnüsse verwenden.

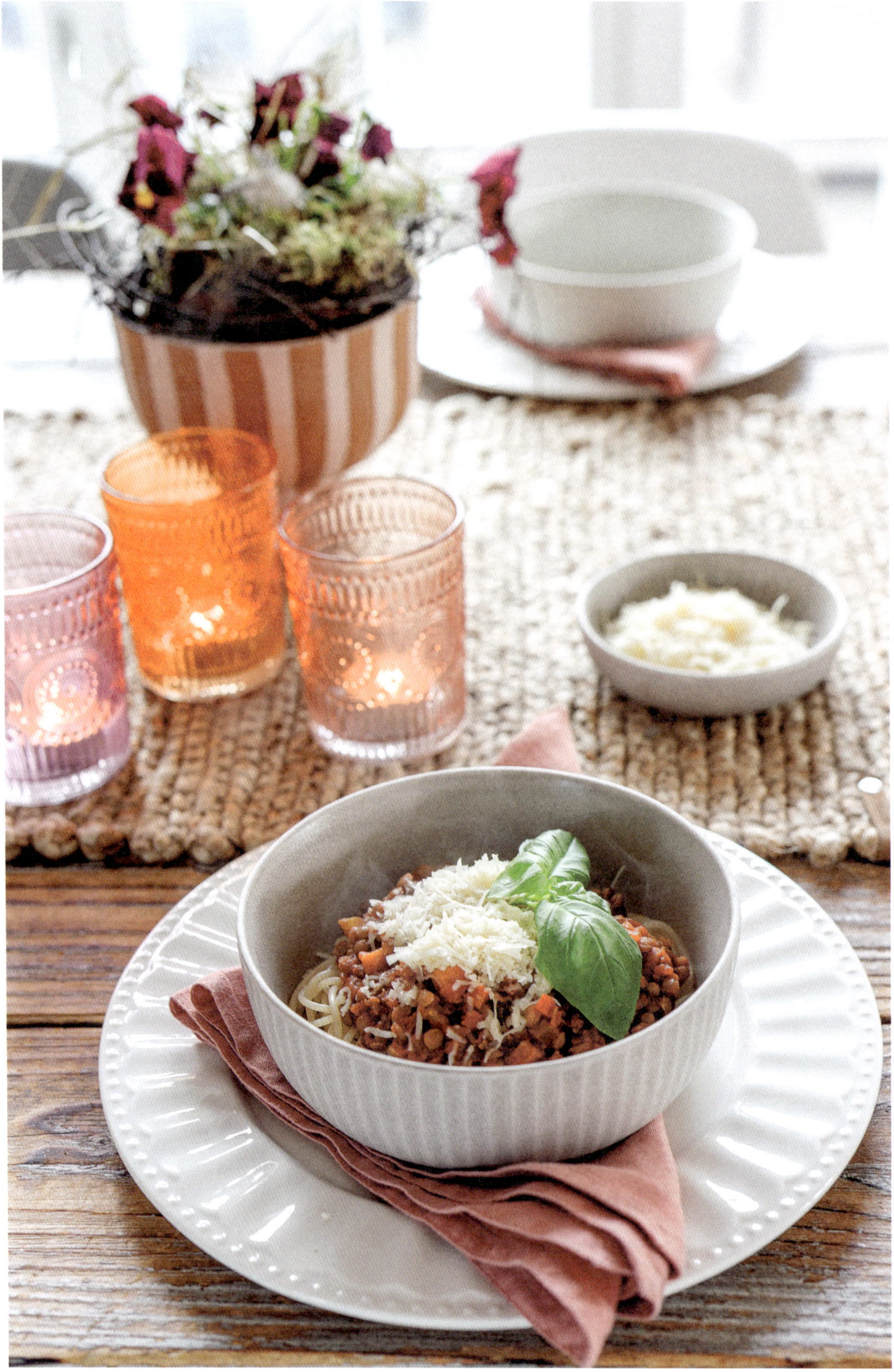

LINSEN-BOLOGNESE

Darf ich vorstellen: unser Lieblingsrezept! Wir machen immer die angegebene Menge, auch wenn wir nur zu zweit sind. Nicht nur, weil wir dann am nächsten Tag nicht kochen müssen, sondern auch, weil die Bolognese am zweiten Tag sogar noch besser schmeckt!

ZUTATEN

Für 4–6 Personen

- 2 Karotten
- 1 rote Paprika
- 3 Stangen Sellerie
- 300 g Beluga- oder Berglinsen
- 3 EL Olivenöl
- 2 rote Zwiebeln
- 3 EL Tomatenmark
- 1 EL Paprika edelsüß
- 1–2 EL italienische Kräuter
- Salz
- Pfeffer
- 1 Ackerknoblauch
- 2 Dosen (à 400 g) gestückelte Tomaten
- 250 ml Rotwein
- 250 ml Gemüsebrühe
- 500 g Spaghetti
- 1 Pck. veganer Parmesan oder Hefeflocken

ZUBEREITUNG

1) Die Karotten schälen und klein würfeln. Die Paprika und den Stangensellerie waschen und klein würfeln, die Linsen in einem Sieb waschen und abtropfen lassen.

2) Das Öl in einer großen Pfanne erhitzen. Die Zwiebel in Würfel schneiden, in die Pfanne geben und ein paar Minuten lang anschwitzen.

3) Die Karotten, den Stangensellerie und die Paprika dazugeben und etwa 5 Minuten lang unter Rühren leicht anbraten.

4) Den Ackerknoblauch pressen und mit dem Tomatenmark und den Gewürzen hinzufügen und 1–2 Minuten lang anrösten.

5) Die Linsen, die Dosentomaten, den Rotwein und die Gemüsebrühe dazugeben und verrühren. Aufkochen lassen, die Hitze reduzieren und 1–2 Stunden lang bei niedriger Temperatur vor sich hin köcheln lassen. Bei Bedarf etwas mehr Wasser oder Rotwein zufügen und eventuell nachwürzen.

6) In der Zwischenzeit die Spaghetti nach Packungsbeilage bissfest kochen und durch ein Sieb abtropfen lassen.

7) Die Bolognese nochmals gut umrühren und mit Salz und Pfeffer abschmecken.

8) Zusammen mit den Spaghetti auf einem Teller anrichten und mit veganem Parmesan bestreuen.

CAPPUCCINO-ENERGY-BALLS

Ich liebe Energy Balls und schaue, dass ich immer welche davon im Kühlschrank habe. Diese hier schmecken köstlich nach einer Mischung aus Cappuccino und Kokos. Die Kokosflocken, mit denen sie ummantelt sind, runden das Ganze geschmacklich ab. Die Cappuccino-Energy-Balls sind die Lieblingssorte der ganzen Familie!

ZUTATEN

Für 20–25 Stück

- 100 g Haselnüsse
- 180 g Datteln
- 120 g Kokosmus
- 30 g Kakao
- 60 ml Espresso
- 3-4 EL Kokosflocken

ZUBEREITUNG

1) Den Backofen auf 200 °C Umluft vorheizen und dann die Haselnüsse für 10 Minuten darin rösten. Etwas abkühlen lassen und dann in einem Tuch die Schale abreiben.

2) Die geschälten Haselnüsse in einem Hochleistungsmixer zerkleinern. Die restlichen Zutaten dazugeben und zu einem formbaren Teig verarbeiten.

3) Mit einem Teelöffel kleine Häufchen abstechen und mit den Händen zu kleinen Kugeln formen. In Kokosflocken rollen und im Kühlschrank aufbewahren. Die Energy Balls sind etwa zwei Wochen lang haltbar.

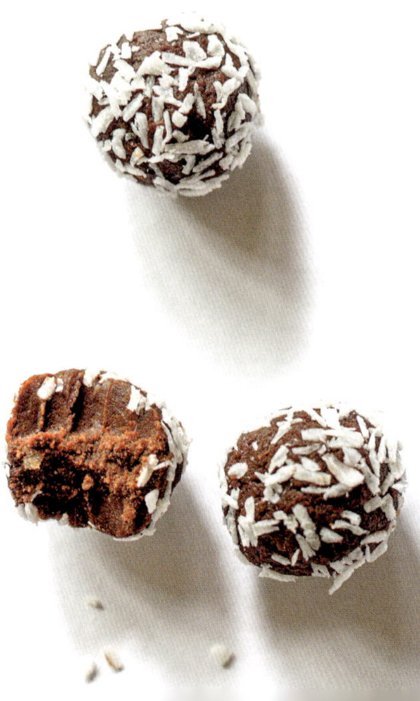

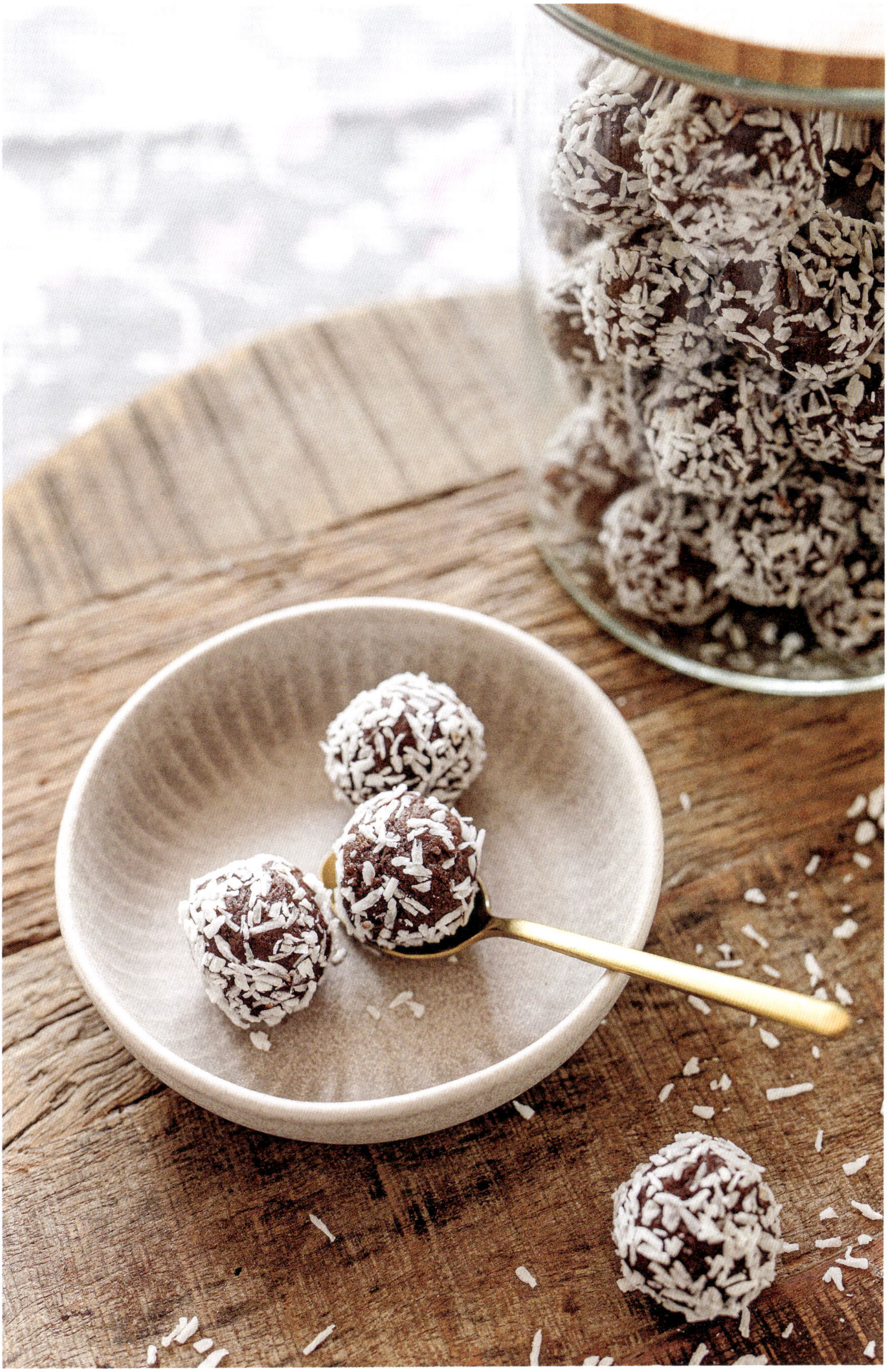

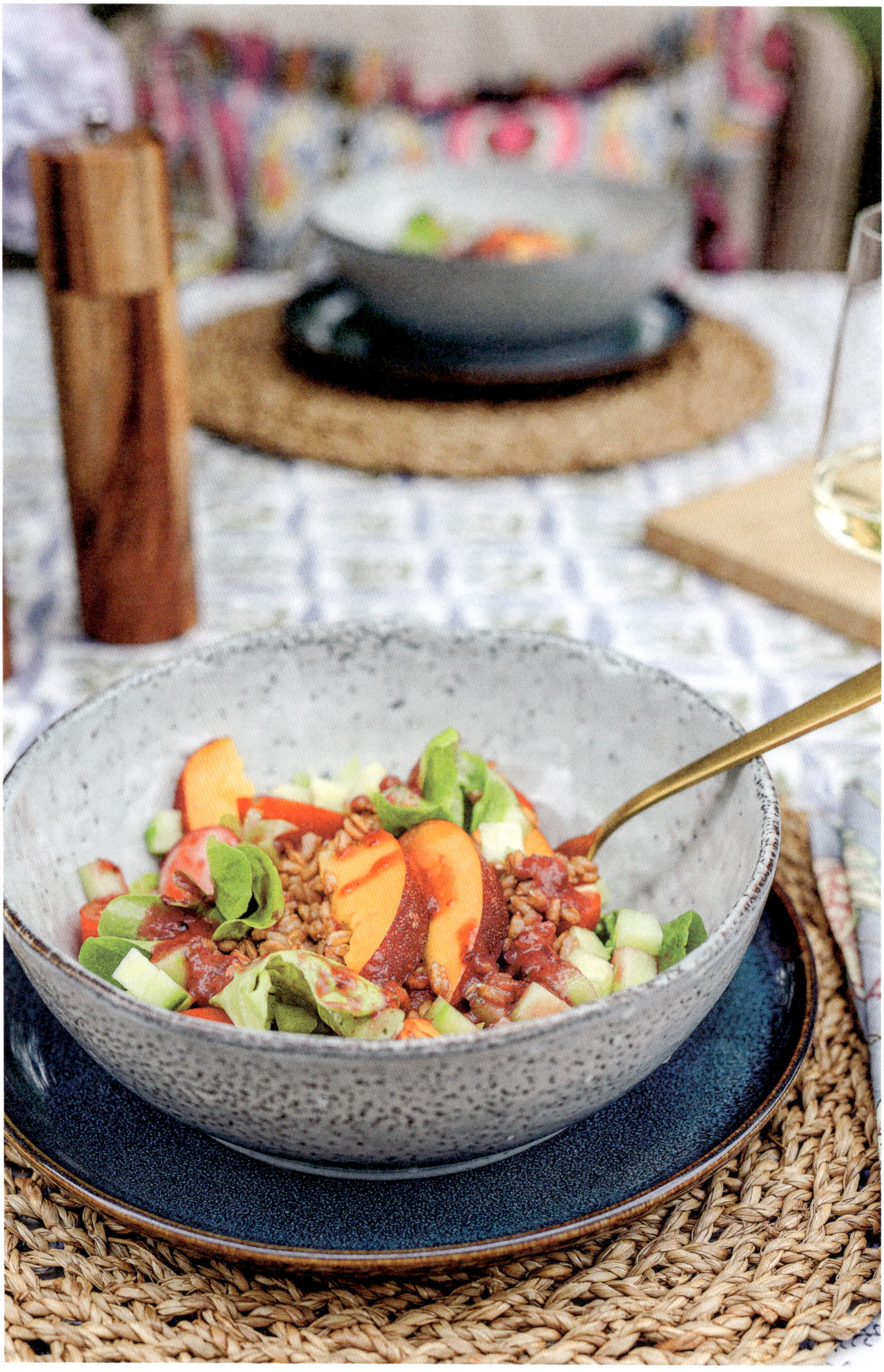

SOMMERSALAT MIT DINKEL UND PFIRSICHEN

Besonders im Sommer mögen wir Salat in Verbindung mit Obst. Nektarinen oder Pfirsiche eignen sich hervorragend als Ergänzung zu Blattsalaten. Zusammen mit Dinkel ergibt dieser Sommersalat eine vollwertige Mahlzeit.

ZUTATEN

Für 2 Personen

200 g Dinkelkörner
600 ml Gemüsebrühe
½ Blattsalat
5-7 Radieschen
300 g Mini-Roma-Tomaten
½ Gurke
2 Pfirsiche

Für das Dressing

1 Pfirsich
10-15 Brombeeren
3 EL Apfelessig
3 EL Olivenöl
3 EL Wasser
1 TL Honig
½-1 TL Salz
Pfeffer

ZUBEREITUNG

1) Die Dinkelkörner in der Gemüsebrühe ca. 15 Minuten lang köcheln und anschließend noch ausquellen lassen.

2) Den Salat waschen und in mundgerechte Stücke teilen. Die Radieschen waschen und in Scheiben schneiden. Die Tomaten waschen und halbieren. Die Gurke schälen und in kleine Würfel schneiden. Die Pfirsiche ebenfalls waschen und in schmale Spalten schneiden.

3) Für die Vinaigrette den Pfirsich grob zerkleinern und mit den Brombeeren, Essig, Öl, Wasser, Honig sowie Salz und Pfeffer zusammen pürieren.

4) Den Salat in einer Schüssel anrichten. Dazu den Dinkel in die Mitte geben, den Blattsalat darum herum anrichten, Radieschen, Tomaten und Gurke darüber geben und mit den Pfirsichspalten garnieren. Die Vinaigrette nach Belieben darüber gießen.

Tipp:
Vinaigrette, die übrig bleibt, hebe ich in einem Glas im Kühlschrank für den nächsten Tag auf. Sie passt zu jedem Salat.

PASTA MIT GRILLGEMÜSE

Ausgesprochen mediterran ist das nachstehende Gericht: Es ist lecker und leicht im Sommer, sorgt aber auch im Winter für Wärme und Genuss. Diese Pasta mit frischem Grillgemüse, das im Ofen gegart und mit Gewürzen verfeinert wird, ist ganz unabhängig von der Jahreszeit ein Fest für den Gaumen!

ZUTATEN

Für 3–4 Portionen

1 Glas schwarze Oliven
1 Zwiebel
1 rote Paprika
1 kleine Zucchini
300 g Mini-Roma-Tomaten
1–2 EL Olivenöl
Salz
2 EL italienische Kräuter
1 Ackerknoblauch
2 EL Tomatenmark
1 Zitrone, abgeriebene Schale und 1 EL Saft
1 Dose (400 g) gestückelte Tomaten
1 EL Balsamico-Essig
250 g Spaghetti
1 Handvoll Basilikum

ZUBEREITUNG

1) Als Erstes den Backofen auf 180 °C Umluft vorheizen. Die Oliven im Sieb abtropfen lassen.

2) Das Gemüse schneiden: die Zwiebel in kleine Würfel, die Paprika in schmale Streifen, die Zucchini längs halbieren und in Scheiben und die Tomaten halbieren.

3) Dann mit den ganzen Oliven, einigen Spritzern Olivenöl, Salz und den italienischen Kräutern vermischen und auf ein tiefes Backblech geben. Im Backofen auf der mittleren Stufe 20–25 Minuten lang garen lassen. Anschließend beiseitestellen.

4) Inzwischen den Knoblauch pressen und mit den Zwiebelwürfelchen, etwas Olivenöl sowie einer Prise Salz für 5–10 Minuten in einer Pfanne andünsten. Danach das Tomatenmark mit dem Zitronensaft und der -schale hinzufügen und für weitere zwei Minuten dünsten. Zum Schluss die Dosentomaten und den Essig dazugeben und für weitere 15 Minuten auf mittlerer Hitze kochen. Ab und zu umrühren.

5) Währenddessen die Spaghetti nach Packungsanleitung in Salzwasser kochen. Abgießen. Die Spaghetti mit der Tomatensoße verrühren und das Grillgemüse unterheben. Mit Salz und Pfeffer abschmecken. Das Basilikum waschen, grob hacken und ebenfalls unterheben.

Tipp:
Statt des Basilikums schmeckt auch geputzter Ruccola sehr gut.

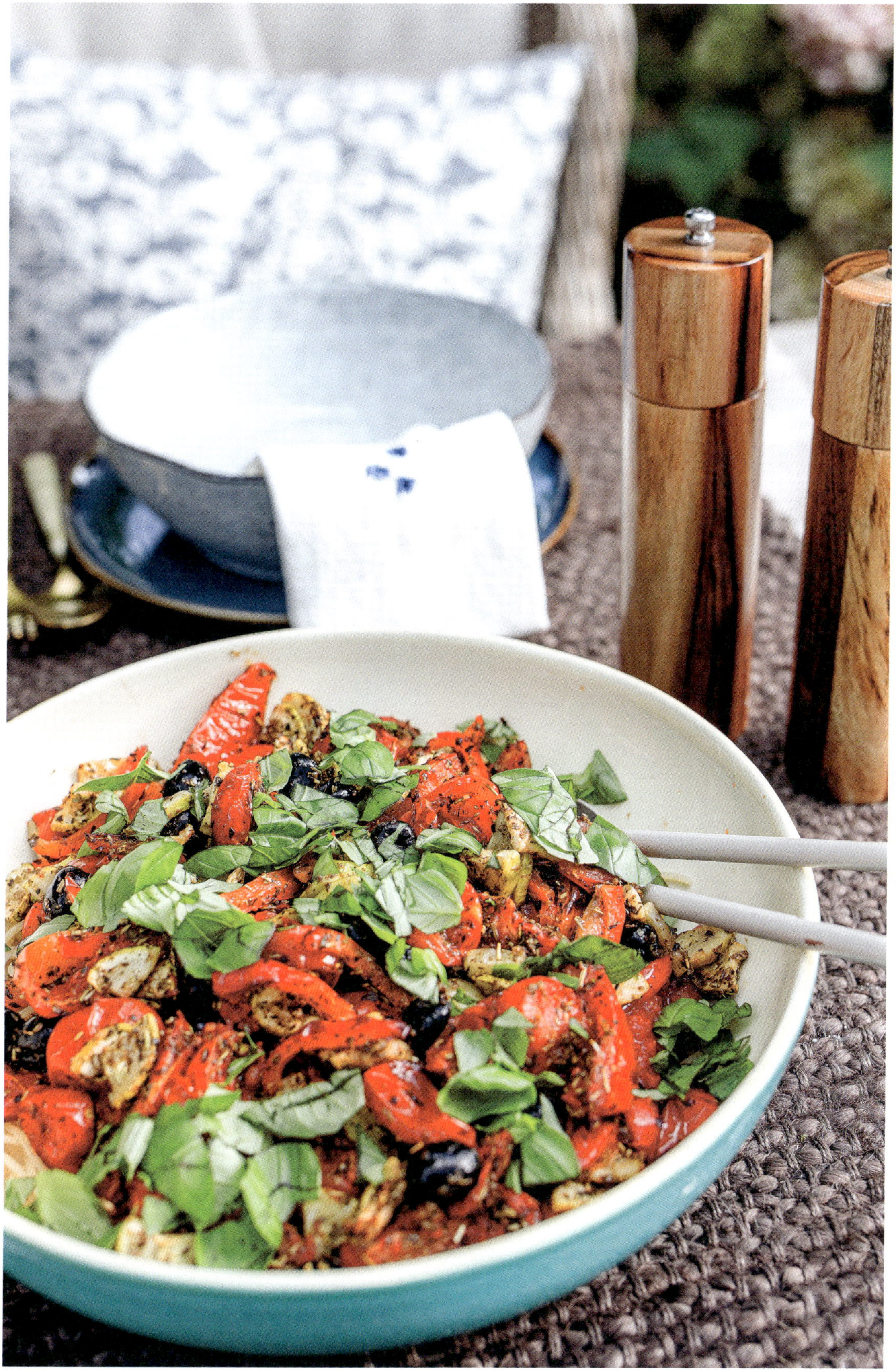

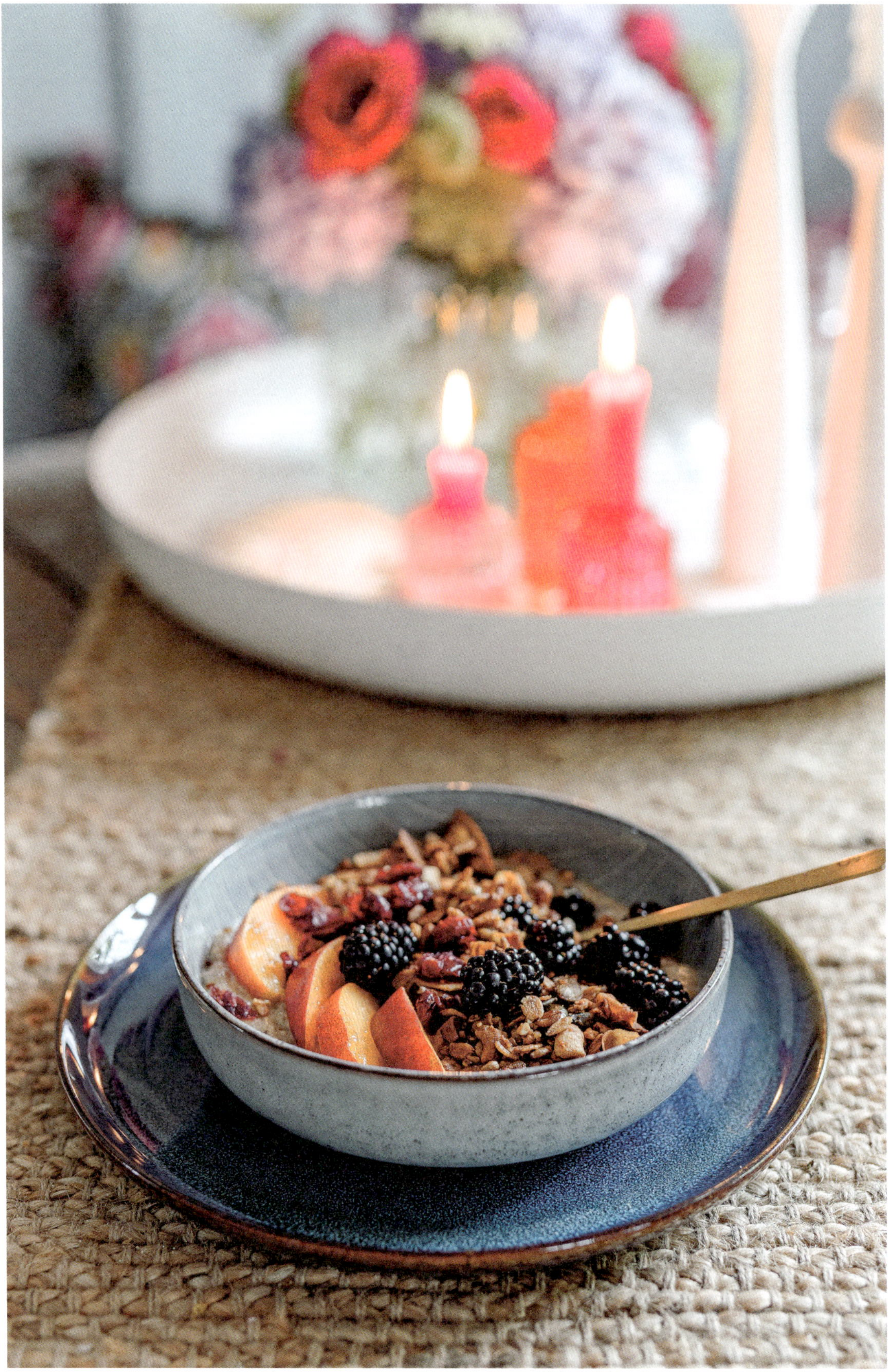

LECKERES PORRIDGE

Porridge schätze ich als leckeres und nährendes Frühstück ganz besonders. Ich nehme Haferkleie anstatt Haferflocken, denn diese verfügen über mehr Ballaststoffe und Proteine bei gleichzeitig weniger Kohlenhydraten.

ZUTATEN

Für 1 Portion

- 1 kleine Banane
- 150 ml Hafermilch
- 1 EL Haferkleie
- 1 TL Chiasamen
- 1 TL Flohsamen
- 1 EL Granola und Früchte nach Belieben als Topping

ZUBEREITUNG

1) Die Banane pürieren. Die Hafermilch mit der Haferkleie sowie den Chia- und Flohsamen unter Rühren aufkochen, bis die Masse andickt.

2) In eine Schüssel geben und zwei Drittel des Bananenpürees unterheben. Den Rest als Topping in der Mitte auf dem Porridge verteilen. Mit dem Granola bestreuen und mit Früchten je nach Jahreszeit garnieren.

Tipp:
Wer möchte, kann noch zusätzlich süßen, z. B. mit Agavendicksaft. Mir persönlich genügt die Süße der Bananen und des Granolas.

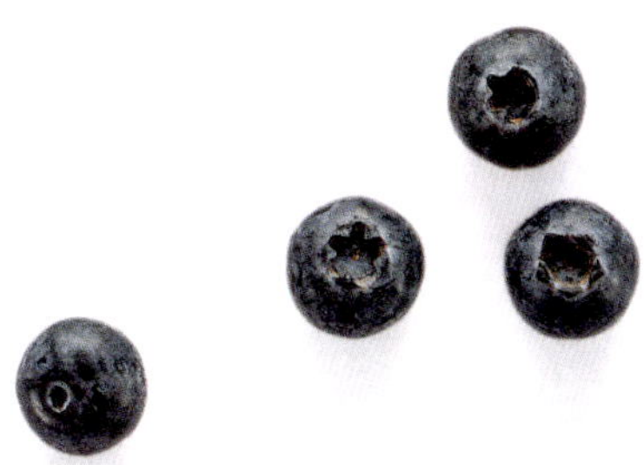

BROMBEER-PLATTPFIRSICH-MARMELADE

Ich habe drei Brombeerpflanzen im Garten und liebe diese saftigen Früchte, die so unvergleichlich nach Sommer schmecken, sehr. Seit ich einen eigenen Plattpfirsichbaum im Garten habe, verarbeite ich einige der Früchte zusammen mit den Brombeeren zu Marmelade. So konserviere ich im Glas ein wenig Sommer für Herbst und Winter.

ZUTATEN

Für 6 Gläser à 250 ml

- 250 g Platt- oder Weinbergpfirsiche
- 750 g Brombeeren
- 1 ausgekratzte Vanilleschote
- 1 Bio-Zitrone, Saft
- 500 g Gelierzucker 2:1
- 6 Schraubgläser à 250 ml

ZUBEREITUNG

1) Zuerst die Platt- oder Weinbergpfirsiche waschen und die Haut abziehen. Zusammen mit den Brombeeren, dem Zitronensaft und der ausgekratzten Vanilleschote in einen hohen Topf geben und ziehen lassen.

2) Etwa 5 Minuten unter Rühren köcheln lassen. Danach den Gelierzucker zugeben und die Masse weitere 5–8 Minuten unter Rühren kochen lassen.

3) Zum Schluss die Vanilleschote entfernen und die Marmelade nach Gusto pürieren.

4) Die Gläser und Deckel mit heißem Wasser ausspülen. Die Marmelade heiß einfüllen, die Gläser gut zuschrauben und für einige Minuten umgekehrt auf den Deckel stellen.

Tipp:
Wenn ich für ein Gericht das Mark einer Vanilleschote benötige, werfe ich die Schote anschließend nicht weg, sondern bewahre sie für eine spätere Verwendung auf. Und wenn man sie zusammen mit Zucker in ein Glas gibt, erhält man ein paar Tage später wunderbaren Vanillezucker!

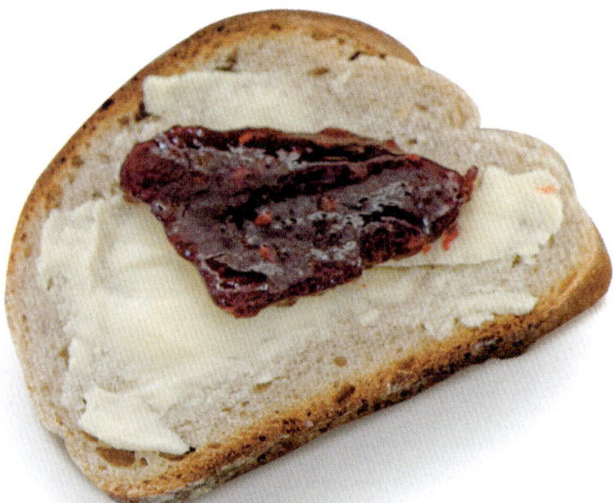

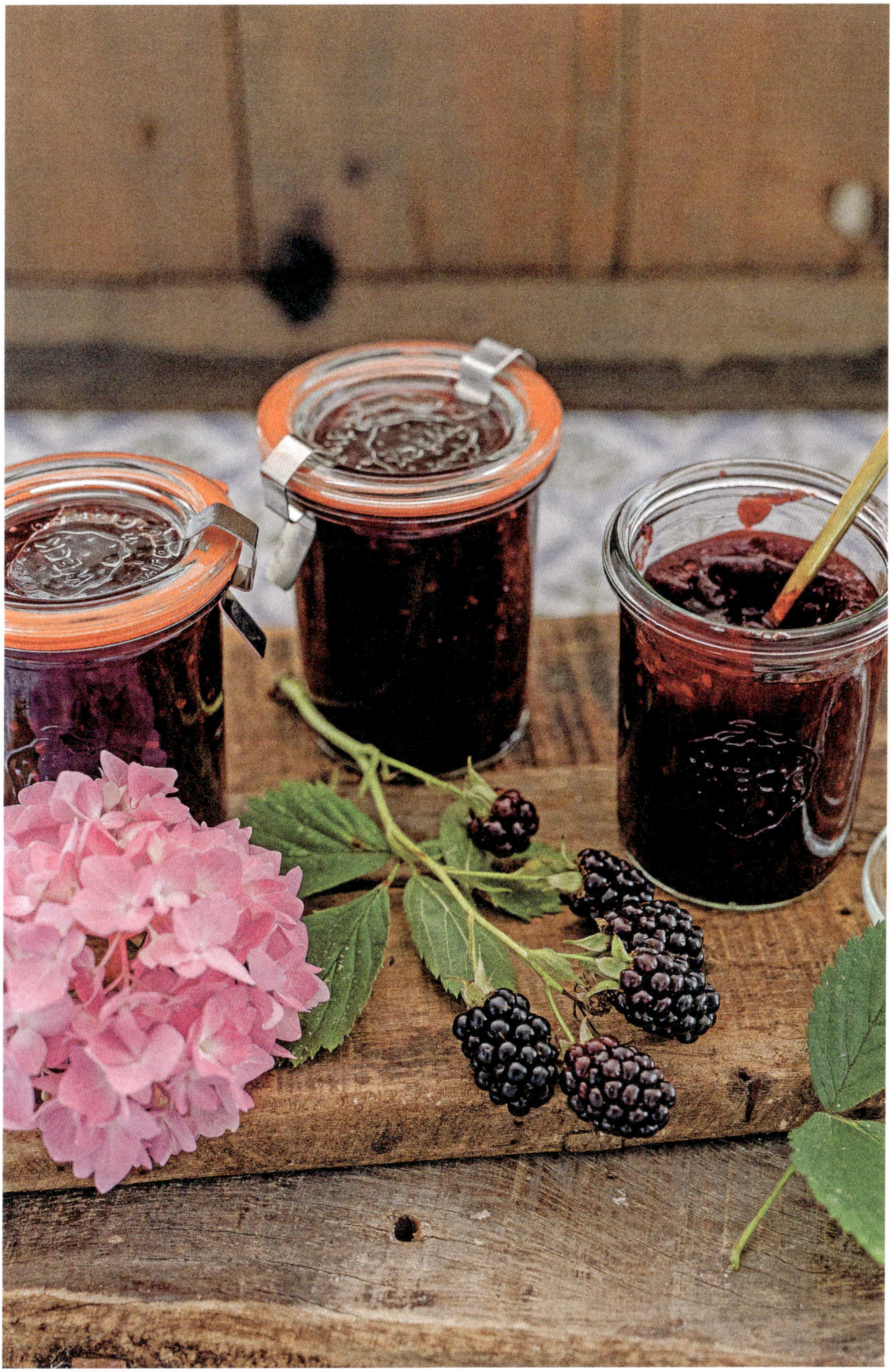

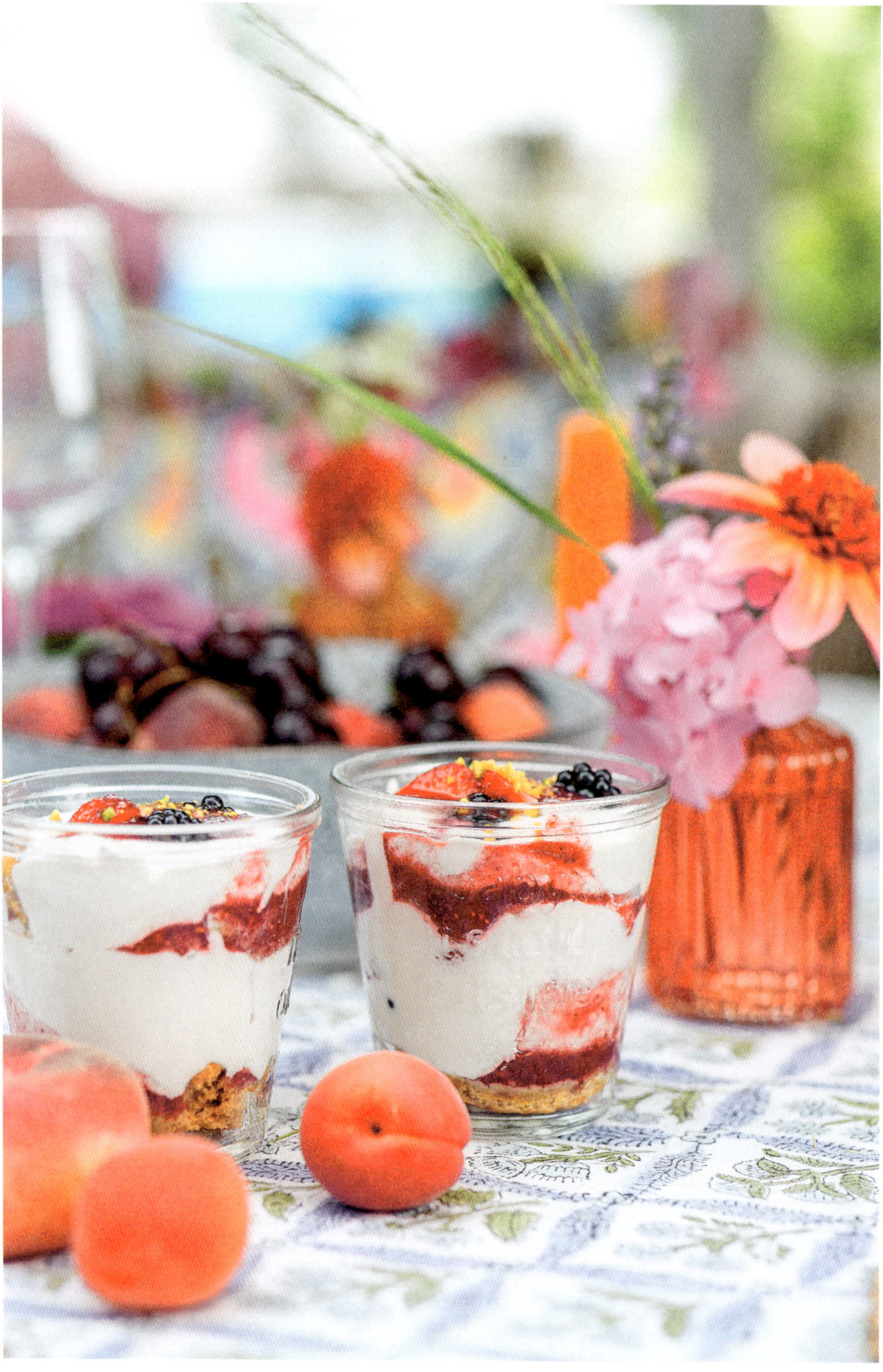

BEEREN-TIRAMISU

Ich mag die Obstvariante des Tiramisus viel lieber als das Original. Auch die vegane Variante kann sich sehen lassen und schmeckt leicht und lecker.

ZUTATEN

Für 5-6 Gläser à 250ml

150 g zerkleinerte Cantuccini (siehe Rezept auf Seite 115)
400 g Erdbeeren und Brombeeren
50 ml Grand Marnier
250 g pflanzlicher Mascarpone
400 ml pflanzliche Sahne
50 g Zucker
1 Pck. oder 1 El Vanillezucker
1-2 EL gehackte Pistazien

ZUBEREITUNG

1) Zuerst die Erdbeeren waschen und putzen. Einige Erdbeeren und Brombeeren beiseitestellen. 200 g Beeren (Erdbeeren und Brombeeren) zusammen mit dem Grand Marnier und dem Vanillezucker pürieren.

2) Den pflanzlichen Mascarpone und die pflanzliche Sahne mit dem Zucker und dem Vanillezucker cremig-fest schlagen.

3) Die restlichen Erdbeeren vierteln und mit den restlichen Brombeeren mischen. Ein paar der Beeren als Garnierung beiseitestellen. Die anderen unter die Creme heben.

4) Die Cantuccini mit einem Messer grob hacken.

5) Nun das Tiramisu in die Gläser schichten: Zuerst die zerkleinerten Cantuccini in die Gläser geben und diese mit dem Beerenpüree beträufeln, darauf dann die Beeren-Creme verteilen. Dieselbe Schichtung einmal wiederholen.

6) Zum Schluss mit den restlichen Beeren garnieren, mit etwas Beeren-Püree beträufeln und mit gehackten Pistazien bestreuen.

Tipp:
Anstatt Löffelbiskuit verwende ich in dieser veganen Variante Cantuccini. Da sie etwas härter sind, empfiehlt sich eine längere Einwirkzeit.

DUNKLER KIRSCHKUCHEN

Dieser Gugelhupf mit Schokolade und Kirschen ist schnell gemacht, super lecker und schön saftig. Er schmeckt nicht nur zur Weihnachtszeit, sondern das ganze Jahr über. Wer mag, kann noch etwas Rum hinzufügen, das ergibt ein feines Aroma im Kuchen.

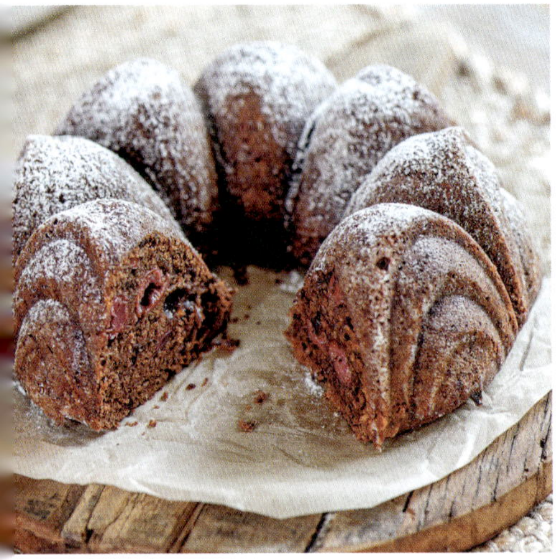

ZUBEREITUNG

1) Den Backofen auf 180 °C Ober- und Unterhitze vorheizen. Eine Gugelhupf-Form mit Kokosöl einfetten.

2) Das Mehl, die gehackten Haselnüsse, den Kakao, das Backpulver und den Zimt in einer Schüssel mischen.

3) Die Hafermilch, die Vanille-Essenz und das geschmolzene Kokosöl zugeben und zu einem dicken Teig verrühren.

4) Die Kirschen abtropfen lassen und die Schokolade hacken. Beides unter den Teig heben. Den Teig in die gefettete Form füllen und bei 180 °C 50–60 Minuten lang backen (Stäbchenprobe!).

ZUTATEN

Für 1 Kuchen

- 280 g Dinkelmehl
- 100 g gehackte und geröstete Haselnüsse
- 2 El Kakao
- 3 TL Backpulver
- 1 TL Zimt
- 300 ml Hafermilch
- 1 EL Vanille-Essenz (Rezept S. 116)
- 4 EL geschmolzenes Kokosöl
- 240 g Kokosblütenzucker
- 1 Glas Kirschen ohne Zucker
- 50 g vegane Zartbitterschokolade (Rezept siehe S. 112)

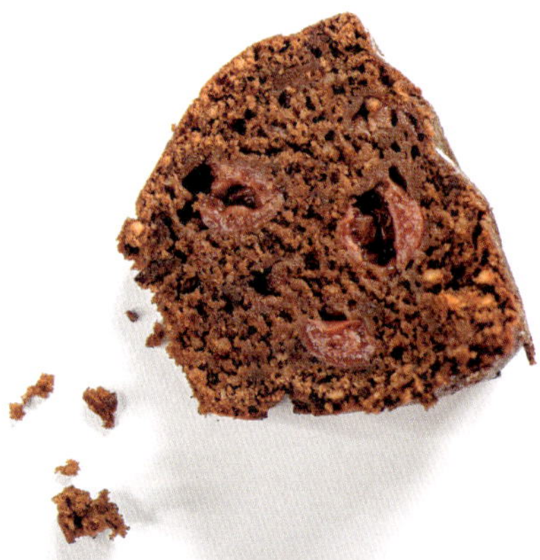

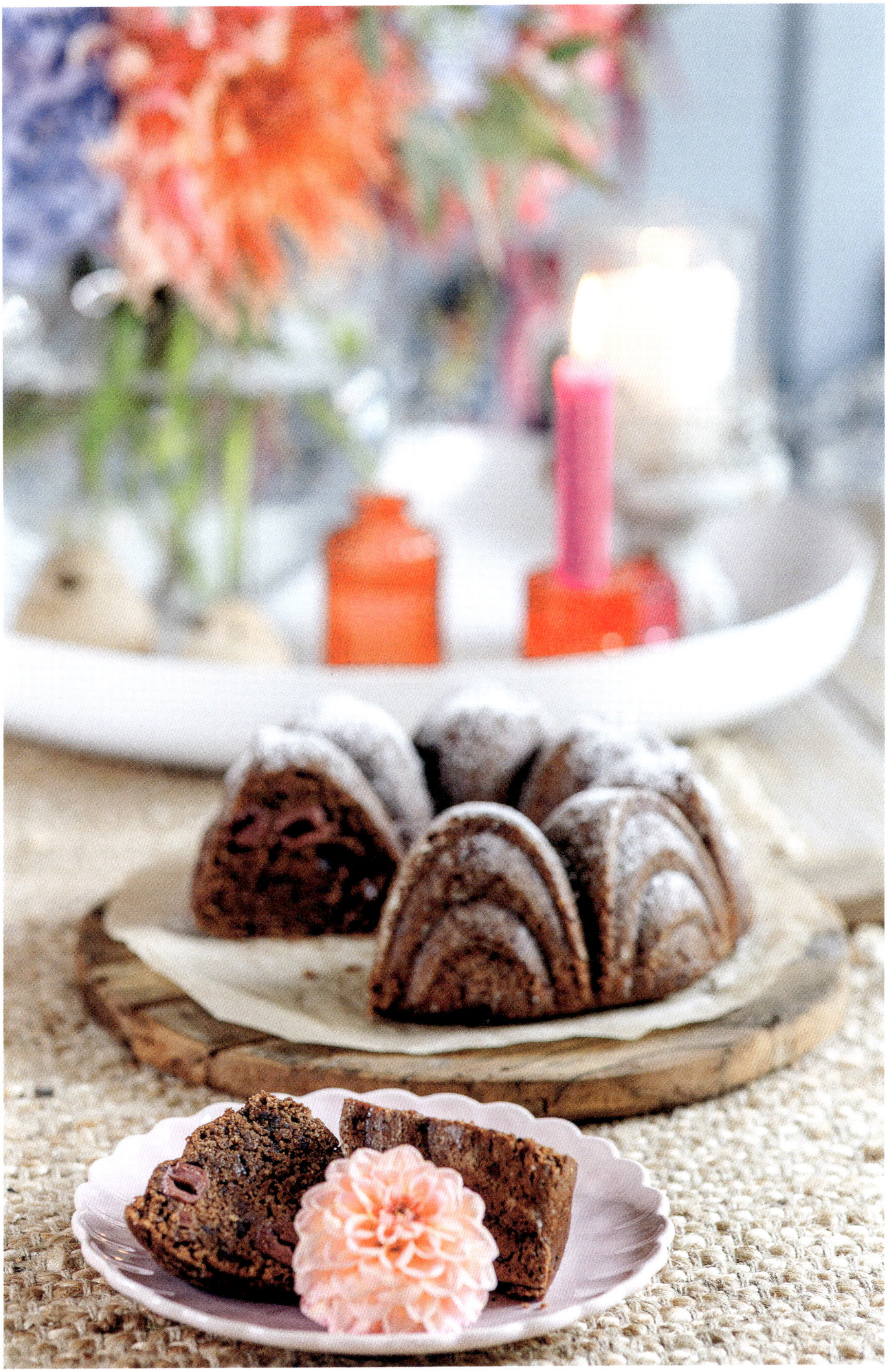

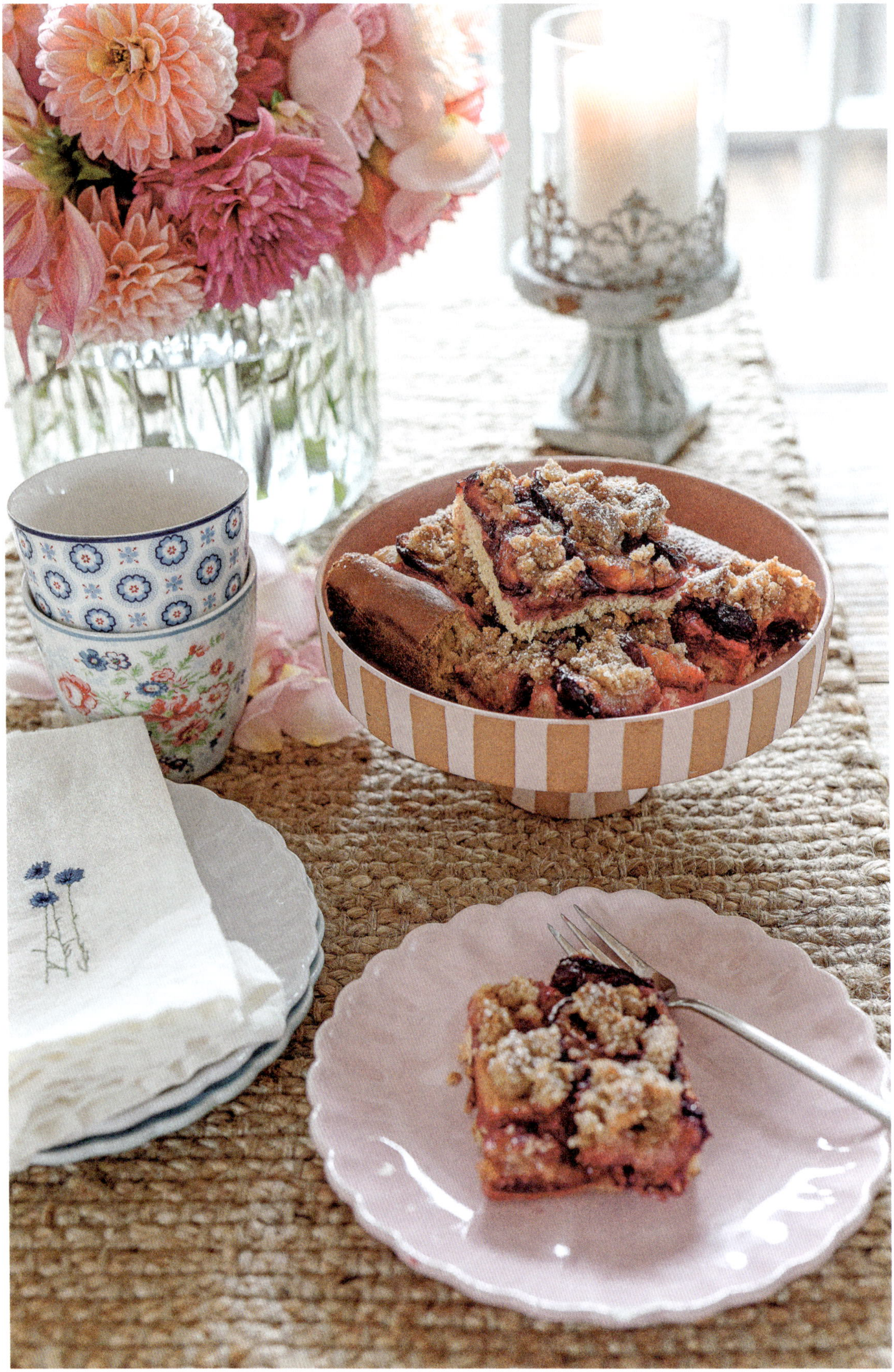

ZWETSCHGENKUCHEN

Das ist unser Lieblingszwetschgenkuchen ... Ich liebe dieses Rezept und zeige es hier in der veganen Variante zum Nachbacken. Der Kuchen ist schnell gemacht und ganz besonders lecker. Ich ersetze hier einen Teil des Zuckers durch Kokosblütenzucker, es geht aber auch jede andere Zuckervariante.

ZUTATEN

Für 1 Blech Kuchen

Für den Kuchen

500 g Dinkelmehl
½ Würfel frische Hefe
¼ l Hafermilch
75 g Kokosblütenzucker
100 g Margarine
1,5 kg Zwetschgen
1 TL Zimt
1 TL Zucker

Für den Streusel

150 g Dinkelmehl
60 g gemahlene geröstete Haselnüsse
150 g Zucker
150 g Margarine
1 TL Puderzucker

ZUBEREITUNG

1) Das Mehl in eine Schüssel geben und Hefe in eine Mulde bröckeln. Die Margarine mit der Hafermilch lauwarm erhitzen und mit der Hefe verrühren. Den Zucker hinzugeben und alles gut verkneten. Etwa eine halbe Stunde lang an einem warmen Ort gehen lassen.

2) In der Zwischenzeit die Zwetschgen waschen, halbieren und entsteinen. Den Backofen auf 190 °C Ober- und Unterhitze vorheizen.

3) Für die Streusel das Mehl mit den Haselnüssen und dem Zucker mischen. In einem kleinen Topf die Margarine schmelzen und unterrühren. Die Mehl-Haselnuss-Masse mit den Händen zu Streuseln zerkleinern.

4) Ein tiefes Blech einfetten. Den Hefeteig darauf ausrollen und mit den Zwetschgen belegen. Mit Zimt und eventuell noch etwas Zucker bestreuen und obenauf die Streusel verteilen.

5) Den Kuchen in den Ofen schieben und in 20-25 Minuten goldgelb backen. Mit etwas Puderzucker bestäuben.

KÜRBIS-ORANGEN-CREMESUPPE

Früher, als unsere Kinder noch klein und beim Essen manchmal etwas skeptisch waren, kamen bei uns neben dem Kürbis auch Karotten und Kartoffeln in die Kürbiscremesuppe. Durch die Karotten konnten wir ihnen die orange Farbe der »Kartoffelsuppe« erklären ... Heute sind die Kinder groß, und wir bereiten die Suppe immer noch so zu, denn sie schmeckt einfach hervorragend. Gerne verfeinern wir sie zusätzlich mit Orange.

ZUTATEN

Für 4–6 Personen

1 Hokkaido-Kürbis
1 Zwiebel
3 große Karotten
4 mehligkochende Kartoffeln
3–4 cm Ingwer
3 EL Olivenöl
1 l Gemüsebrühe
250 ml Kokosmilch
1 Bio-Orange
Salz
Pfeffer
1 Prise Currypulver
2 EL geröstete Kürbiskerne als Topping

ZUBEREITUNG

1) Den Kürbis vierteln, entkernen, und klein schneiden. Beim Hokkaido-Kürbis kann man die Schale sehr gut mitessen. Schälen braucht man diesen Kürbis also nur, wenn die Schale sehr grob ist.

2) Die Zwiebel schälen und würfeln. Die Karotten und Kartoffeln ebenfalls schälen und klein schneiden. Ein Stück Ingwer schälen und reiben.

3) In einem großen Topf das Olivenöl erhitzen und die Zwiebelwürfel kurz anschwitzen. Dann das restliche Gemüse dazugeben und etwa 5–10 Minuten lang unter Rühren andünsten.

4) Die Gemüsebrühe dazugeben und 20–30 Minuten lang köcheln lassen, bis das Gemüse weich ist.

5) Die Suppe pürieren und die Kokosmilch zugeben. Die Schale der Orange fein abreiben und die Orange auspressen, beides zur Suppe geben. Gut umrühren und nochmals einige Minuten lang köcheln lassen. Mit Salz, Pfeffer und Curry abschmecken.

6) In tiefen Tellern anrichten und mit gerösteten Kürbiskernen garnieren.

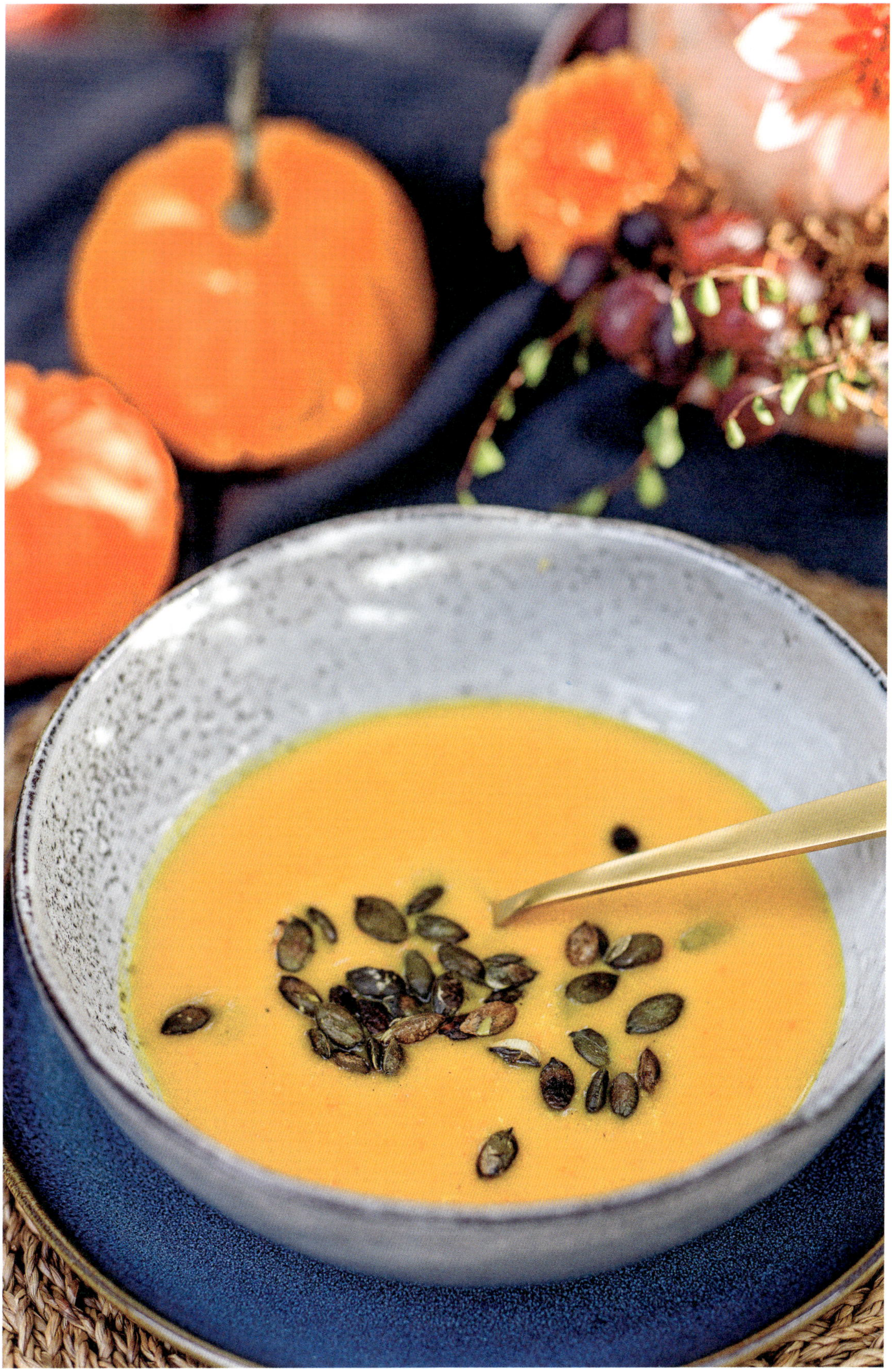

VEGANE SCHOKOLADE

Vegane Schokolade ist schnell gemacht, und mit dem Dattelsirup kommt man auch ohne weißen Zucker aus. Die Zartbitter-Variante besteht nur aus drei Zutaten und eignet sich wunderbar zum Backen, als Überzug auf Kuchen und Gebäck oder auch einfach zum Vernaschen. Die Variante mit Kokosmus ist sozusagen die vegane Vollmilchversion. Die noch flüssige Schokolade lässt sich mit Nüssen, getrockneten Früchten, Salzbrezeln oder gehackten Pistazien aufpeppen – der Kreativität sind da keine Grenzen gesetzt.

Zartbitterschokolade

ZUTATEN

Für 180 g Schokolade

- 120 g Kakaobutter-Linsen
- 60 g schwach entöltes Bio-Kakaopulver
- 2 El Dattelsirup

ZUBEREITUNG

1) Die Kakaobutter im Wasserbad bei geringer Hitze (etwa 50 °C) schmelzen. Wenn sie flüssig ist, den Kakao einrühren.

2) Zum Schluss den Sirup einrühren. Wer es süßer mag, kann auch etwas mehr verwenden.

3) Die fertige Masse in eine kleine Back- oder in Schokoladenformen füllen und im Kühlschrank fest werden lassen.

Tipp:
Kakao in Rohkostqualität enthält wertvolle Inhaltsstoffe und ist ein richtiges Superfood. Kakaobohnen enthalten nämlich Mineralien wie Magnesium und Eisen und schützen dank Antioxidantien.

"Vollmilch"-Version

ZUTATEN

Für 180 g »Vollmilch«-Schokolade

- 100 g Kakaobutter-Linsen
- 30 g Bio-Kakaopulver
- 50 g Kokosmus
- 3 EL Dattelsirup

ZUBEREITUNG

1) Die Kakaobutter im Wasserbad bei geringer Hitze (etwa 50 °C) schmelzen. Wenn sie flüssig ist, den Kakao einrühren.

2) Abschließend das Kokosmus und den Dattelsirup einrühren.

3) Die fertige Masse in eine kleine Back- oder in Schokoladenformen füllen. Damit die Schokolade fest wird, die Form in den Kühlschrank stellen..

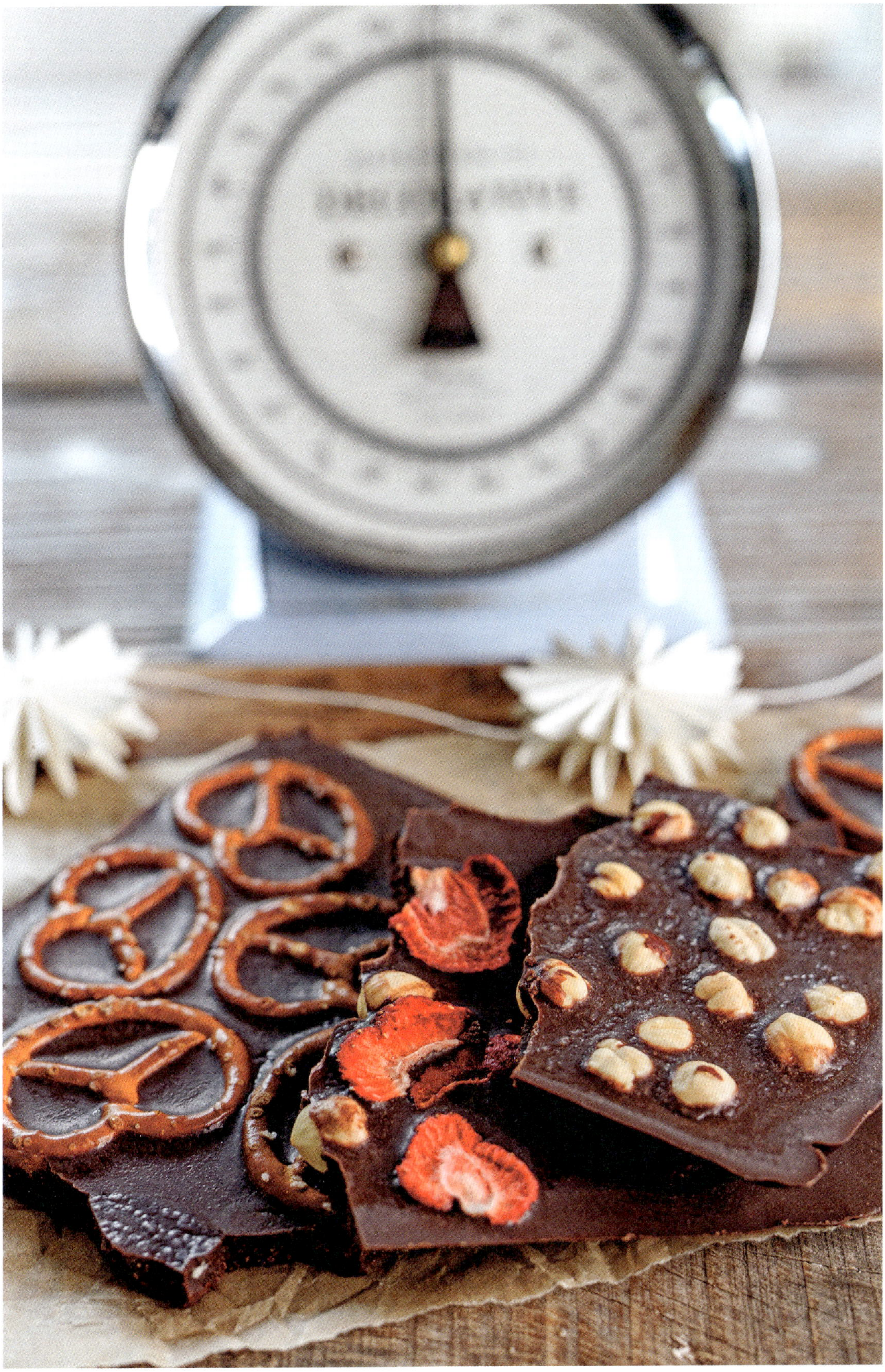

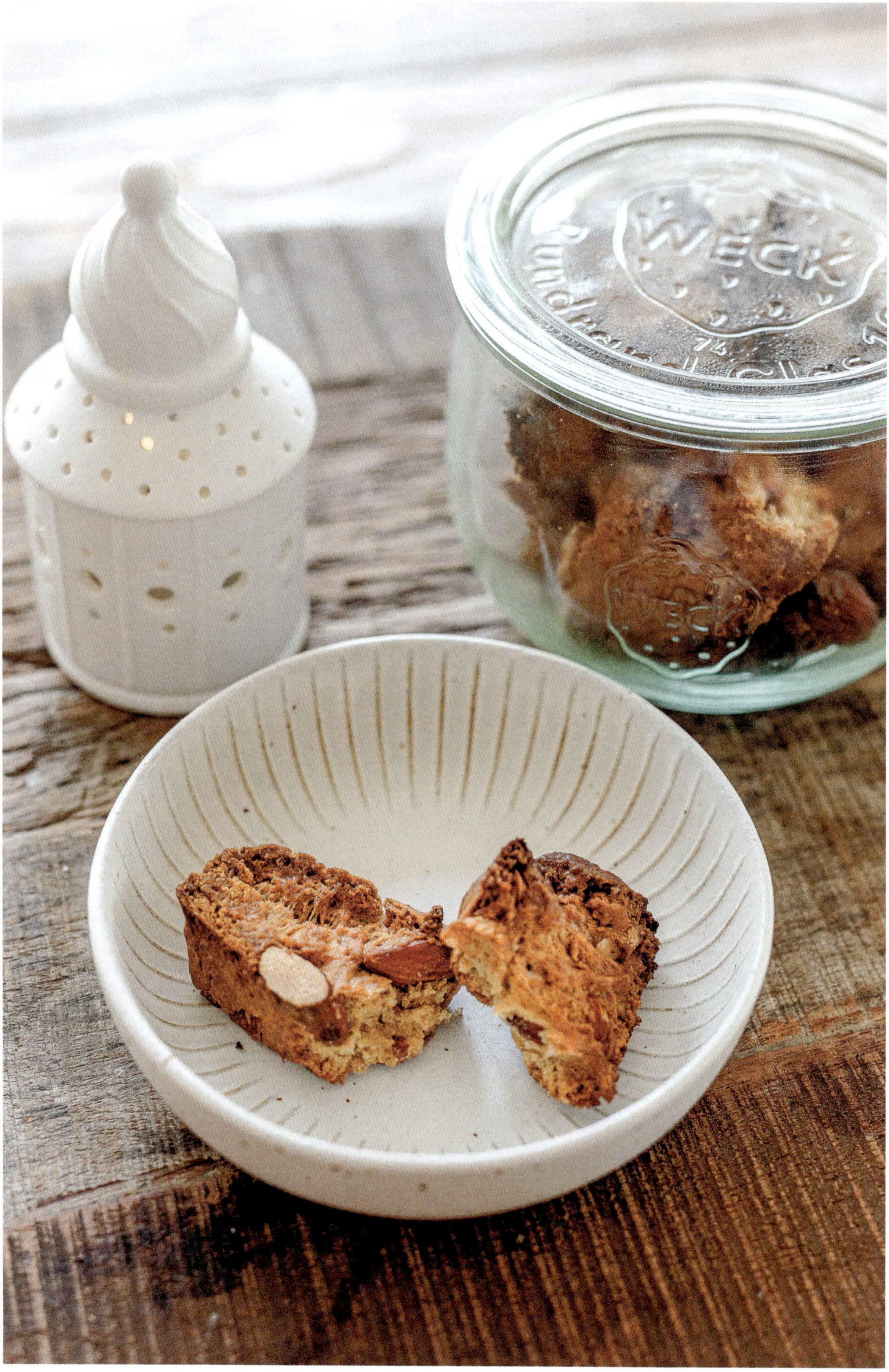
WECK

KNUSPRIGE CANTUCCINI

Cantuccini sind an sich schon sehr lecker. In veganem Tiramisu machen sie sich wunderbar als Ersatz für Löffelbiskuit. Wenn man statt hellem Zucker Kokosblütenzucker verwendet, sehen sie natürlich viel dunkler aus. Wer das nicht mag, kann zum Süßen auch Honig oder eben hellen Zucker verwenden.

ZUTATEN

Für ca. 50 Stück

300 g Dinkelmehl
2 TL Backpulver
3 EL Apfelmus
1 Pr. Salz
80 g Margarine
1 EL Vanille-Essenz
150 g Kokosblütenzucker
180 g Mandeln

ZUBEREITUNG

1) Alle Zutaten bis auf die Mandeln zu einem Teig verkneten. Dann die Mandeln gleichmäßig in den Teig einarbeiten und alles 30 Minuten lang ruhen lassen.

2) Den Backofen auf 180 °C Umluft vorheizen. Den Teig zu drei etwa 25 cm langen Rollen formen. Auf ein mit Backpapier ausgelegtes Backblech geben und im Ofen 20 Minuten lang backen.

3) Die Backofen-Temperatur auf 150 °C reduzieren. Die Rollen etwas abkühlen lassen, dann schräg in etwa 1,5 cm dicke Scheiben schneiden. Die Scheiben wieder auf das mit Backpapier ausgelegte Blech legen und nochmals 15 Minuten lang backen.

4) Auskühlen lassen und luftdicht aufbewahren.

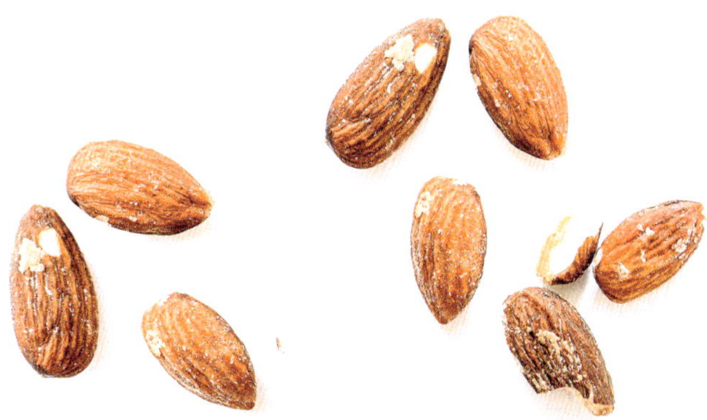

VANILLE-ESSENZ

Vanille-Essenz findet vor allem in den USA und in Großbritannien in Kuchen, Gebäck oder Desserts Verwendung und kann ganz leicht selbst hergestellt werden, insbesondere ohne Zucker, was für mich ein Vorteil gegenüber Vanillezucker ist. Man braucht dafür nur zwei Zutaten: Vanilleschoten - klar - und Alkohol. Ich nehme am liebsten Wodka, da er kaum einen Eigengeschmack hat. Man kann aber auch anderen hochprozentigen Alkohol verwenden.

ZUTATEN

Für 250 ml Essenz

5-6 Vanilleschoten (in guter Qualität)
250 ml Wodka

ZUBEREITUNG

1) Die Vanilleschoten längs aufschneiden und halbieren. In ein Schraubglas geben, mit Wodka auffüllen und gut verschließen.

2) Das Glas dunkel für mehrere Wochen in einem Schrank lagern. Je länger die Einwirkzeit, desto dunkler wird die Essenz und umso intensiver der Geschmack.

Tipp:
Ich fülle den Wodka immer wieder nach, da die Vanilleschoten ja weiterhin ihren Geschmack abgeben. Die Essenz eignet sich hervorragend für Torten aller Art und schmeckt einfach köstlich.

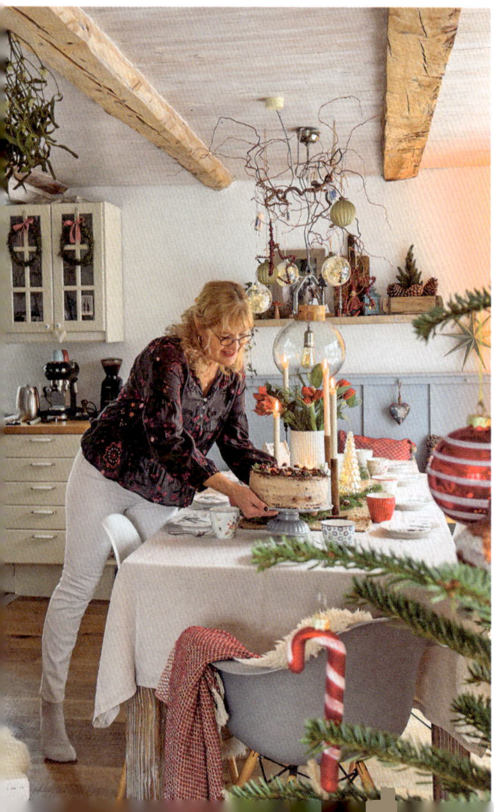

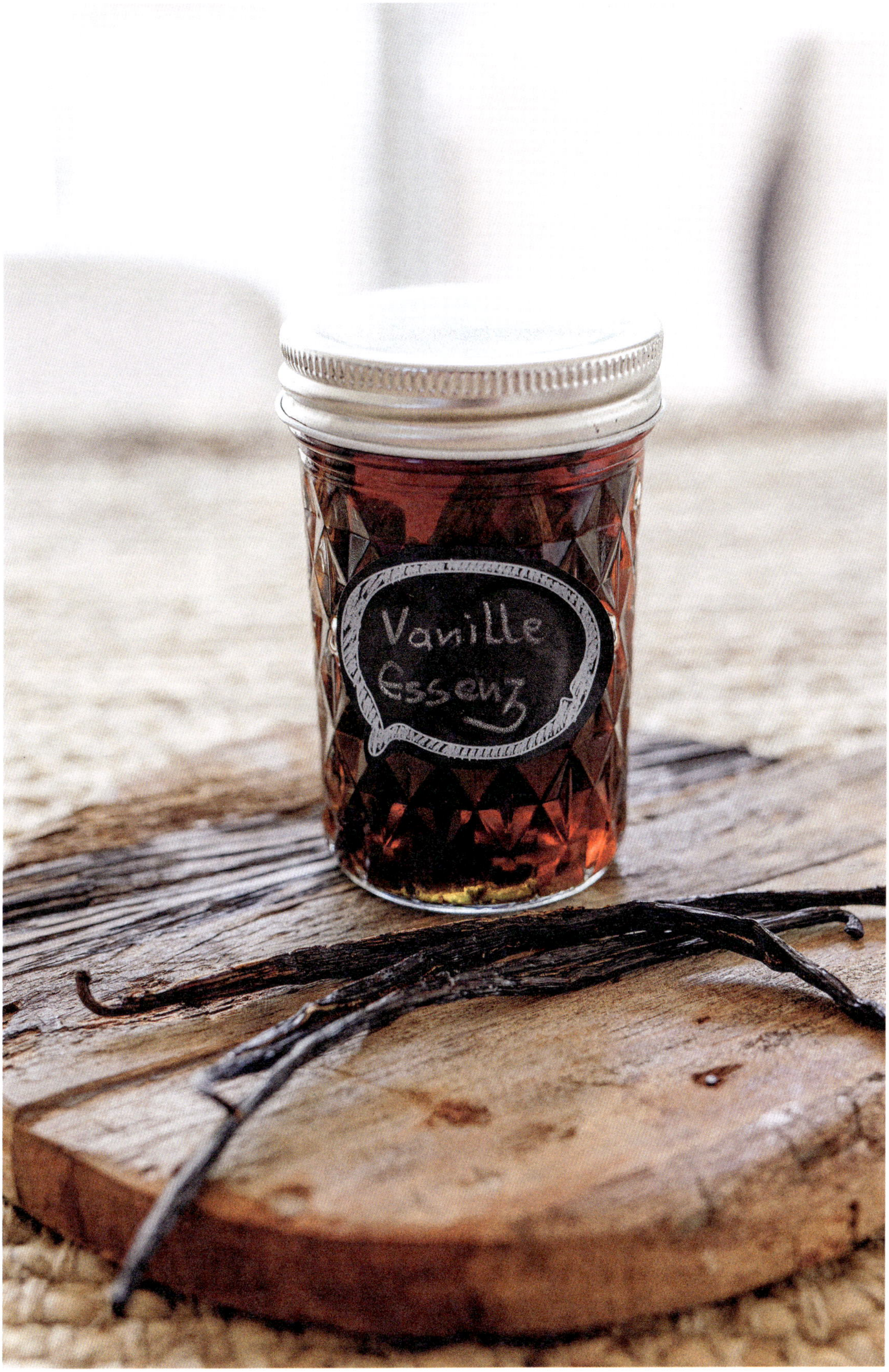
Vanille
Essenz

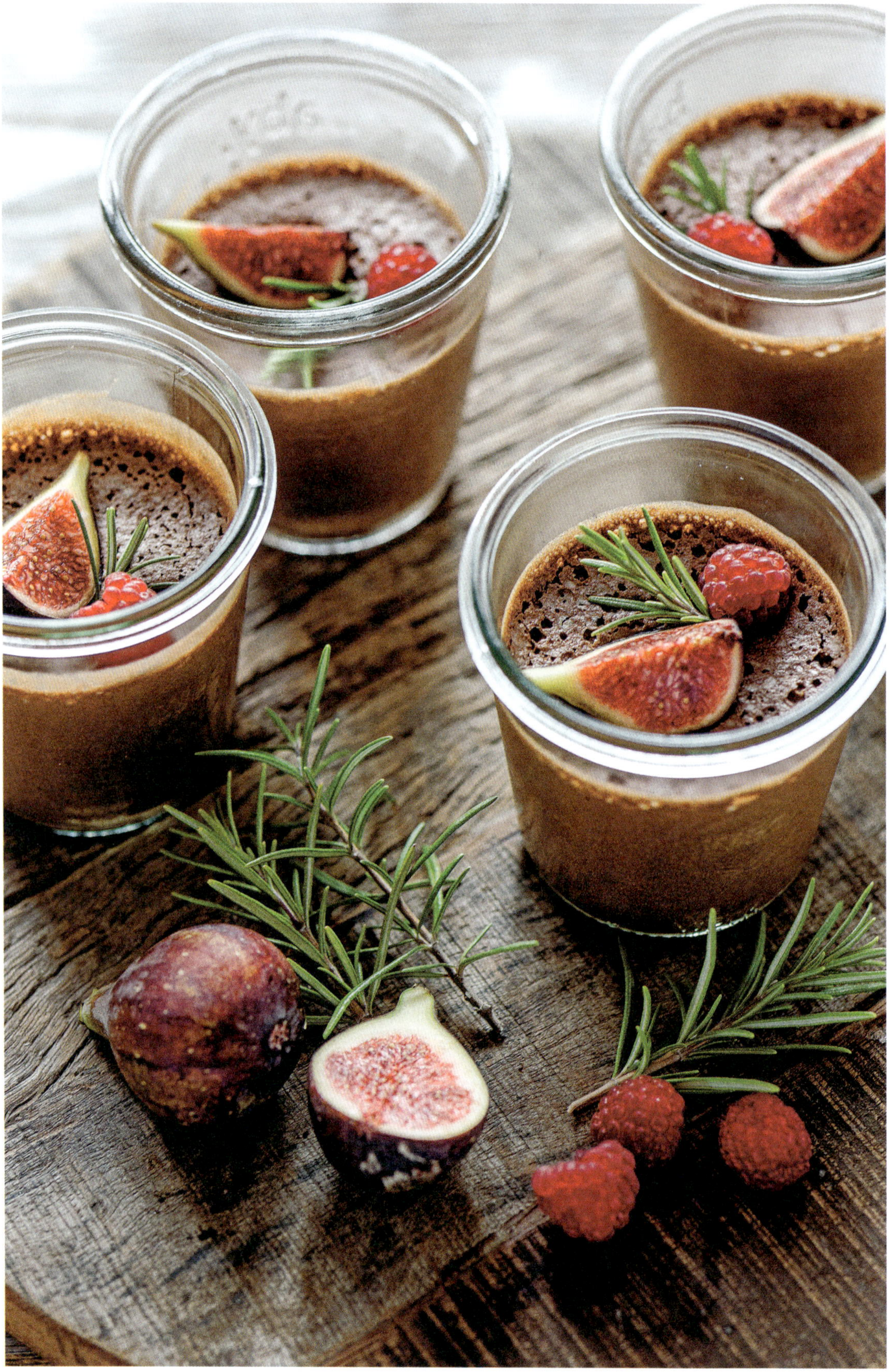

SCHOKOLADEN-MOUSSE

Diese cremige und dennoch leichte Schokoladen-Mousse ist ein Genuss für alle Schokoladenliebhaber und Veganer gleichermaßen. Mit nur wenigen Zutaten und ganz ohne tierische Produkte, dafür aber mit dem vollen Schokoladengeschmack ist diese Mousse ein absolutes Must-have für jede vegane Küche.

ZUTATEN

Für 6 Gläser à 250 ml

- 200 g vegane Zartbitterschokolade (siehe Rezept Seite 112)
- 4 EL Hafermilch
- 1 EL Orangenblütenwasser
- 240 ml Aquafaba (Abtropfwasser von 400 g Kichererbsen im Glas oder in der Dose)
- ½ TL Backpulver
- 1-2 EL Vanillezucker
- 1-2 Feigen
- 6 Himbeeren
- 6 Rosmarinzweige

ZUBEREITUNG

1) Die Schokolade in kleine Stückchen brechen und in einer hitzebeständigen Schüssel im Wasserbad auf 45 °C erhitzen und schmelzen.

2) Die Hafermilch auf 40 °C erwärmen. Vorsichtig zur Schokolade geben und glattrühren, bis es etwas andickt. Wichtig: Die Hafermilch und die geschmolzene Schokolade sollten unbedingt die gleiche Temperatur haben, da die Masse sonst gerinnt!

3) Das Orangenwasser unterrühren und die Schokoladenmasse abkühlen lassen.

4) Die Kichererbsen durch ein Sieb abgießen und das Aquafaba auffangen. ½ TL Backpulver hinzufügen und mit einem Handrührgerät auf höchster Stufe aufschlagen. Es kann ein paar Minuten dauern, bis das Aquafaba andickt.

5) Sobald das Aquafaba steif geschlagenem Eiweiß ähnelt, den Vanillezucker dazugeben und nochmals weitere drei Minuten lang aufschlagen.

6) Die Schokoladenmasse in das steif geschlagene Aquafaba geben und wie bei Eischnee vorsichtig unterheben, damit die Luft nicht entweicht und die Masse zusammenfällt.

7) Die Mousse in Gläser füllen und über Nacht (mindestens aber vier Stunden lang) im Kühlschrank fest werden lassen

8) Die Feigen vierteln oder achteln und zum Servieren die Mousse mit Feigenstücken, Himbeeren und Rosmarinzweigen dekorieren.

Tischdekorationen durch das Jahr

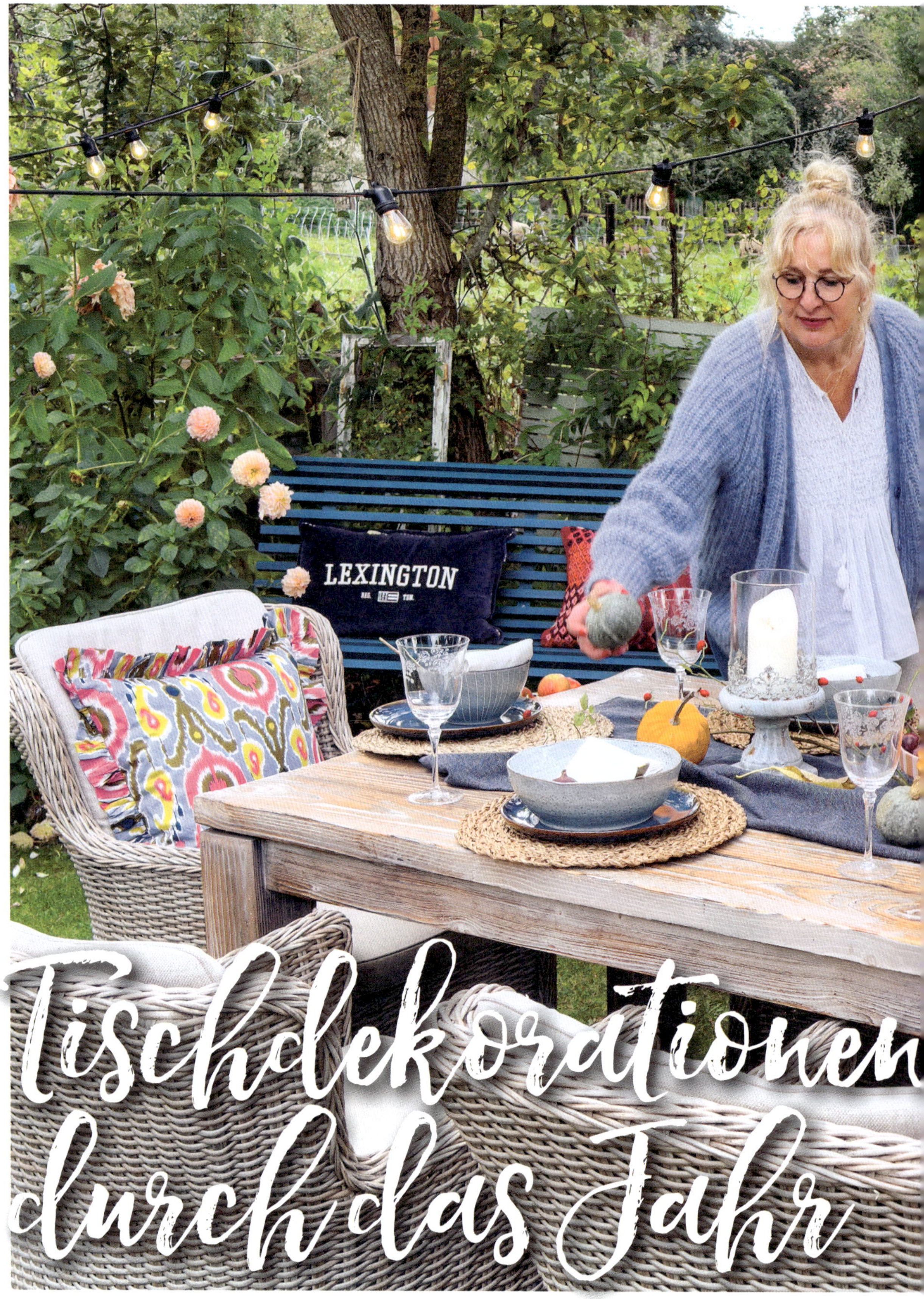

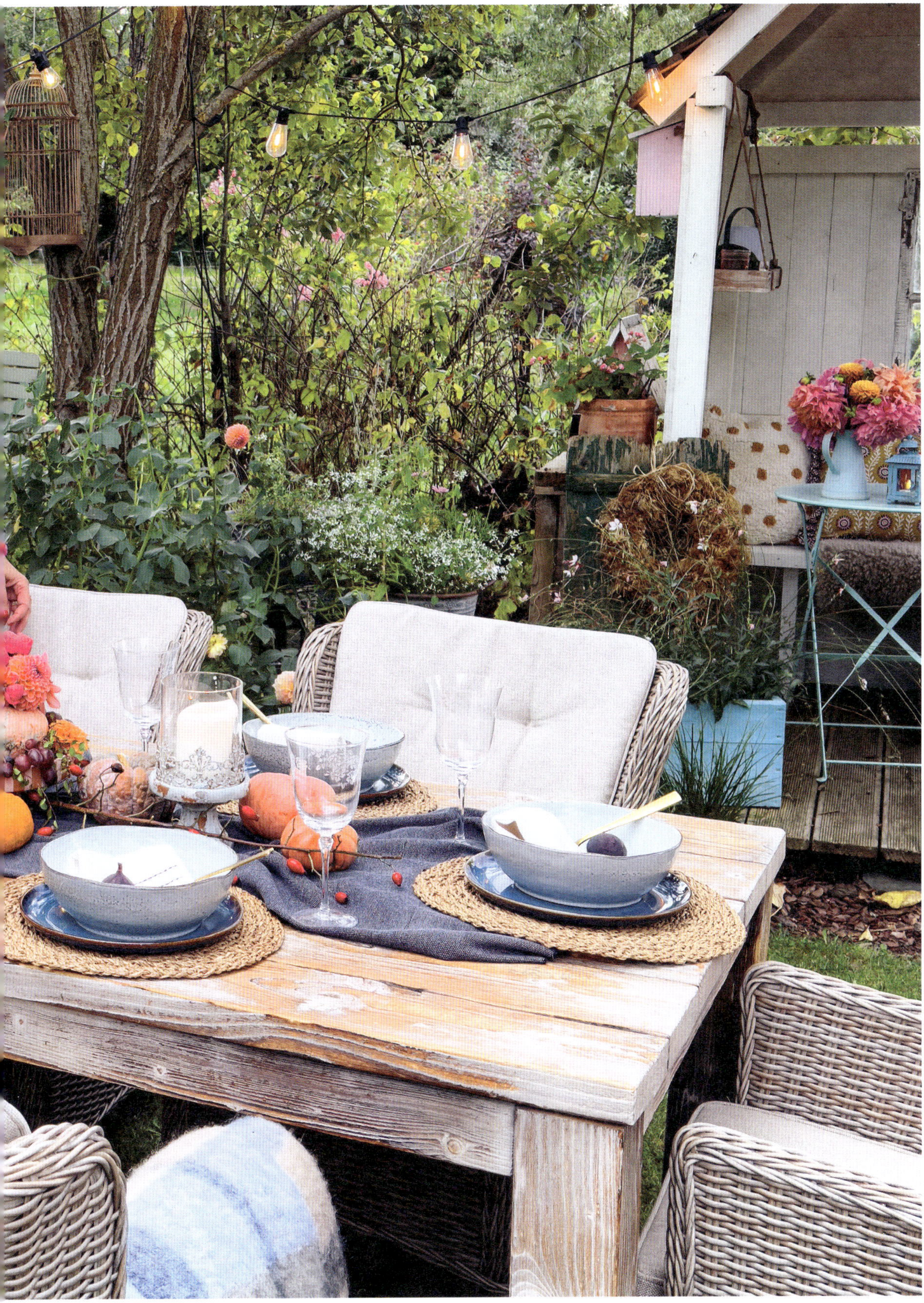

DIE BASICS FÜR EINEN SCHÖNEN TISCH

Wie bei unserer Einrichtung und unserer Deko verhält es sich auch bei unserer Tischdeko: Eins ergänzt das andere. Wenn ich den Tisch für Gäste eindecke, gehören dazu selbstverständlich verschiedene Elemente, wie schöne Tischwäsche mit Servietten, Gläser, Blumen, Kerzenschein und die leise Musik im Hintergrund. Diese können zwar allesamt für sich alleine wirken, aber nur zusammen ergeben sie das magische Ganze, das Ambiente, das Erinnerungen schafft. Deshalb möchte ich hier gesondert auf ein paar dieser Punkte eingehen und auch einige Beispiele für Tischdekorationen aufzeigen.

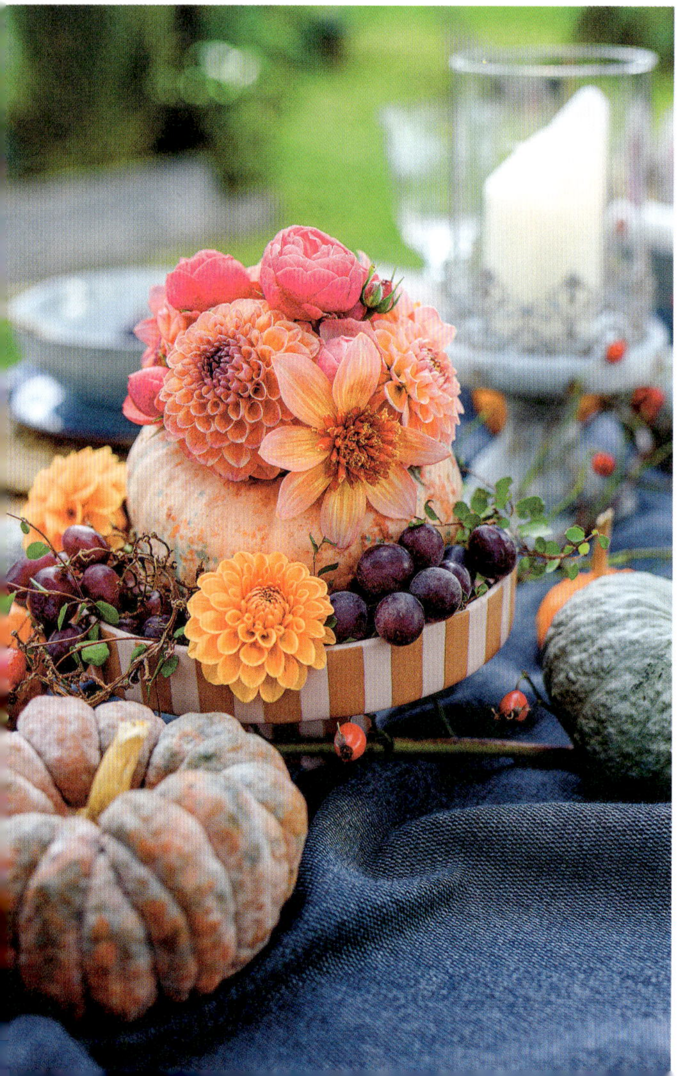

TISCHWÄSCHE UND SERVIETTEN

Nicht immer verwende ich ein Tischtuch, das den ganzen Tisch bedeckt, denn ich liebe das Rustikale an unserem Ess- oder Gartentisch. Wie auch bei der Einrichtung insgesamt finde ich hier den Gegensatz von Rustikal und Edel sehr spannend und decke entsprechend auch ein. Dennoch habe ich jede Menge Leinen-Tischtücher in verschiedenen Farben oder auch bunte Tischwäsche im Schrank liegen. Was nie fehlen darf, sind Stoffservietten. Auch hier liebe ich Leinen oder farbig bedruckte Servietten, z. B. von »The Salonette« mit tollen Holzdrucken aus Indien.

BLUMENARRANGEMENTS

Blumen auf dem Tisch sind für mich einfach unverzichtbar. In diesem Kapitel muss ich nicht mehr gesondert darauf eingehen, denn du findest viele Beispiele auf den vorderen Seiten dieses Buches. Es müssen nicht immer große Bouquets sein, auch über den Tisch verteilte Einzelvasen können eine tolle Wirkung erzielen.

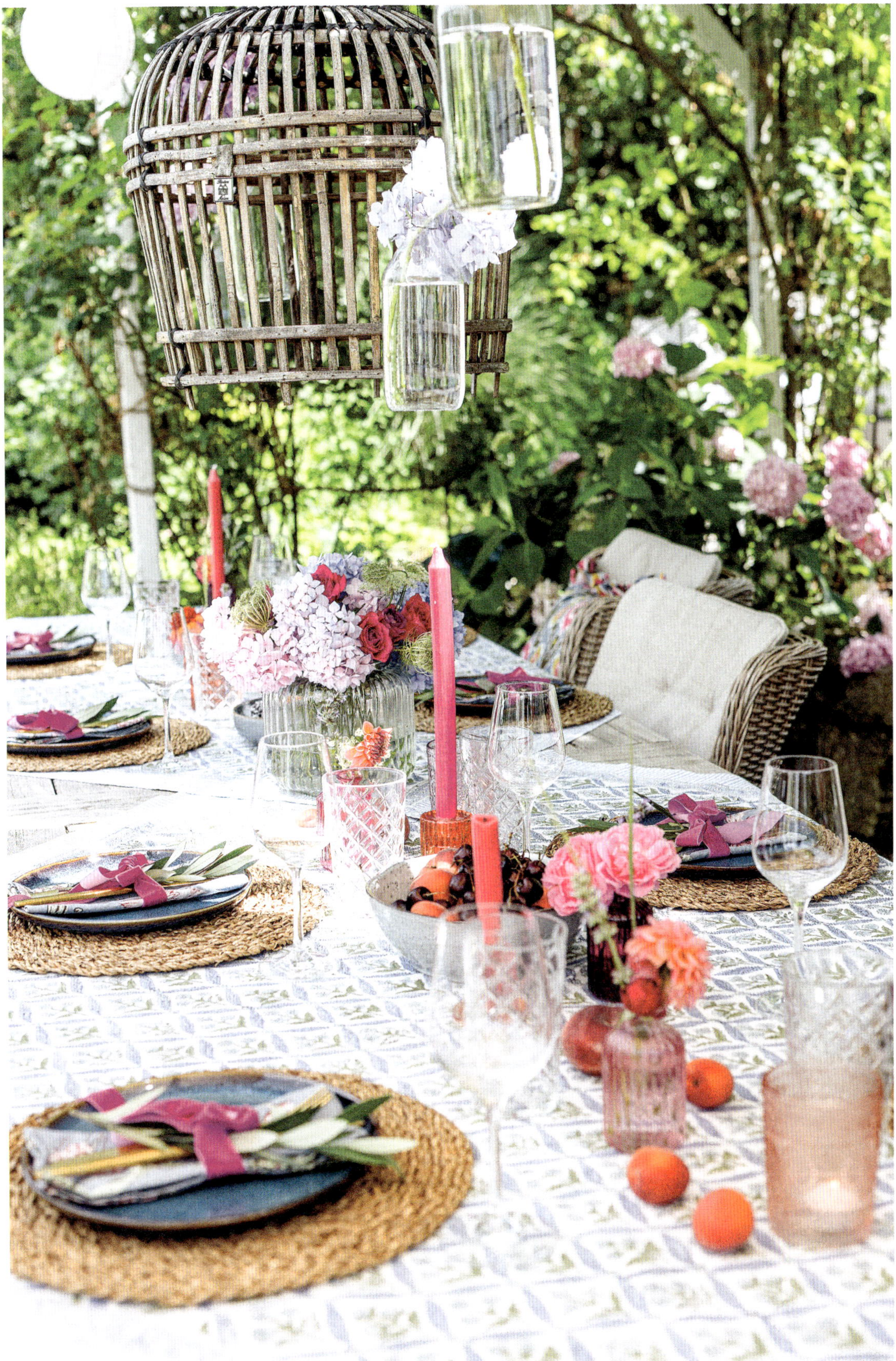

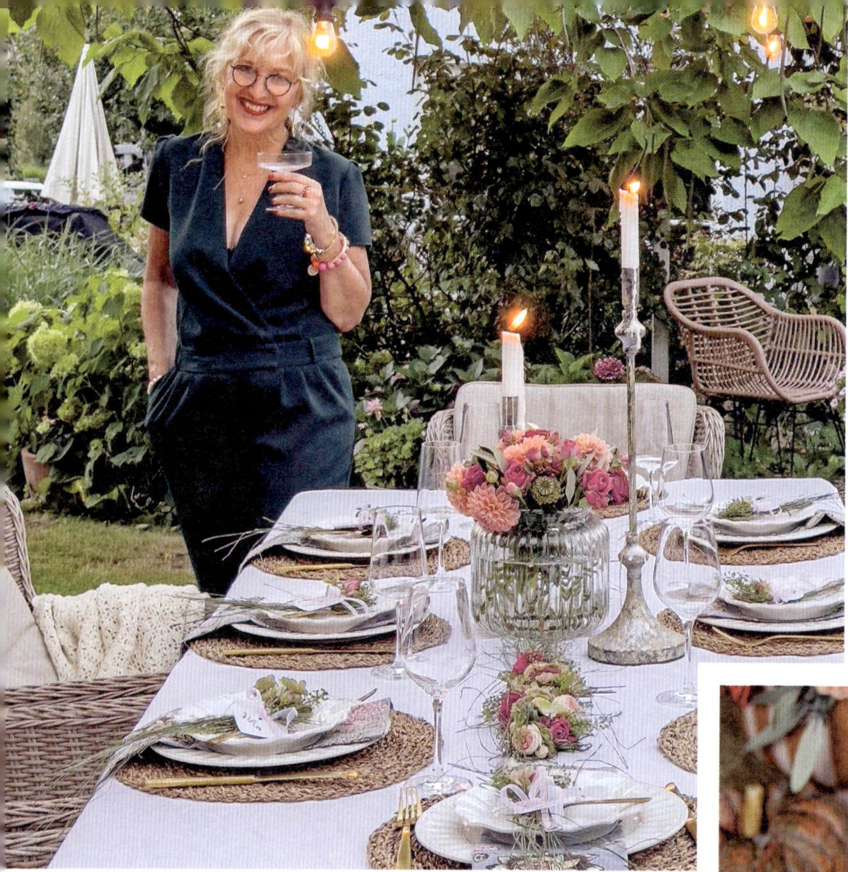

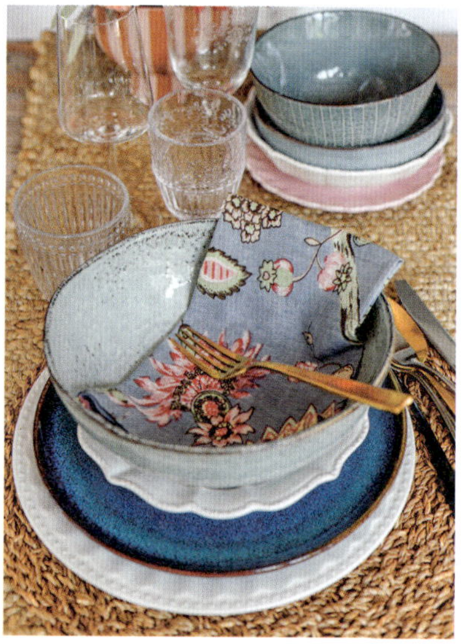

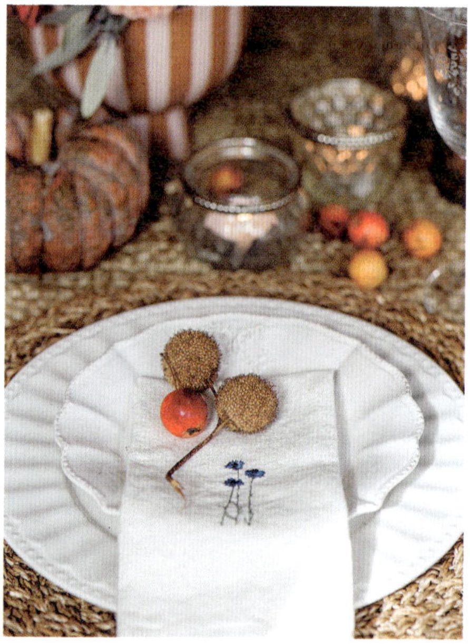

GESCHIRR UND GLÄSER

Ich liebe es, Teller als Gedeck zu stapeln. Nicht, weil man sie alle unbedingt braucht, sondern weil es opulenter wirkt. Am liebsten verwende ich verschiedenes Geschirr und kombiniere auch verschiedene Hersteller, so dass es wie zufällig zusammengestellt aussieht. Auf keinen Fall soll es bei mir zu perfekt wirken, denn auch hier liebe ich den Kontrast. So habe ich mein weißes Geschirr aus zwei verschiedenen Serien kombiniert. Das Gleiche gilt für die Gläser. Auch hier mische ich gerne verschiedene Formen und Marken. Auch da gilt: Nichts ist falsch, und alles kann kombiniert werden, was gefällt, je nach persönlichen Vorlieben. Das verleiht meiner Tafel eine spielerische Note.

KERZEN UND LICHT

Das i-Tüpfelchen bei jedem Tisch-Setting ist das Licht. Kein Gast fühlt sich wohl, wenn die Tischlampe grell ist oder gar blendet. Licht ist nicht umsonst einer der Stimmungsbringer schlechthin. Es kann aber auch zum Stimmungskiller werden, und darum sollte man dem Licht immer eine ganz besondere Beachtung schenken.

Aus genau diesem Grund habe ich stets etliche Kerzen im Schrank, in verschiedenen Formen und Farben. Ich verwende sie als Teelichter oder auch in Kerzenleuchtern und Laternen. Die Möglichkeiten sind hier fast endlos. Dasselbe gilt für Lichterketten, die bei mir nicht nur an Weihnachten, sondern das ganze Jahr über eine große Rolle spielen. So hängen im Wohn- und Esszimmer immer zwei Lichterketten, und der Garten wird im Sommer gleich von mehreren beleuchtet.

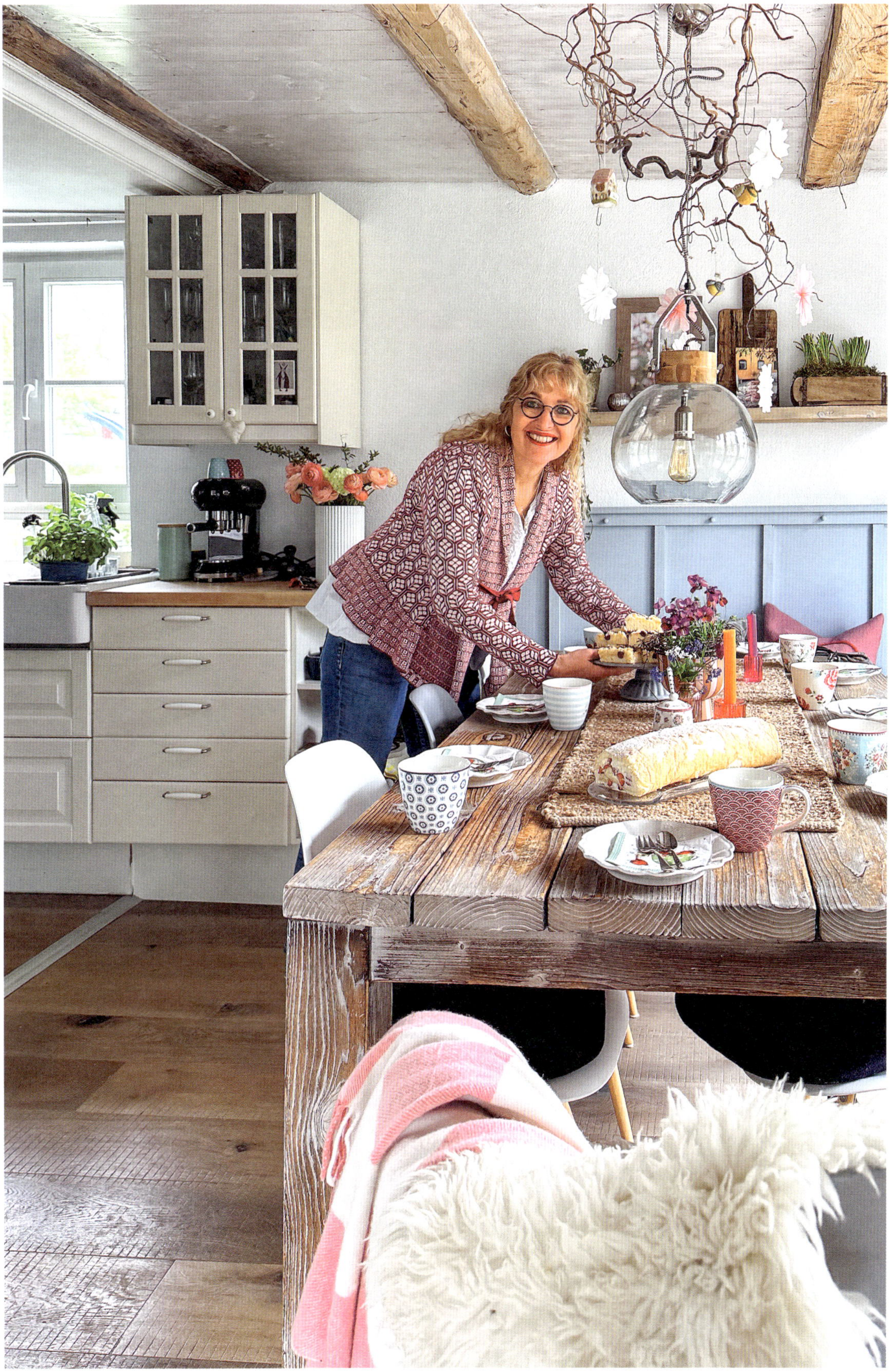

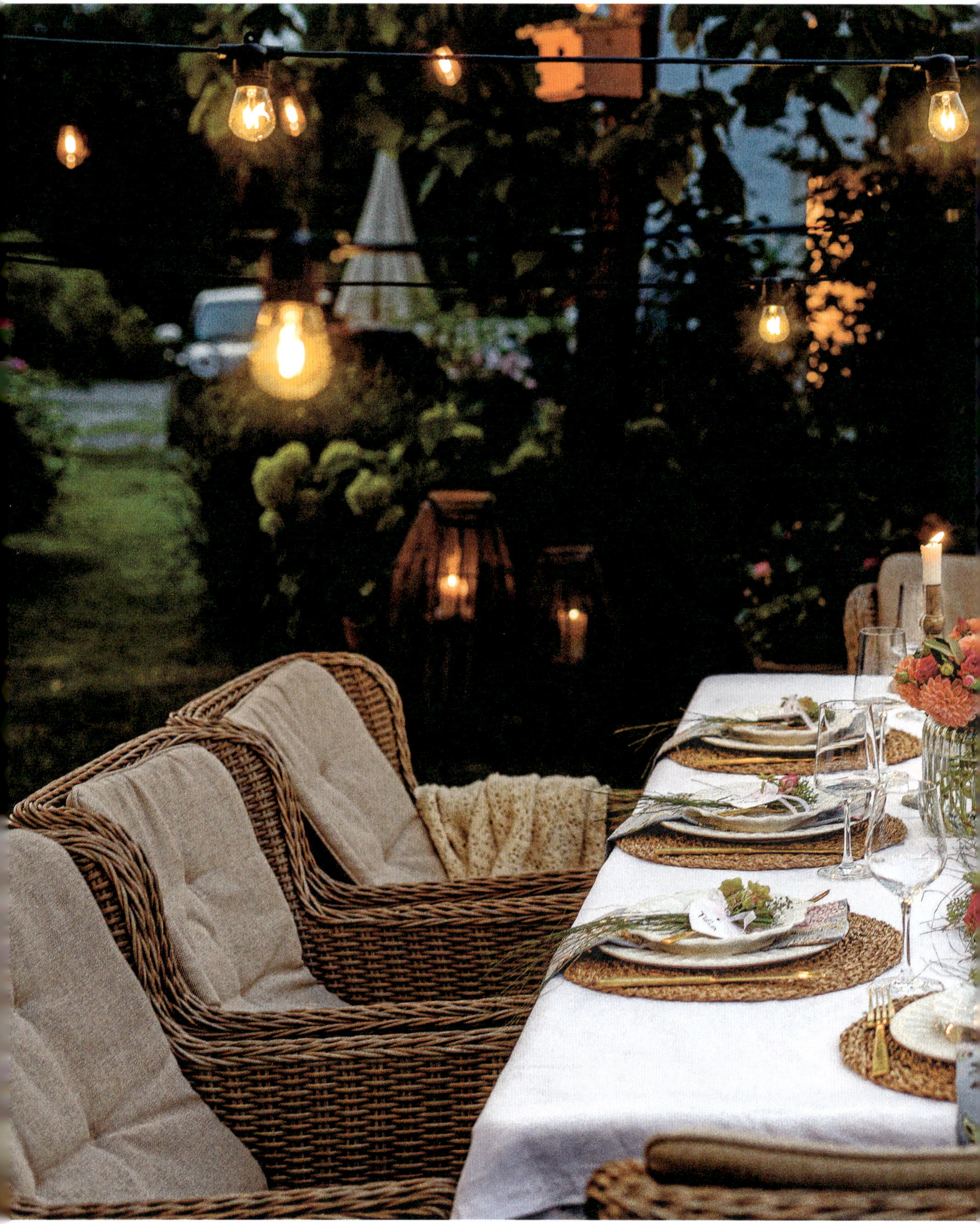

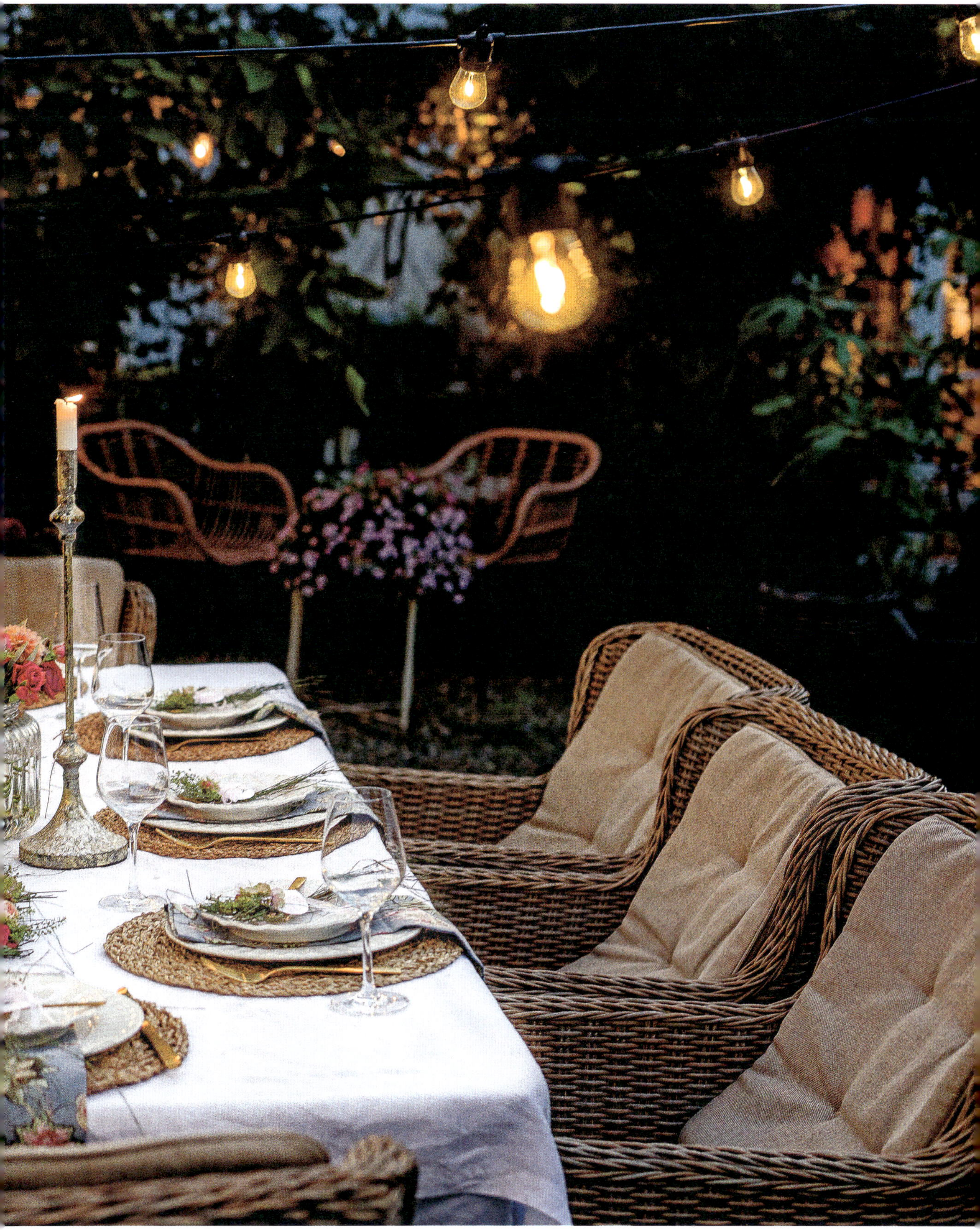

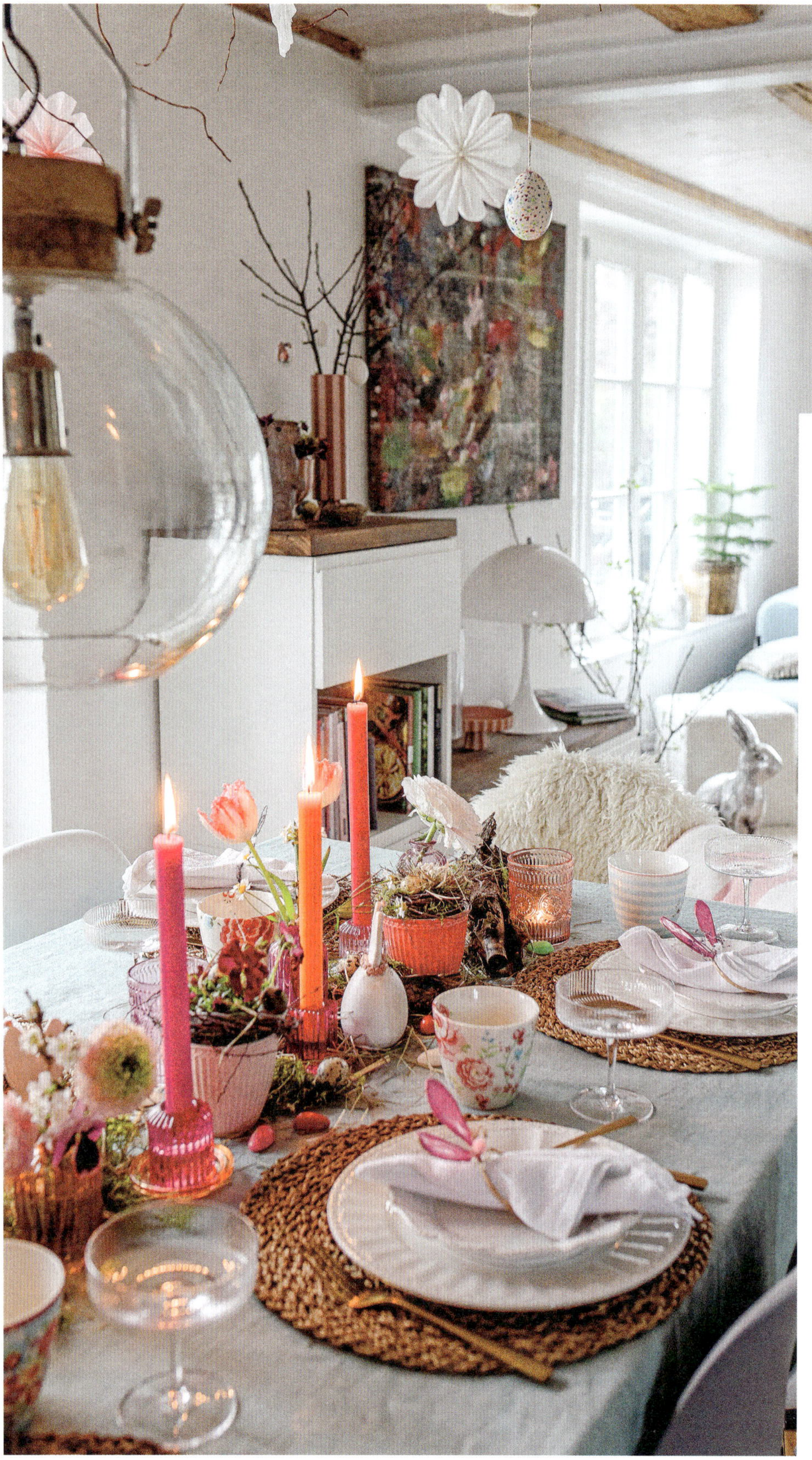

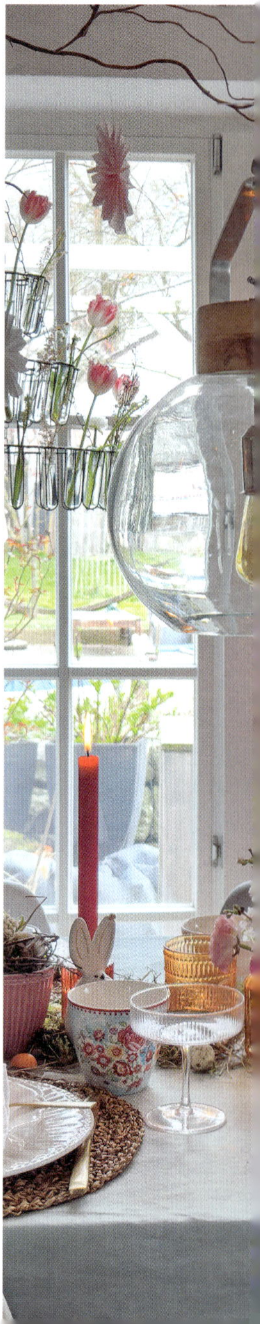

DER BUNTE OSTERTISCH

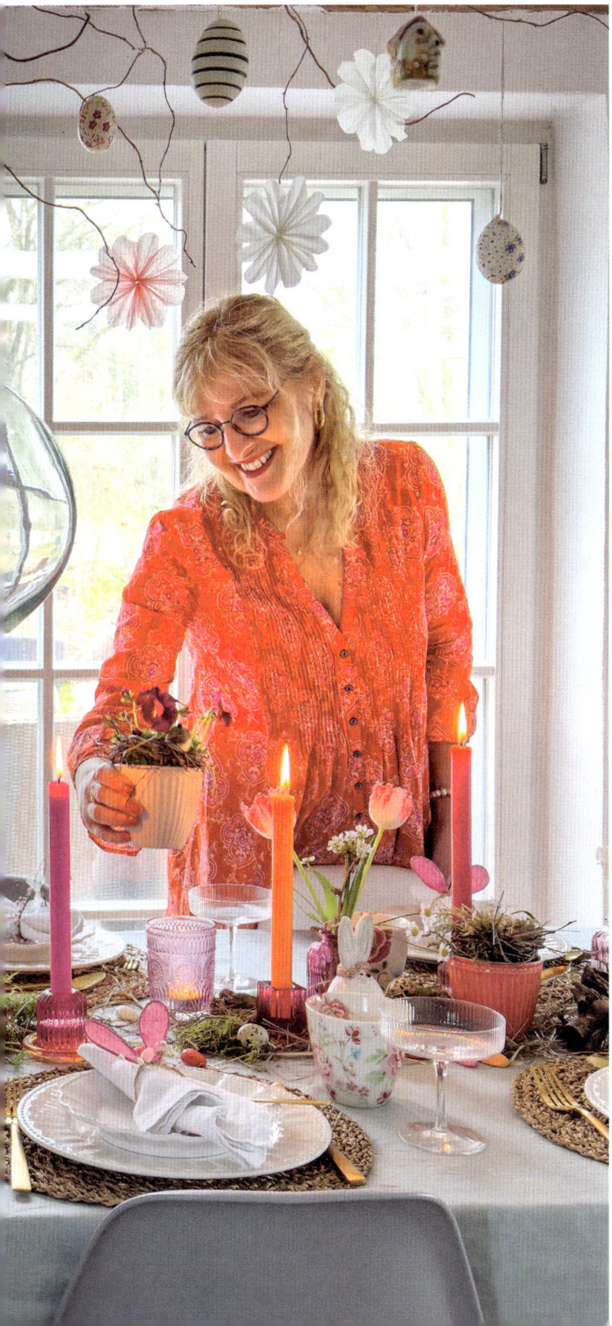

Bunte Farben in Form von Kerzen, Blumen und Accessoires bringen Frühlingsstimmung in den Raum. Somit passen Frühlingsblumen in bunten Einzelvasen perfekt, und die Serviettenringe mit den Hasenohren (Seite 37) setzen einen verspielten Akzent.

Gerade an Ostern oder auch an Weihnachten bringe ich gerne ein Center Piece ins Spiel. Dieses hier besteht aus Rinde, Moos, etwas Heu und entsprechender Deko, ähnlich wie bei den Tassen mit Osterdeko (Seite 38). Bunte Kerzenleuchter und Gläser vervollständigen das Bild.

An Ostern dürfen natürlich auch Osterhasen oder Wachteleier nicht fehlen. Und gerne natürlich auch ein paar Schokoladen- oder Zuckereier für die Schleckermäuler.

Als Tischdecke habe ich für den Ostertisch eine Leinendecke in ganz hellem Türkis gewählt. Das Layering besteht aus Seegras-Tischsets, Gedecken in Weiß, sowie weißen Leinenservietten mit bunten Serviettenringen. Dazu habe ich goldfarbenes Besteck und meine bunten Latte Cups von Green Gate kombiniert.

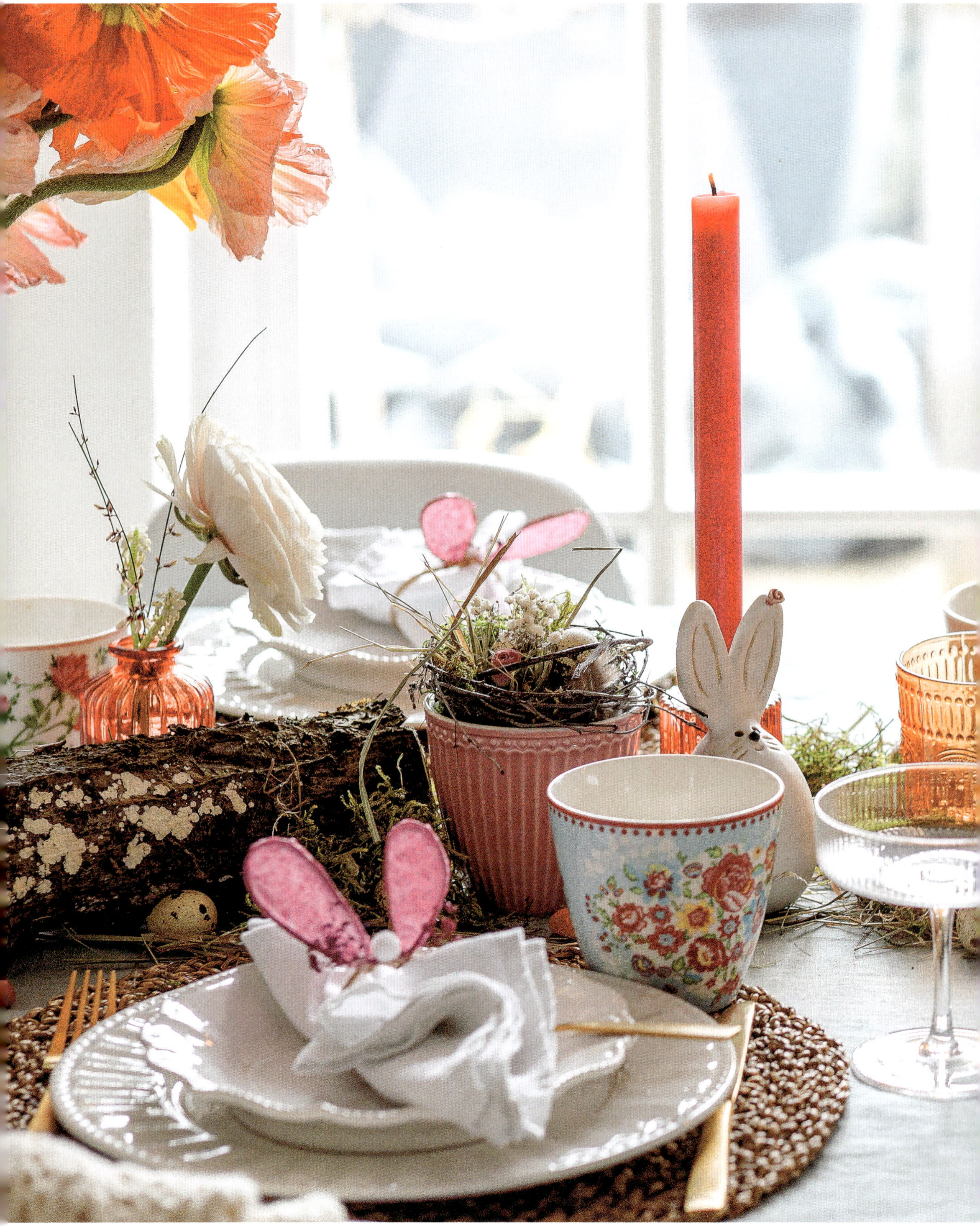

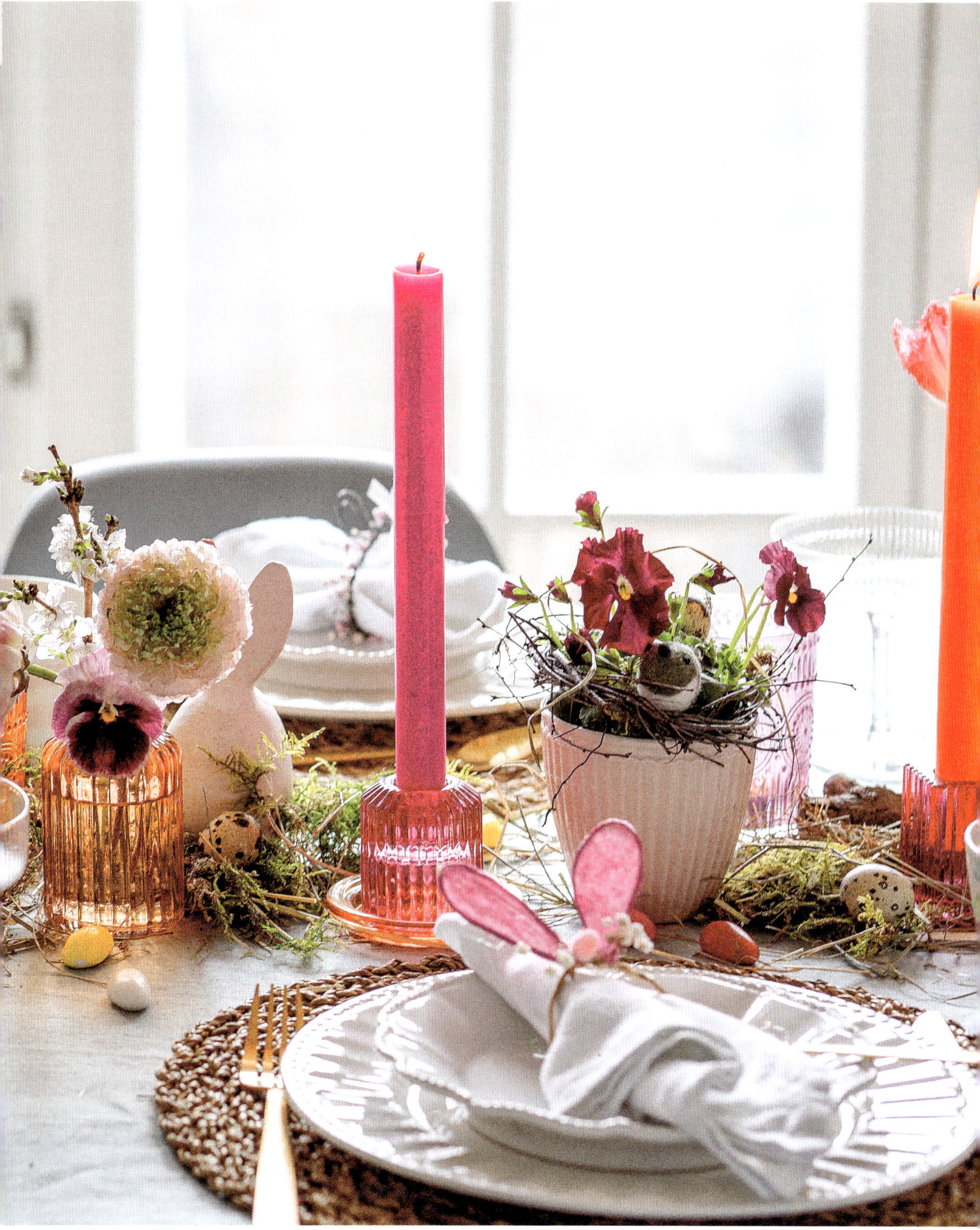

DIE BESCHWINGTE SOMMERTAFEL

Der Sommer ist allgemein eine Zeit der Leichtigkeit und des geselligen Beisammenseins im Freien. Wie du weißt, ist das Eindecken des Tisches für mich mehr als nur das Arrangieren von Tellern und Besteck. Es ist eine Möglichkeit, die Schönheit der Natur einzufangen und sie in Form von Blumenarrangements auch auf dem Tisch zur Geltung zu bringen. Auch hier spielt jedes Detail eine Rolle, um eine einladende und entspannte Atmosphäre zu schaffen.

Bei der Sommertafel habe ich im Garten zwei Biertische zusammengestellt und sie mit unseren Gartenstühlen aus Rattan kombiniert. Eine weiße Leinentischdecke deckt die nicht so schönen Tische gekonnt ab.

Die Gedecke bestehen aus Tischsets und meinem weißen Geschirr, dem goldfarbenen Besteck, und bunten Servietten. Der Clou sind hier die blumigen Platz- oder Tischkarten (Seite 45). Passend dazu habe ich zwei Tischgirlanden gebunden (Seite 46) und einen Sommerstrauß mit Dahlien, Rosen, Brombeeren und Mohn arrangiert. Stimmungsvolles Licht bringen die beiden tollen Leuchter sowie die Lichterketten, die mehrmals quer über den Tisch verlaufen.

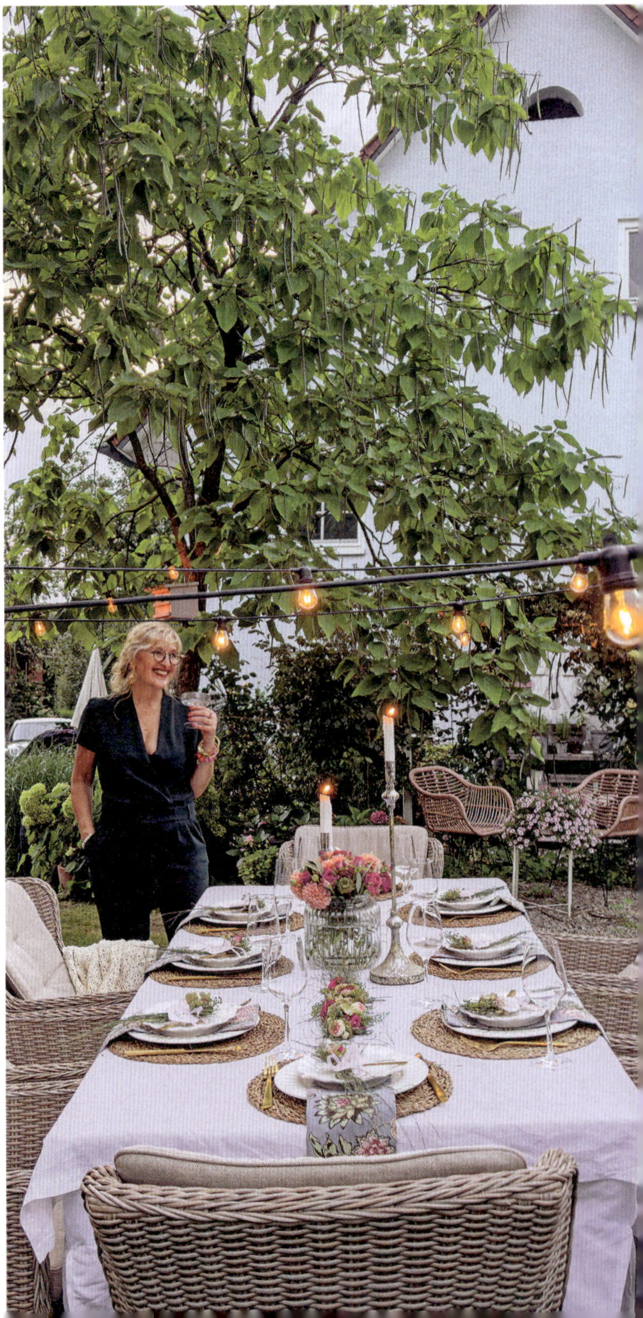

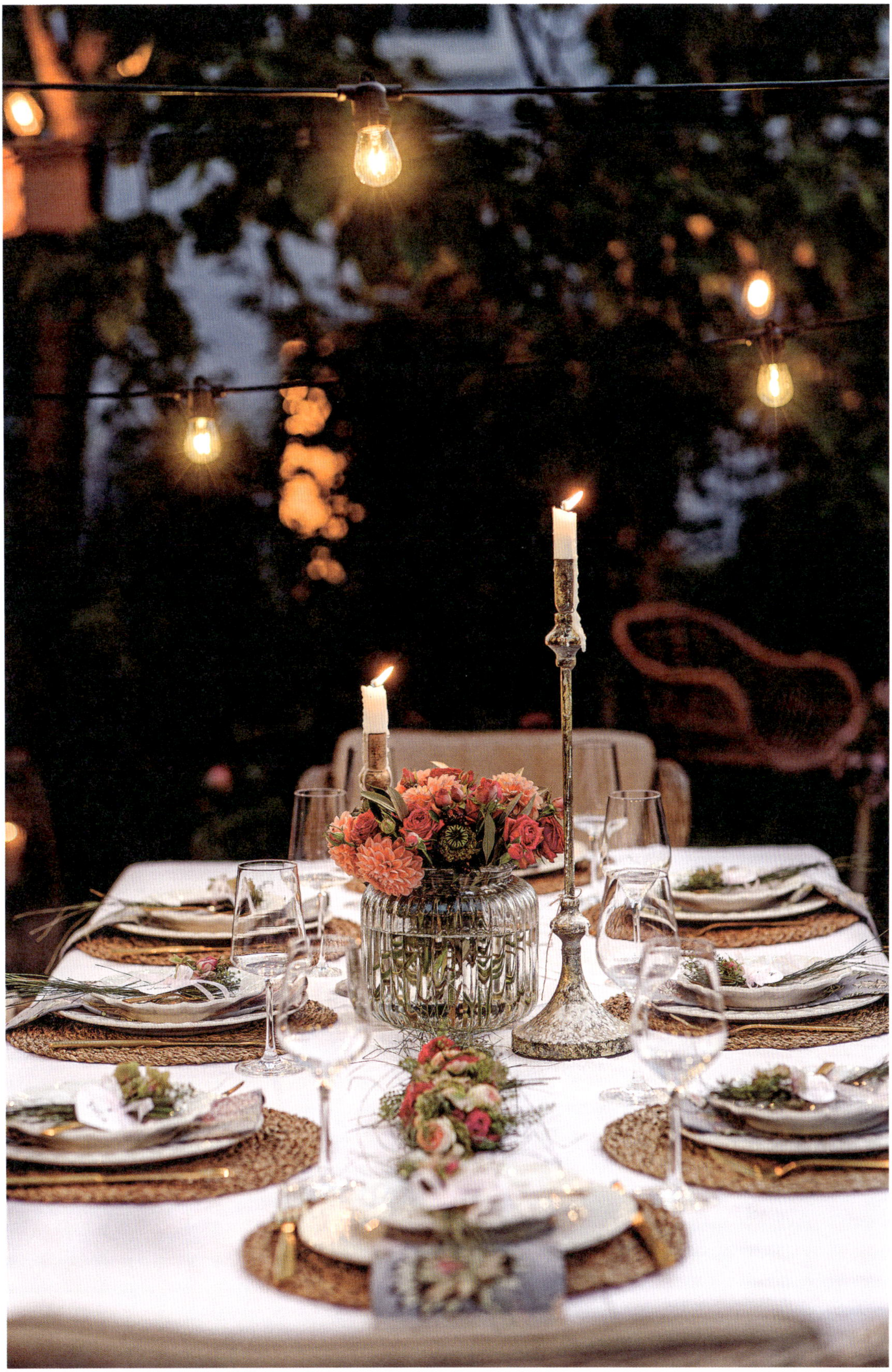

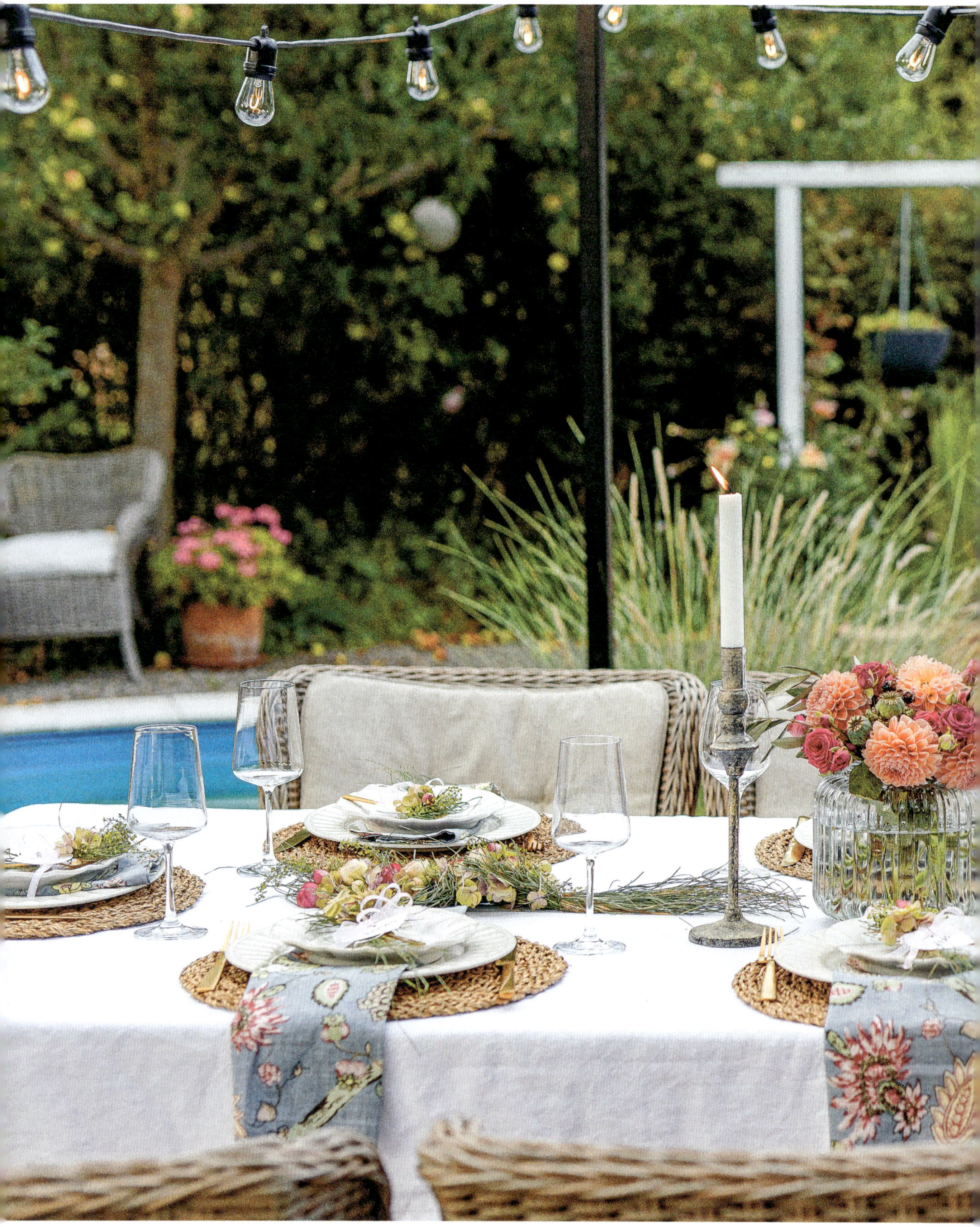

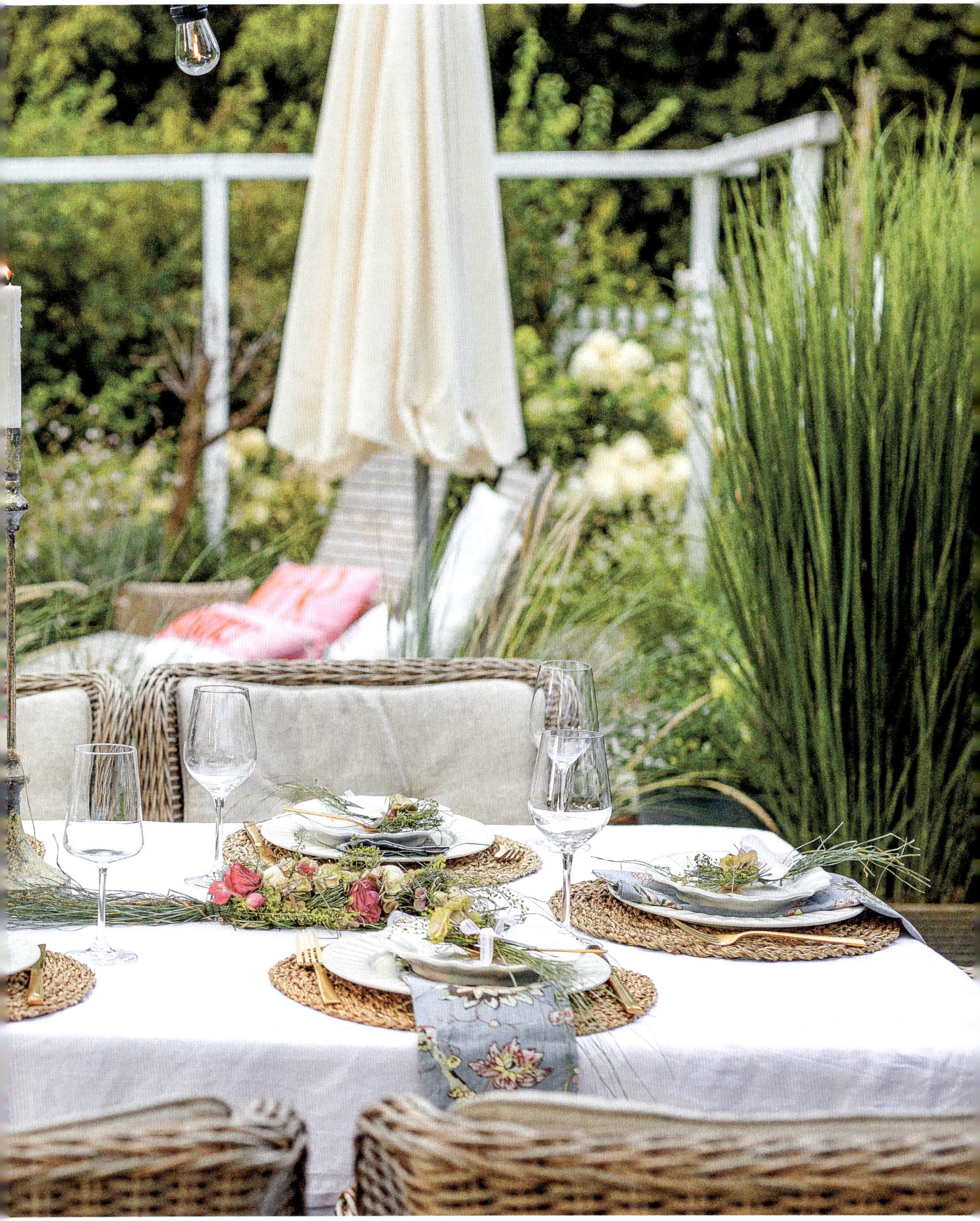

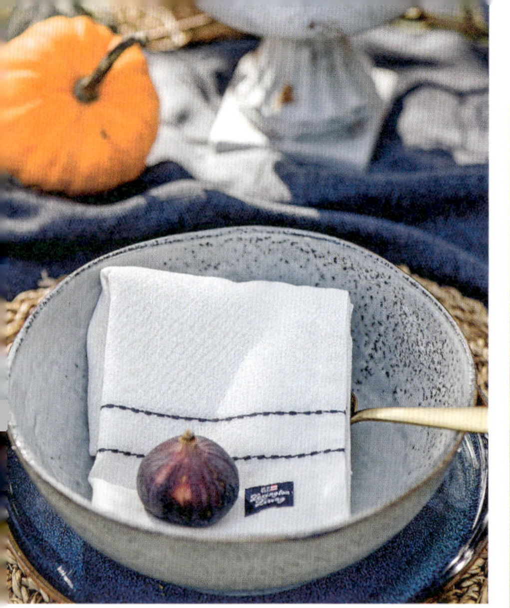

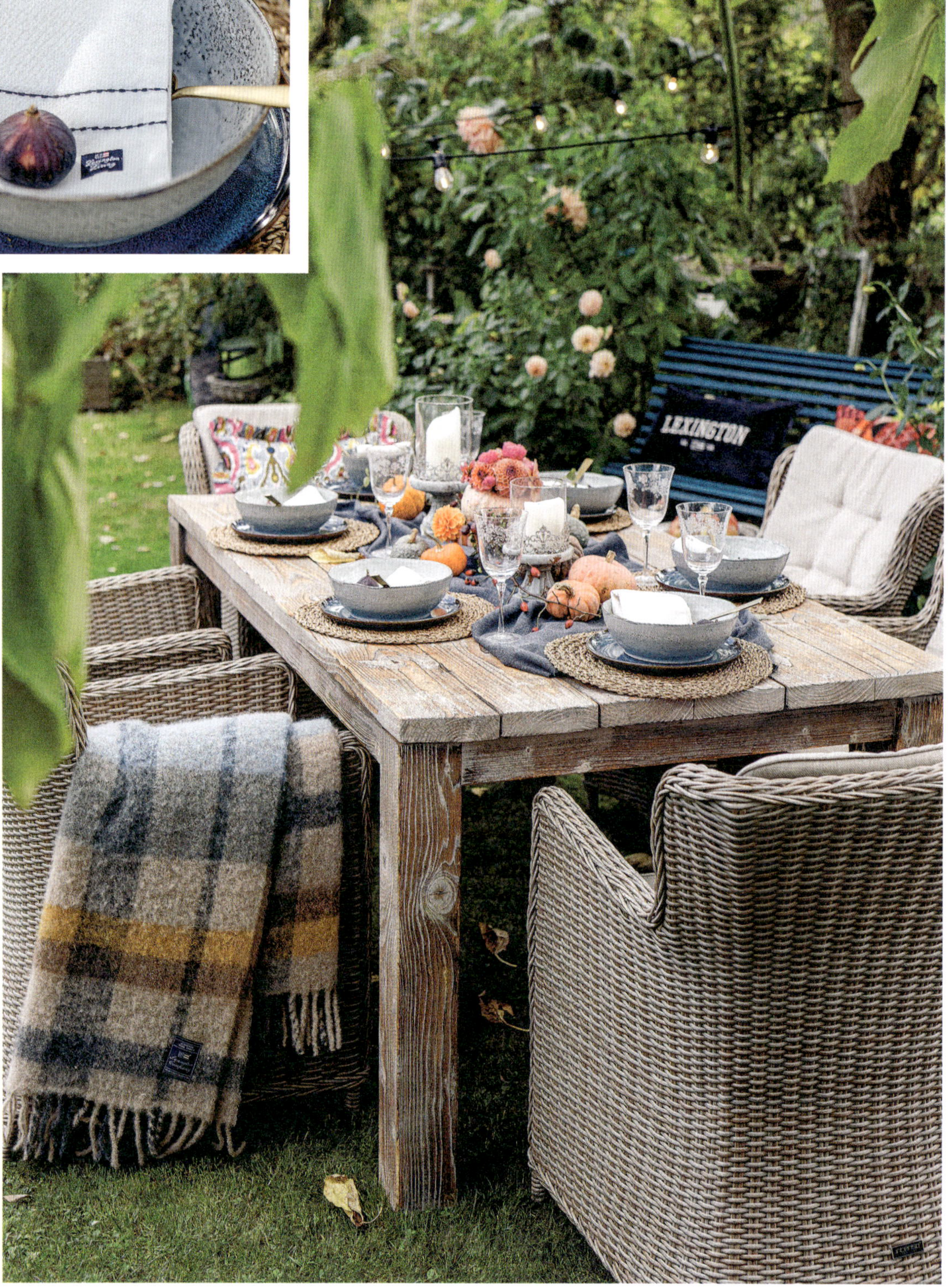
LEXINGTON

DER FARBENFROHE HERBSTTISCH

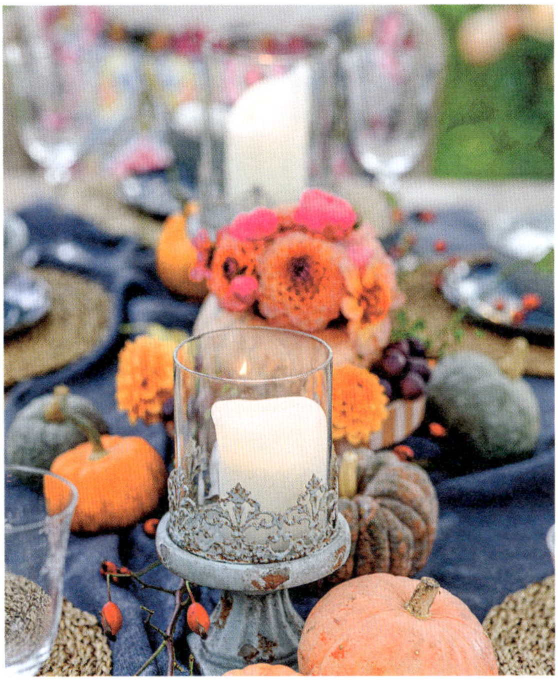

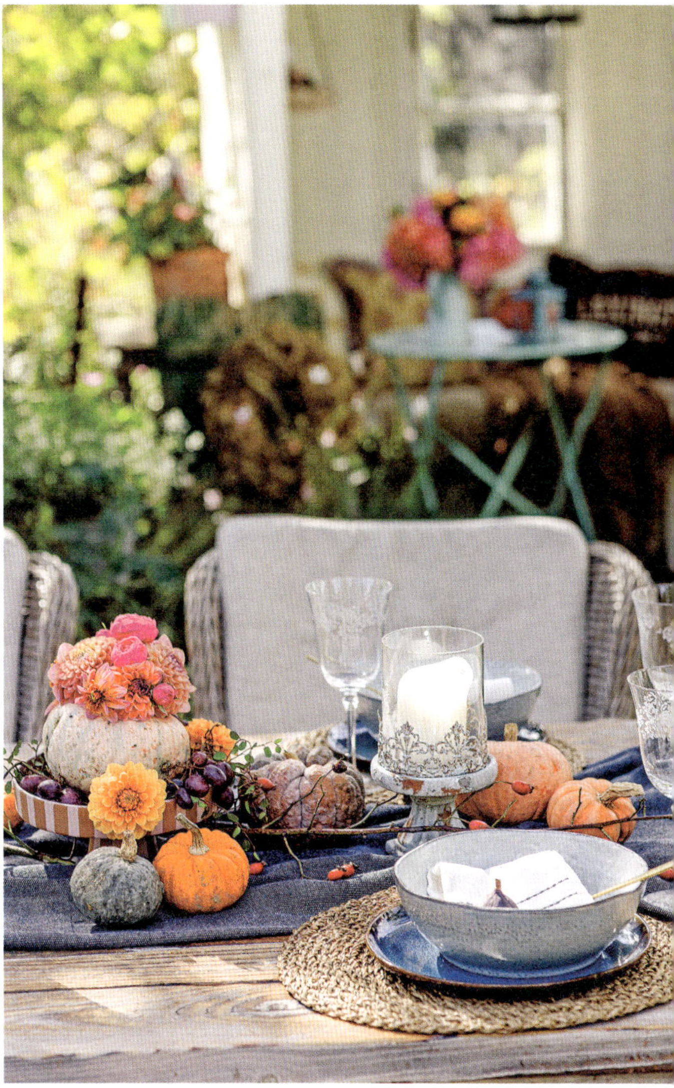

Herbsttage ... es wird kühler, die Farben in der Natur ändern sich und werden kräftiger. Die Luft duftet erdig, und zu keiner anderen Zeit im Jahr nimmt der Himmel bei Sonnenschein diese tiefe Blaufärbung an! Es gibt zwar keine lauen Abende mehr, aber an einem schönen Herbsttag kann man doch noch etwas länger mit einer Decke im Garten verweilen, gemeinsam mit Gästen essen und ein Glas Wein trinken.

Passend zur Jahreszeit ist dieses Tisch-Setting etwas rustikaler und bunter, gleichzeitig aber auch verspielt. Diesmal haben wir kurzerhand den Esstisch in den Garten getragen.

Als Tischläufer fungiert bei der Herbsttafel ein Stück grober Stoff, den ich mittig locker drapiert habe. Die Tischsets aus Seegras werden durch blaue rustikale Teller und hellere Schalen ergänzt. Die weißen Leinenservietten runden das Ganze ab. In der Mitte habe ich verschiedene Kürbisse, Hagebutten und ein Kürbisgesteck mit Dahlien und Rosen arrangiert. Das i-Tüpfelchen sind die romantisch verspielten Windlichter, die farblich zwar perfekt passen, sich aber trotzdem vom rustikalen Stil etwas abheben.

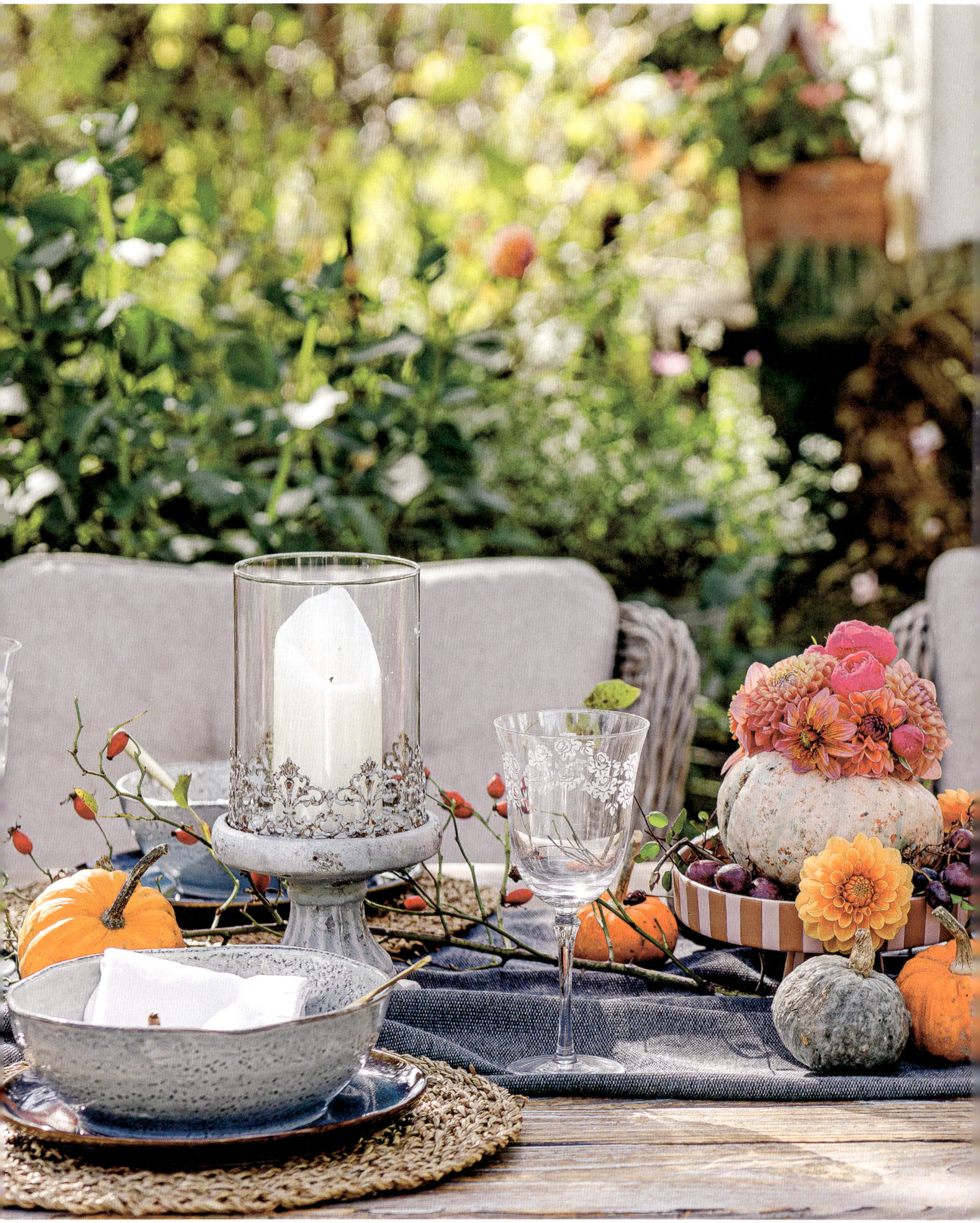

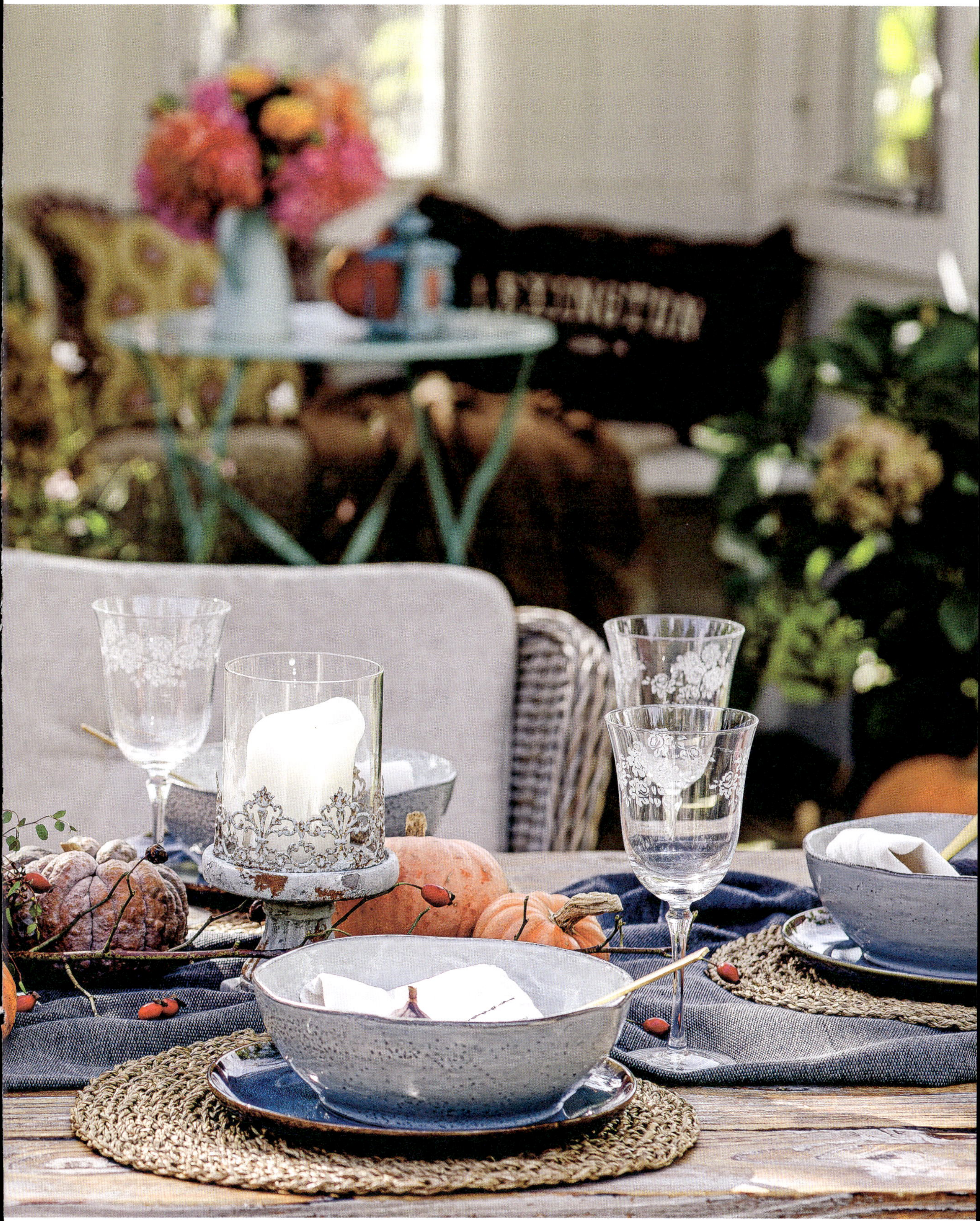

DER FRÖHLICHE GEBURTSTAGSTISCH

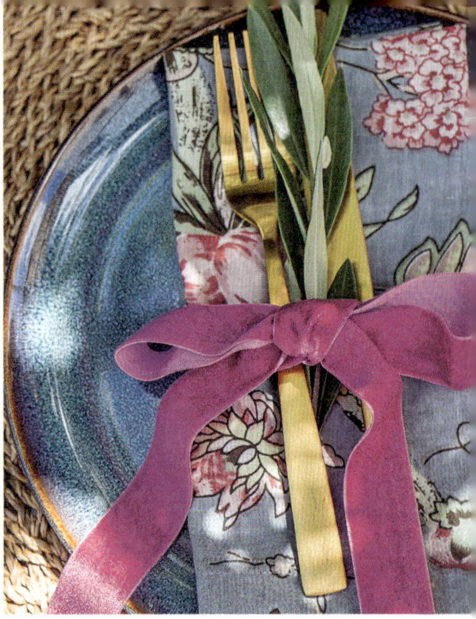

Ein Geburtstag ist immer ein ganz besonderer Anlass, den wir meistens mit der ganzen Familie feiern. Mit unseren Kindern, meinen Eltern, meiner Schwester und ihrer Familie und mit Freunden. Es ist die Zeit, um das Leben zu feiern, Freude zu teilen und unvergessliche Momente zu schaffen. Darum habe ich hier bunte und fröhliche Farben gewählt.

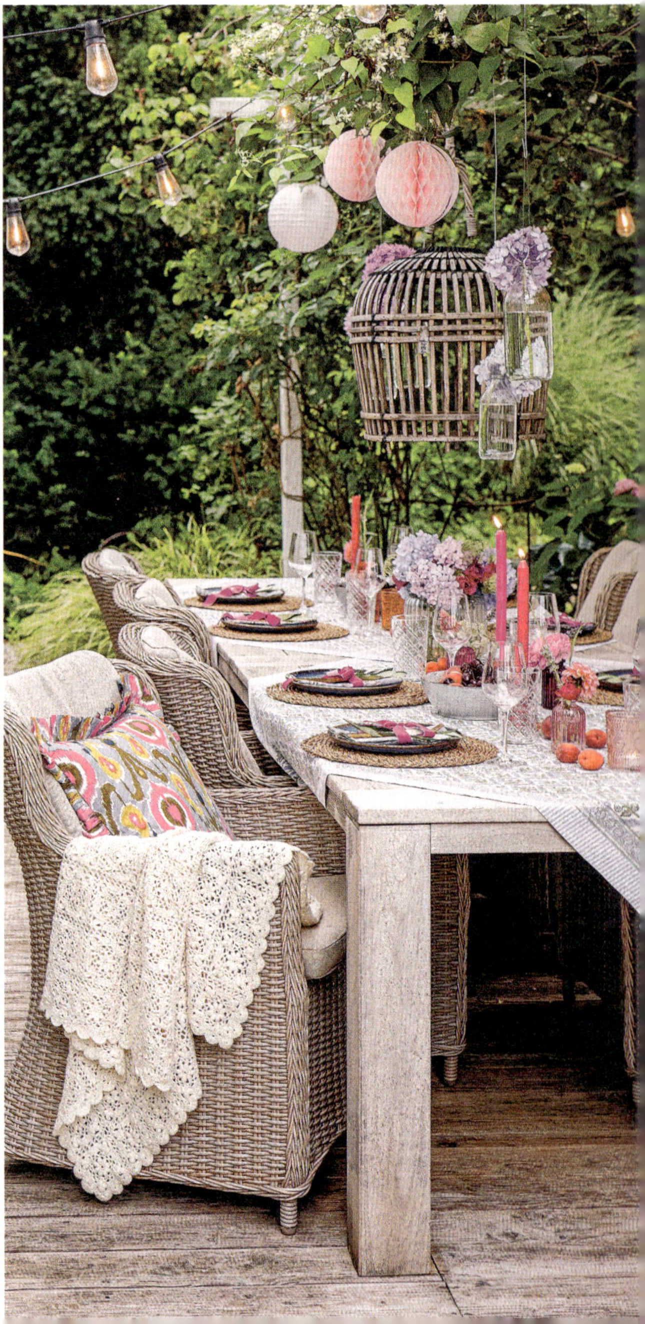

Auch die Tischdecke ist diesmal bunt, ebenso die Servietten, Kerzenhalter und Einzelvasen mit farbenfrohen Blumen. Sommerobst habe ich in Schalen oder lose auf dem Tisch dekoriert. Das Gedeck besteht diesmal nur aus den Platzsets und blauen Tellern. Die bunten Servietten von »The Salonette« habe ich zusammen mit dem goldfarbenen Besteck mit einer pinkfarbenen Samtschleife zusammengebunden und jeweils einen Olivenzweig dazugesteckt.

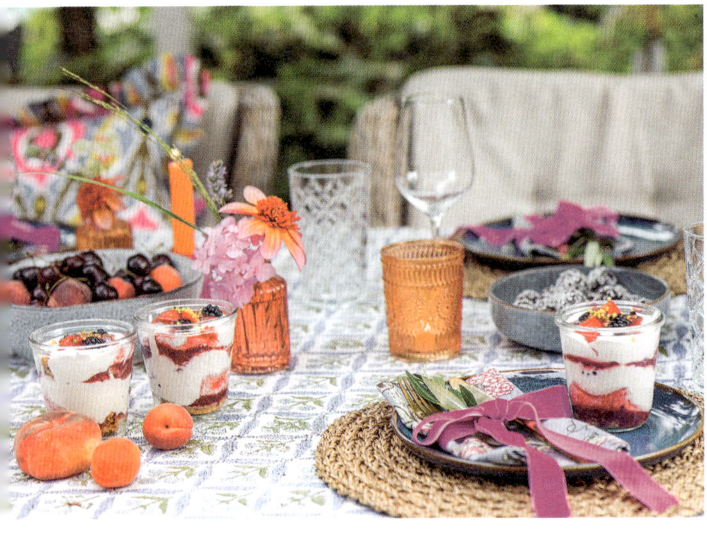

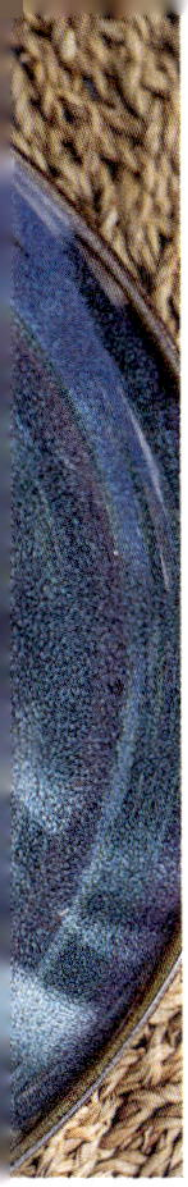

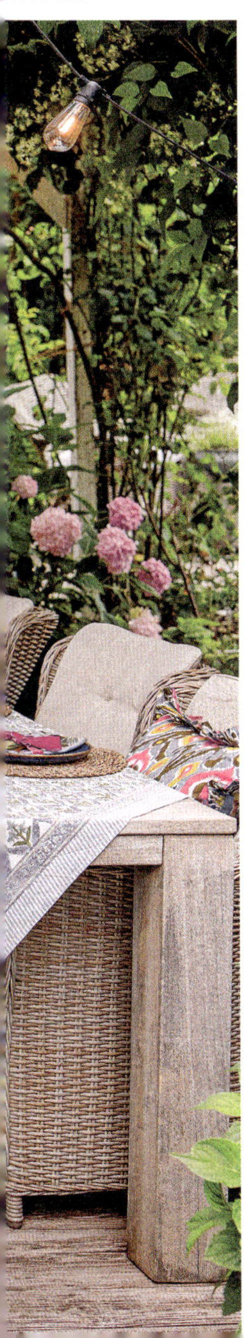

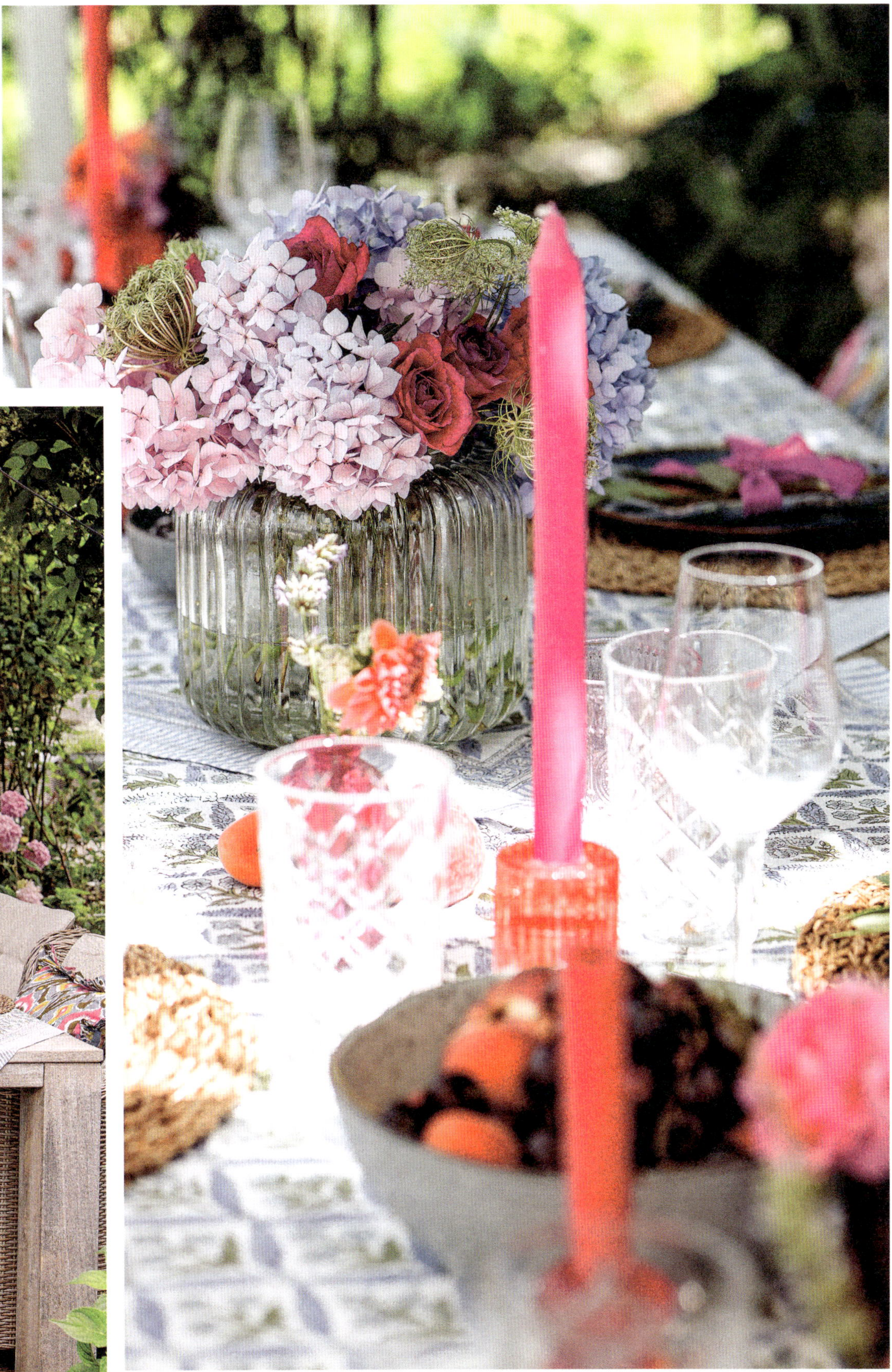

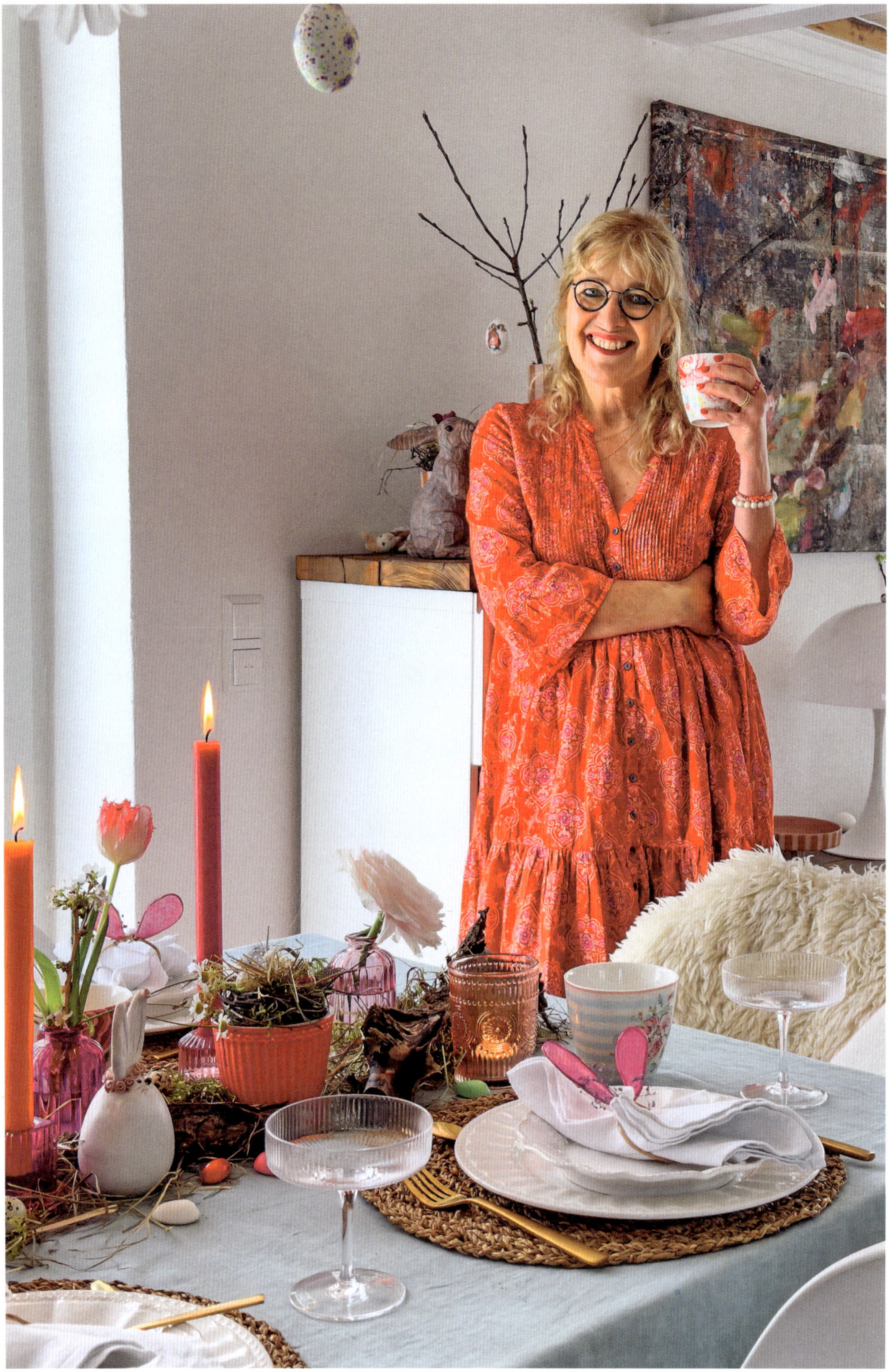

THANK YOU, MERCI, GRACIAS ODER EINFACH NUR DANKE

Das letzte Jahr war sehr ereignisreich. Unsere Tochter hat geheiratet und ich bin Omi eines kleinen Sonnenscheins geworden. Außerdem ist in viel Arbeit, auch Nachtarbeit, dieses Buch entstanden. Ich hätte das nicht geschafft ohne meine Familie! Ihr seid meine größte Inspiration – danke, dass ihr an mich glaubt und mich motiviert! Ihr seid die wichtigsten Menschen in meinem Leben, und ich bin so dankbar, dass es euch und eure Liebe gibt. Ihr seid meine größten Fans, aber auch meine größten Kritiker.

Der wichtigste Dank geht an meinen Herzensmann! Wir gehen schon so viele Jahre, seit unserer Jugend, gemeinsam durchs Leben. Du hast mich immer bei meinen verrückten Ideen unterstützt und mich ermutigt, meinen Träumen zu folgen und auch ganz andere Wege zu gehen. Danke fürs Tische- und Stühle-Schleppen und fürs Aufräumen nach den Shootings. Geduldig hast du gewartet, bis ich die Gerichte in diesem Buch fotografiert habe und wir schließlich essen konnten. Danke für dein offenes Ohr, deine Liebe und dein Verständnis! Du bist mein Fels in der Brandung, und wenn ich eine Schulter zum Anlehnen brauche, bist du da. Mittlerweile, obwohl du nie etwas mit Instagram am Hut hattest, hast du dich mit dem Dasein als Insta-Hubby abgefunden, vielleicht auch ein wenig damit angefreundet und bist sogar im Buch dabei … Always yours, I love you!

Danke an meine Eltern, für euer Verständnis, eure Liebe und euer Vertrauen. Manchmal ist es nicht leicht, einen Künstler als Dad zu haben. Aber ohne dich wäre ich nicht da, wo ich jetzt bin. Danke für den Blick auf das Künstlerische und die Kreativität, euer beider Unterstützung und euren Rat! Ich bin so dankbar, dass ich euch noch bei mir haben darf, und ich werde immer eure Liebe in meinem Herzen tragen!

Danke an Britta Sopp und Tina Bungeroth von ZweiKonzept GbR für die tolle Beratung, Unterstützung und Produktion meines mittlerweile dritten Buches. Ich finde, wir sind ein tolles Team!

Danke auch an den Christian Verlag, der mir dieses Buchprojekt ermöglicht hat.

Und letztendlich geht mein Dank an meine liebe Community und an alle Leser dieses Buches. Danke für euren Support und für die Zeit, in diesem Buch zu stöbern. Wir lesen und hören uns ganz bald …

… entweder bei Instagram @pomponetti
oder auf meinem Blog https://pomponetti.com

Christel ♡

IMPRESSUM

★★★★★

Sind Sie mit diesem Titel zufrieden? Dann würden wir uns über Ihre Weiterempfehlung freuen. Erzählen Sie es im Freundeskreis, berichten Sie Ihrem Buchhändler oder bewerten Sie bei Onlinekauf. Und wenn Sie Kritik, Korrekturen, Aktualisierungen haben, freuen wir uns über Ihre Nachricht an: Christophorus Verlag, Postfach 40 02 09, D-80702 München oder per E-Mail an lektorat@verlagshaus.de

Autorin: Christel Harnisch
Verantwortlich: Helgrid van Impelen
Produktmanagement, Lektorat: ZweiKonzept GbR
Layout: Marcus Taeschner, A flock of sheep
Umschlaggestaltung: Mathias Frisch
Repro: LUDWIG:media
Herstellung: Julia Hegele
Printed in Türkiye by Elma Basim

Unser komplettes Programm finden Sie unter

www.christophorus-verlag.de

Die Deutsche Nationalbibliothek verzeichnet diese Publikation in der Deutschen Nationalbibliografie; detaillierte bibliografische Daten sind im Internet über www.dnb.de abrufbar.

ISBN 978-3-8388-3892-2

Kreativ-Service

Sie haben Fragen zu unseren Büchern und Materialien? Wir beraten Sie gern rund um alle Kreativthemen. Rufen Sie uns einfach an. Wir interessieren uns auch für Ihre eigenen Ideen und Anregungen. Sie erreichen uns per E-Mail kreativ-service@c-verlag.de oder unter der Telefonnummer 0049-89-1306 99 577.

Besuchen Sie uns im Internet: www.christophorus-verlag.de & www.selbstgemacht.de